中國學術思想研究輯刊

十五編

林慶彰 主編

第15冊

晚清經學思想的轉變
——以章太炎「春秋左傳學」爲中心

宋惠如 著

花木蘭文化出版社

國家圖書館出版品預行編目資料

晚清經學思想的轉變——以章太炎「春秋左傳學」為中心／
宋惠如 著 — 初版 — 新北市：花木蘭文化出版社，2013〔民
102〕
目 2+250 面；19×26 公分
（中國學術思想研究輯刊 十五編；第 15 冊）
ISBN：978-986-322-121-0（精裝）
1. 章炳麟　2. 學術思想　3. 經學
030.8　　　　　　　　　　　　　　　　　　102001952

ISBN-978-986-322-121-0

9 789863 221210

中國學術思想研究輯刊
十五編　第十五冊　　　　　　　ISBN：978-986-322-121-0

晚清經學思想的轉變——以章太炎「春秋左傳學」為中心

作　　者　宋惠如
主　　編　林慶彰
總 編 輯　杜潔祥
出　　版　花木蘭文化出版社
發 行 所　花木蘭文化出版社
發 行 人　高小娟
聯絡地址　235 新北市中和區中安街七二號十三樓
　　　　　電話：02-2923-1455／傳眞：02-2923-1452
網　　址　http://www.huamulan.tw 信箱 sut81518@gmail.com
印　　刷　普羅文化出版廣告事業
封面設計　劉開工作室
初　　版　2013 年 3 月
定　　價　十五編 18 冊（精裝）新台幣 30,000 元

晚清經學思想的轉變
——以章太炎「春秋左傳學」爲中心

宋惠如　著

作者簡介

宋惠如，台灣省花蓮縣人，畢業於國立中央大學中國文學研究所碩士班，師從岑溢成教授，撰寫論文《劉師培春秋左傳學之研究》，與輔仁大學中國文學系博士班，師從張壽安教授。專長在經典詮釋、經學史研究、《春秋》學、近現代思潮研究與先秦兩漢學術思想，撰述相關論文十數篇。

提　要

　　本論文通過章太炎以「春秋左傳學」為中心的經學研究，討論晚清民初經學思想的轉變與歷程。一方面關注章太炎「春秋左傳學」對傳統經學的繼承與轉換，以觀察晚清民初經學思想在時代轉型下的變化。一方面更注意在當代中西文化對照的重大課題下，章太炎如何轉化中國傳統經學，以面對近代化的挑戰。這些挑戰令近代經學呈現多元而豐富的發展。

　　本論文討論章太炎學術思想在晚清民初的轉變經過，從其根柢漢學，出於漢學、訂孔詆儒，最後返經倡儒，融調經學、儒學，以說明其對傳統與當代經學的省思與關注，並把焦點集中在「春秋左傳學」的研究。晚清今古文經學家透過對《左傳》的質疑與維護，展開孔子《春秋》學、經學與儒學思想觀念的相互辯難。章太炎經由回溯「春秋左傳學」在秦漢的發展歷程引證文獻，信而有徵的回應、駁正今文學家偽經說、不傳《春秋》與尊經抑史的經學主張。在這樣的過程中，章太炎發現漢儒與清儒在治經方式與經學思想上的框限，意識到傳統崇孔尊經、通經致用、經為天下公理等傳統經學觀的發展沿流與其時代困境，於是重新校理傳統經學體系，而有了發展新經學可能。

　　章太炎透過「春秋左傳學」所提出的古文家經學思想，是對漢代以來一直延續到晚清，深為今文學主張所籠罩的傳統經學思想的一種反動與聲張，又代表著傳統經學中的核心觀念，以孔言為聖道、經為普遍真理的思想在近代重新被挑戰。這樣的思考趨向對應當時對知識近代化的追求，嚴重衝擊著傳統經學，及其所維繫的儒學學術體系。在傳統知識體系普遍受到質疑的新時代走向中，章太炎又在中西文化對照的思考高度下，透過「春秋左傳學」的研究與體認，重新建構經學，以六經皆史說為理念，勾稽六藝、六經，經學、史學與儒學的統系流脈，脈絡經學知識體系，建立研究方法，重估其價值意義。其「春秋左傳學」是為晚清民國的經學轉型甚為重大的一環，所開展的經史學，乃經學發展之新面向，又為民國以來中國學術近代化重要的理論基礎。

目
次

緒　論

一、研究說明

　　晚清民初由以經學為主軸的清代學術轉型為多元的民國學術，不僅西學蔚為主流，傳統經學也面臨分化與多重挑戰，是為經學發展之新局。〔註 1〕1905年廢科舉後，經學與仕途逐漸脫鉤，反倒令晚清民初以降的經學走出其學術面向的多元性與豐富性。王先謙（1842～1917）承繼清代經學撰著新疏的路向，作《尚書孔傳參證》，又承阮元（1764～1849）薈萃當代學人的經義著作編《皇清經解續編》，為晚清有意識延續清學學風的學者。皮錫瑞（1850～1908）則不僅著作具清學性格的《今文尚書考證》，亦深入當代經學歷史議題，著作《經學歷史》與《經學通論》，其後甚至尊用西學，經學思想與議題，不斷泛衍。康有為（1858～1972）與梁啟超（1873～1929），更是晚清經學轉型的重要代表；前者對今文經學深有建樹，立論博大，後者則對清代整理經學的總成績、系統而條理的論述近代經學發展歷程，具有卓越貢獻。孫詒讓（1848～1908）有延續

〔註 1〕晚清民初融攝中西之潮流，致使西方科學式知識成為近代中國學術知識體系的重要面向，然從源流來看，經學與儒學是中國傳統學術的二大主脈，其走向與轉變尤值得關注。張壽安先生曾指出，研究中國近代知識轉型，可分兩大面向展開，一是探討中國傳統學術自身的統系及變化，一是尋繹近代科學式知識在中國的建構過程。張教授認為前者尤其重要，並深刻的指出：「無後者，固不足以知中國學術知識體系的近代性發展；無前者，則不僅無以知吾國傳統學術體系及特質，更將因學無所據而不知如何展開中西比對。甚且將因科學知識體系之不斷移植而喪失反省與重整中國文化之能力，遑論再次復興與重啟對話。」（氏撰：〈導言〉，《中央研究院近代史研究所集刊專號：近代中國的知識建構，1600～1949》，第五十二期，中央研究院近代史研究所，1996 年 6 月。）本文關懷近代經學的變革與轉化，便是在這樣的脈絡與關懷下展開。

清學的《周禮正義》，亦著作以《周禮》爲綱、西學爲目之《變法條議》，以回應時代結合學術與政治的議論。章太炎則作有《訄書》，深入論述當代經學、儒學發展，以及兩者本質與沿流發展的討論。劉師培（1884～1909）以經學附益西學，對民主思想有深入的探討。王國維（1827～1927）則在治學方法上有進於清儒，以器物考禮，結合文字學史與版本學史考證古文沿革。〔註2〕凡此，足見晚清民初在經學研究的進步與治學方法上的拓展。〔註3〕

晚清民初的經學議題相當豐富。本論文關懷在晚清至五四新文化運動前後〔註4〕，當學者準以西方科學式知識進行學術的系統整理時，經學作爲中國傳統知識的主幹，如何轉化與創生？如何影響現代學術走向？探討經學轉型有許多切入的角度〔註5〕，章太炎展衍六經皆史說、開創經史學則是其中相當

〔註2〕 參考田漢雲（《中國近代經學史》，（西安：三秦出版社，1996），頁339～347，348～364，412～424，471～481。

〔註3〕 過去在經學研究與經學教育的中斷下，經學的發展受到相當的限制。林慶彰先生曾撰文〈研究民國時期的檢索困難及其因應之道〉觀察到：「新中國成立後，經學這一學科被取消……。各圖書館所編的目錄、經學著作在各學科中流竄，宛如孤魂野鬼。也因此，大陸近數十年大多是從哲學、史學、文學的角度來處理經學文獻，把它當做經學研究的，可說是少之又少。」（《河南社會科學》，第15卷第1期，2007年1月，頁22。）並在所主持「民國以來經學之研究」計劃書中表示：「民國經學承晚清經學而來，又有創發性的發展，但是迄今爲止，尚未有一本較全面性，較深入研究這一時期經學相關的專著。」前者表示經學研究在大陸斷層的形勢，後者在表明晚清民國經學的研究，無論在中國大陸或台灣，還有很大的空間。此外，計劃執行至2012年，研究成果相當豐碩。

〔註4〕 余英時先生指出，五四運動有廣狹兩種涵義：狹義的五四運動是指1919年5月4日在北京發生的學生愛國運動；廣義的「五四」則是指這一天前後若干年內所進行的一種思想運動或文化的運動，至少可溯及1917年的「文學革命」，下限則至1927年的北伐爲界。（氏撰：〈五四運動與傳統中國〉，《中國思想傳統的現代詮釋》，南京：江蘇人民出版社，1989，頁340。）此處所言「五四」乃就廣義而言。

〔註5〕 作爲傳統文化根脈、清學主幹的經學論述，民國後漸轉爲哲學、學術思想、史學、文學及語言文字等現代語彙，在現代大學課程設置中，關涉經學的論述研究包括經學史、作爲各學科的原始文獻資料，及各經典的文獻研究。然經學在傳統知識中不可分割之整體價值與意義，隱沒在現代的學科分類中。使得經學作爲傳統知識的重要門類，在民國以來，如同張壽安先生所指出，「專門知識分科取代了傳統書院統合性的『學問』，傳統的某些學問，也因無法科學化而被懸宕，在學科分類中，只能以『非』字屬類。如經學研究、古文字學研究，在今日國科會的學科分類中，被歸入『中國文學類』下的『非中國文學類』。」具體說明了傳統經學的走向與現代經學之定位、發展，至今未明。

突出的一支。

　　在一般討論中，由晚清延續到民國的今古文之爭，一則以康氏倡改良立憲，章氏倡革命建國，出於政治立場的不同；一則以康、廖主張回復漢代《公羊》學，章、劉倡論東漢《左傳》學，出於延續漢代今古文經學爭議門派家法的差異。〔註6〕然而隱在這場政治與學術辯爭之中，尤值得注意的則是近代經學融合經史、強調史學意識的新發展。

　　當代今古文經師，如康有爲重新詮釋《春秋》學作爲援經議政的基礎，廖平經學歷六變以回應新時代，劉師培經學擺盪於經史新學與保守漢學間，猶在漢代家法與師說之中糾正補說時，章太炎則條理秦漢經學歷史，進一步發揮章學誠六經皆史說的理論〔註7〕，結合經史，提出經史理論與相關論證，在晚清民初的經學轉型中，很具開創意義。因此，本論文將從章太炎的經學切入，分析其經學研究的轉變歷程，經史學思想與理論如何結合史學與經學？據以探究晚清民初經學思想轉變，及其推就經學轉型之價值與貢獻。

　　　　顯見經學在近代的發展遇到相當多的挑戰，晚清民國經學如何轉型？仍有許多值得討論的議題。

〔註6〕　關於清代今古文之爭，梁啓超在論「節節復古」說時曾指出晚清今文學家推崇《公羊》學，推尊西漢董仲舒，乃是對乾嘉學者推崇東漢古文經學的反動，而終掀起今古文經學爭議之波瀾。（氏撰：《清代學術概論》，《梁啓超論清學史二種》，上海：復旦大學出版社，1985，頁 244、245）當時以劉逢祿爲首的今文經學派，並未與當時的古文經學學者有針鋒相對的對立情勢，議論猶在學術範圍內。晚清今古文之爭則在中國政局丕變，康有爲援經議政、章太炎強烈的政治主張下，常涉及政治議題。學者對於晚清今古文之爭的研討議題，尚未多方拓展，多從學術連結政治以及學派對立的層面，探討晚清今古文之爭，其代表如湯志鈞在〈近代經學的發展和消亡〉與〈近代經學的特點〉的討論中指出：「近代的思想家看起來爭論的是經籍中的經學問題，而實質上卻是社會實際問題，反映了不同階層、不同集團的不同利益和不同見解。他們在經學問題的後面，隱藏著各種各樣的觀點、思想方法和理論體系。……如辛亥前夕，章太炎利用古文反對今文，又是革命和改良、『排滿』和『立憲』的鬥爭。」（氏撰：《經學史論集》，臺北：大安出版社，1995，頁 77、78，91）以此觀點討論今古文之爭在政治見解與經學主張上的立異與議論。

〔註7〕　章學誠的六經皆史說在晚清民初得到許多學者的迴響，不論是今文學者如龔自珍、魏源、譚獻、康有爲，古文學者章太炎，皆有所發揮。（參考陳鵬鳴：〈試論章學誠對近代學者的影響〉，《章學誠國際學術會議研討會論文集》，北京：北京圖書館，2004。）但是民國以來對「六經皆史」這一命題研究，猶多集中在對章學誠文史論述的闡發，至於晚清民初的學者如何闡述與反省章學誠的「六經皆史」說，拓展而爲民國的經史學觀念，這一層面的課題仍有待深究。

　　由於晚清民初經學發展受時代變動的影響極大，是以緒論首先對當代學術變遷進行背景說明。今古文經學之爭是造成清學分裂、經學思想轉變的直接因素，今古文經學爭議的主要議題在《春秋》學，是以研究當時經學思想的轉變，不能不注意到《春秋》學發展到晚清民初的議題是什麼。以下分三部分：（一）晚清學術之變局，（二）晚清民國的經學變遷，（三）《春秋》——經乎？史乎？爭議再起，試述晚清民初學術與經學的變動形勢。

（一）晚清學術之變局

　　晚清民初，爲清代學術轉向民國學術，中國傳統知識型態近代化，變化甚多的一段時期。以 1895 年甲午戰爭爲重要轉折點，余英時先生指出，戰前，中國知識分子猶普遍以中國政教文化具有優越性，戰後，康有爲的「公車上書」則承認西方之教亦有一日之長，孫詒讓復意味深長的指出儒學理想在西方成爲事實。治學理念的前後差異，體現當代知識分子思想轉變的轍痕。〔註8〕此後的學術思想變遷，是明末以來中西學術交流進程中最爲激烈，也是學政界特別意識到飽受威脅，卻持開放、虛心態度，欲儘速交通西學的一段時期。這時，傳統知識進入新的知識系統，從而改變西學新知，也改變傳統舊學，使得此時學術思想呈現著，傳統與新知相互融攝，既中又西，亦古亦新的轉化特質。轉變前期從傳統學術出發，有康有爲倡論今文經思想，加入西方平等思想元素，以西方學說詮釋中國古籍，作《孔子改制考》、《禮運注》、《論語注》。後來一變而爲以西學爲主，錢玄同（1887～1939）、胡適（1891～1962）、顧頡剛（1893～1980）、傅斯年（1896～1959），講科學、史料學，

<hr>

〔註 8〕　余英時撰：〈現代儒學的回顧與展望——從明清思想基調的轉換看儒學的現代發展〉，《現代儒學論》（上海：上海人民出版社，1998）。學者從不同層面指出 1895 年甲午戰爭，爲中國知識分子政教思維轉變的關鍵，葛兆光指出，甲午戰敗使朝廷與知識份子深切體認到，不僅西方實業與技術強過中國，甚至東洋也強過中國，於是不得不承認改革的重要性與急迫性，同時也逼出中國知識份子由「在傳統中變」到「在傳統外變」的知識取徑。他進一步解釋，馮桂芬〈採議西學〉中：「以中國之倫常名教爲原本，輔以中國富強之術。」及張之洞中體西用的倡議，是中國面對西方文明時「在傳統中變」的取向。到 1895 年，康有爲第三次上書光緒，同年成立強學會，汰冗員、改科舉、辦學堂、修鐵路、開銀行等新政詔書隨之擬成，葛兆光認爲是「在這種追求富強的心情中，一切卻似乎在向著西式的『現代』轉化，出現了『在傳統外變』的取向」。其次，他也指出思想放開、宣導的風氣的重要性在當時被意識到，西方知識也隨著新的傳播媒介，快速而大量的擴散。（〈1895 年的中國：思想史上的象徵意義〉，《開放時代》2001 年第 1 期。）

批判整頓傳統知識。當中變化不可不謂之劇烈。由此看來，1895 年前後至五四時期的學術思想的變化，這一段晚清民初時期，實隱含重大的轉型意義。

晚清民初學術走向多元，各種知識類型與專門競出。其中，清代以經學為主軸的知識型態變動之大，可從教育制度變革與乾嘉考證學內在發展兩方面來看。

1. 教育制度變革

經學之所以二千年來屹立不搖的作為中國政治社會、學術文化的主軸，在於與仕宦科舉密切關連，教化與政治人材的薦舉，無不以經學為培育基礎。在 1905 年科舉廢除前，新式學堂已在官方制度支持下普遍成立；廢科舉，支拄經學的制度因素不存在後，晚清民初的學術風氣亦為之一變。

甲午前朝廷推行新式學堂，深受「中體西用」說的影響，採中西學術並授的方式，如廣方言館、同文館、自強學堂，目的在培養西學新知的人材，猶且注重儒書華文之課讀。〔註 9〕戊戌變法時期，主政者深感教育革新的重要，尤注重普通教育，於是籌辦京師大學堂，管轄各省學堂。後來變法失敗，京師大學堂並未廢除，所草擬的〈京師大學堂章程〉則成為近代最早的學制綱要，後來〈欽定〉、〈奏定學堂章程〉大體沿襲之。當時課程設置之精神仍主「中體西用」〔註10〕，因此讀經還是學制中的重要項目。課程規定蒙、中、高學堂必讀經書多達十種，包括《孝經》、《論語》、《孟子》、《詩經》、《書經》、《左傳》全本，以及《禮記》、《儀禮》、《周禮》節本。〔註11〕

庚子事變後，清廷更重視新式教育。由張百熙主持，於 1902 年頒布〈欽定學堂章程〉，即「壬寅學制」。其中中學堂課程的設置包括：中外史學、中外地理、算學、外國文、畫圖、博物、物理、化學、體操，已經接近現代的課程內容。然而章程頒布後，未及施行，旋即被廢，而代之以新制。1904 年，清政府在張之洞等人的主持下頒行〈奏定學堂章程〉，為中國歷史上第一個正

〔註 9〕　如張之洞擬湖北自強學堂之〈章程〉謂：「學生必須以華文為根底，以聖道為準繩。儒書既通，則指授西文，亦可收事半功倍之效。」（朱有瓛主編：《中國近代學制史料》，上海：華東師範大學出版社，1983，頁 308。）

〔註10〕　1896 年，管理書局大臣孫家鼐在〈議復開辦京師大學堂折〉中，明確提出以「中體西用」作為立學宗旨。1898 年梁啓超在所擬〈京師大學堂章程〉中申明：「中西並重，觀其會通，無得偏廢」，其實是「中體西用」觀的延伸。參考陳青之《中國教育史》（上海：上海書店，1989），頁 577～579。

〔註11〕　詳見〈京師大學堂章程〉，北京大學校史研究室編：《京師大學堂檔案選編》（北京：北京大學出版社，2000）。

式頒布且在全國普遍實行的學制。〈奏定學堂章程〉分大學爲八科,包括經學科、文學科、商科、農科、工科、格致科、政法科、醫科,可說是以西方教育制度爲張本,內容與科目幾乎是西學的天下。雖然如此,兩次章程於蒙學堂、小學堂、中學堂,仍設有修身、讀經等課程,而且在〈奏定學堂章程〉之外,興辦專門的「存古學堂」,以保存經學。

但是中學課程的設置,仍不及當時追求新知的要求,於是宣統年間進行大幅度的學制改革,兩度縮減經學教材與課程時間。元年(1909年)時分文、實兩科,前者以中學爲主,西學爲輔;後者以西學爲主,中學爲輔。三年(1911年)時兩科都減少讀經時數,相對的增加外國語時數。〔註12〕

由晚清學堂教育課程內容的變遷,可以看到傳統經學教育在晚清學制中不斷被西學新知排擠。到民國元年,由蔡元培(1868~1940)主導,教育部頒行普通教育辦法九條,正式列有「廢止師範中小學讀經科」,將清末以來,設有經科的專門課程一舉廢除〔註13〕,又將《詩經》歸文科,《尙書》、《左傳》歸史科,認爲不必將經學設爲專科。〔註14〕廢經?讀經?在當時成爲學術論戰的焦點。

晚清學術消長更深層的制度因素,出於學政界在追求西方科學新知的目的下,仿效日本,採行西方知識分類的方式。一方面1905年科舉制度的廢除,使得傳統經學失去政治上的支持,同時大量西學資源挹注,大規模革新教育制度下,促使中國知識結構走向近代化。原本存在於經學中統整的知識系統,因爲套不進依西方學術分科而形成的知識結構,在這段轉化進程中被拆卸成文學、史學、語言文字學、哲學。雖然在1904年,相應於西學的「國學」主張開始出現;鄧實發表〈國學保存論〉,在當時受日本影響的國粹概念之外,還提出「國學」的新觀念。1905年國學保存會、國粹學社陸續成立,發行《國粹學報》。學者指出,這時主張國粹者放棄以進化的角度看問題,轉而採取分析的態度,試圖透過學術研究保存中國傳統學術,欲從籠統推崇西學的風潮中,重新審視中西文化及其關係〔註15〕,可見當時學者對於並蓄中西的努力。

然而,從1925年以後,各大學建置國學研究院和國學院的課程,以西學

〔註12〕 參考林麗容:《民初讀經問題初探》(臺北:臺灣師範大學歷史研究所碩士論文,1986),頁27~29。
〔註13〕 陶英惠:《蔡元培年譜》(臺北:中央研究院近代史研究所,1976),頁334。
〔註14〕 同前註,頁311。
〔註15〕 參考鄭師渠:《晚清國粹派:文化思想研究》(北京:北京師範大學,1993),頁103~131。

分類設科，研究方式與課程遵循西學之學術範式〔註16〕，沒有經學的設科，可知民初提倡國學的努力，完全不敵西學裏挾科學新知的龐大勢力；作為清學知識主幹的經學，幾乎失去教育制度的支持。至此，晚清學術的變化，不可謂不大矣。

2. 乾嘉考證學在晚清的發展

考證學是清代學術的主要成就；通過乾嘉考證學，經學被賦予豐富的內涵。考證學的走向與理念，一直到晚清仍是學術主流，而它在晚清民初的發展與變化，復為晚清學術變動的內在因素。

乾嘉考證學的基本理念，在於視經典為道之所存，如《四庫全書總目・經部總敘》所謂「蓋經者非他，天下之公理而已」。〔註17〕有如惠棟（1697～1785）謂「經之義存乎訓，識字審音，乃知其義。」〔註18〕戴震（1723～1777）謂：「經之至者道也，所以明其道者詞也，所以成詞者，未有能外小學文字者也。……由文字以通乎語言，由語言以通乎古聖賢之心志。」〔註19〕錢大昕（1728～1804）謂：「夫窮經者必通訓詁，訓詁明而後知義理之趣。」〔註20〕不僅在強調透過小學方式探求經義，也說明考證學者研治經典，要在探求經義。

然而經學作為考證學的主要對象，為綜合性的學問，涉及古代學術的各個領域，還包括圍繞經典產生的對經典所做的解釋、發揮、考訂、改編等種種學問，使得考證學內容相當豐富。除經、史、子、集四大類外，輯佚、校勘、金石、文字、聲韻、訓詁、天文、曆算、輿地，醫律等學問，後皆成為考證學深入之專門。考證學附庸蔚為大國，形成為學問而學問的學術文化。經學在許多的考證學研究中成為知識對象時，隨之走向變化。

〔註16〕桑兵指出當時北大國學門有文字學、文學、哲學、史學、考古學等 5 個研究室。清華國學研究院融合中國書院與英國大學制，分中國語言、歷史、文學、音樂、東方語言各科，另設考古學陳列室。燕京大學國學研究所確定的國學範圍是歷史、文學、哲學、文字學、考古學、宗教、美術。其他還有東南大學、齊魯大學、廈門大學。其設置皆突破傳統學術七略、四部分類，體現近代西學的精神，皆不見經學之設科。(《晚清民國的國學研究》，上海：上海古籍出版社，2001，頁 12～13。)

〔註17〕見〔清〕永瑢、紀昀主編：《四庫全書總目提要》(海口市：海南出版社，1999)，頁 13。

〔註18〕〔清〕惠棟：〈原序〉，《九經古義》(臺北：臺灣商務印書館，1983)。

〔註19〕〔清〕戴震：〈古經解鈎沈序〉，《戴震文集》(北京：中華書局，1980) 卷 10。

〔註20〕〔清〕錢大昕：〈左氏傳古注輯存序〉，《潛研堂文集》卷 24，《嘉定錢大昕全集》九 (南京：江蘇古籍出版社，1997)。

　　經典義理有許多層次，經世致用這個層面的價值，在晚清尤爲學者所看重；而當考證學將經學作爲知識對象時，經世致用這一層面的義理價值，往往被龐大的考證學知識所蔽郤。章學誠（1738～1801）憾於戴震之言：「弗能考《三統》正朔、《周官》典禮，即不敢讀『春王正月』。」〔註21〕一段時日後，爲走出考證學重重籠罩的陰霾，思考學術走向的新可能，提出史學經世、六經皆史的主張。〔註22〕龔自珍（1792～1821）、魏源（1794～1857）等今文學家不滿專於訂館考故的考證末流學風，爲探求新出路，於是提倡講微言大義的經世之學，一致走向致用、經世義理的推求。走到晚清，經學經世致用的要求更爲強烈，王闓運（1833～1916）、康有爲及廖平（1852～1932）等今文經學家，發而爲具體的政治理念或政治行爲，特別推崇、闡揚經學經世層面的義理價值。此時經學趨向經世與政治，不同於乾嘉考據知識興趣型態的研究。

　　再者，隨著知識的開放與擴充，考證學卻回頭成爲挑戰經學權威及價值的主要力量。當西方耶穌會士和梅文鼎（1633～1721）將西方成果介紹給中國知識界，學術界便開始致力於古代天文曆算的重建，文獻資料及其考辨成果爲考據學所吸納，作爲更爲客觀且具規範性的標準尺度。因而乾嘉學者所利用的知識資源，不僅來自於四部中的文獻資料，更利用當代引進西洋天文、曆法、算術，以及頗具衝擊性的世界地理知識、自然現象的解釋。葛兆光指出，凌廷堪（1755～1809）、焦循（1763～1820）、阮元、李銳（1769～1817）等，以「禮」和「理」取代絕對超越的「天理」，重新解釋社會和自然，就是新知影響下具現代性意義的嘗試。他還進一步認爲，當學術界接受西洋新知，便開放詮釋邊界，使得新知識在舊系統中膨脹，先是質疑經典的注疏說辭，隨後超出了經學知識的界限。〔註23〕此時，崇尚儒家義理與經典的考證，在

〔註21〕　〔清〕章學誠：〈與族孫汝楠論〉，《章學誠遺書》（北京：文物出版社，1985）卷27。

〔註22〕　章學誠往經世、六經皆史等議題走去，作《文史通義》，目的就在透過紀傳史學，發揮經世之義理。見其〈與汪龍莊書〉：「近日學者風氣，徵實太多，發揮太少，有如桑蠶食葉而不能抽絲。故近日頗勸同志諸君多作古文辭，而古文辭必由紀傳史學進步，方能有得。」（《章學誠遺書》卷9，頁82）。錢穆表示：「實齋史學之第二長處，在其指導人轉移目光治現代史，留心當代政制，此乃六經皆史論之應有涵義，亦是其六經皆史論之主要涵義。此一意見，又落入此下經學家手裏，遂有今文學派之興起。」（余英時：〈錢賓四先生論學書簡〉，《猶記風吹水上麟——錢穆與現代中國學術》，臺北：三民書局，1991，頁261。）

〔註23〕　羅志田：〈重繪近代思想、社會與學術地圖——評羅志田著「權勢轉移：近代

民國最終轉向對儒學地位與內涵的重新認定，以及經典權威性的挑戰。雖然早在展現考證威力的閻若璩（1636～1074）《尚書古文疏證》出現時，考證學顛覆性的發展，已被學者覺知〔註24〕，然而考證學仍獨領風騷，並成為清代學者一致認同的治學方法〔註25〕，其訴諸證據，實事求是的特質，在晚清民初演變為對經學的全面反省與批判。

另一方面，清儒透過上復漢代經學推究、重整儒學，同時重視先秦子書，考經證史，廣泛利用其中材料進行考證，闡發義理，藉以訓詁字書，解釋虛詞。乾嘉學者如畢沅（1730～1797）、汪中（1744～1794）、王念孫（1744～1832）、孫星衍（1753～1818）、王引之（1766～1834）、焦循、阮元等，成就甚可觀。流風所及，一直延續至近代，影響到俞樾（1821～1906）、孫詒讓、王先謙諸大家，諸子學成為乾嘉學術的重要組成。隨著諸子學的進一步考究，清代學者對儒學內涵的理解也有所改易，一改宋明學術之推尊孟子學，荀子傳經之功重新受到學者的關注。汪中作《荀卿子通論》、《荀卿子年表》，將荀子視為孔門嫡傳，特別肯定荀子的傳經之功，而謂六藝「周公作之，孔子述之，荀子傳之」。〔註26〕將荀子與周、孔並列，人人提高荀學的地位。錢大昕論述荀子的人性論，也試圖調和孟、荀的性善、性惡論，從思想上肯定荀子的價值。當諸子學在晚清演成為顯學，諸子學的發達，形成學術榮盛之況，卻也造成儒學失去獨尊的優勢，表徵著乾嘉學術尊經崇漢的治學理念走向變化。當學界不獨以孟子為孔子真傳，正視韓非子描述先秦「儒分為八」的學術歷史時，儒學的內涵漸次被擴大、被改寫，甚至被重新界定思考。隨之，作為儒學主要基礎的經學，亦不復囿限於漢代經學，上溯先秦諸子、學術源流，成為晚清學者必然的走向，先秦諸子、史書傳記亦成為考究經學歷史的重要資源。民國以後，對經學、儒學內涵與價值的質疑，愈形劇烈，終推向

中國思想、社會與學術」，《歷史研究》2001年第1期，頁140～151。

〔註24〕艾爾曼看出，莊存與雖贊同閻若璩著作的觀點，但認為其中的批評走得太遠，這樣下去終將顛覆五經的地位。見氏撰：《經學、政治和宗族——中華帝國晚期常州今文學派研究》（南京：江蘇人民出版社，1998），頁71。

〔註25〕段玉裁晚年雖有自悔之言，卻仍肯定考證學為學問之全體。章學誠則是在嘉許考據學的治學篤實的前提下，為未來的學術發展指出方向。艾爾曼也指出，今文學家劉逢祿也是藉由掌握考證學的話語，介紹《公羊春秋》學進入考證學主流當中。（參考同前註，頁221）一直到晚清，康有為亦採用考辨真偽的方式，引發學術議題。

〔註26〕〔清〕汪中：〈荀卿子通論〉，《述學》（臺北：廣文出版社，1970），頁5～6。

對兩者本質的質問,學術思潮爲之一變。

教育制度變革、科舉廢除爲清學轉變的制度因素,考據學轉向經世學風之知識型態變化爲轉變的內在因素,諸子學勃興令清學以孔子儒學爲宗的治學理念走向分歧,西學新知亦使得經學做爲清學的知識主軸一再被挑戰,凡此,皆爲造成當時學風丕變的諸多因素,在變動中逐步形成晚清民國學術的新格局。就清學整體走向而言,晚清學術走向分裂與重整,最直接因素乃在於以劉逢祿爲先,康有爲、廖平繼之在後的今文家,與以劉師培、章太炎爲古文家代表,所形成今、古文經學之爭。

(二)晚清民國的經學變遷

晚清學者對當代的經學發展其實深有觀察注意。劉師培將清代漢學分爲四派四期,指道咸以還,爲第四期虛誣派盛行,而爲漢學所由不振者。所謂虛誣派,指的是今文學家。〔註 27〕梁啓超亦將清學分爲四期,視晚清爲正統派之衰,亦同時爲蛻分期之變者,將俞樾、孫詒讓、章太炎視爲清學正統派,視康有爲、梁啓超爲蛻分期之主要人物。〔註 28〕由二人所述可見:一,對於清學變化與走向,晚清學者是深有意識並反省的。二,他們將晚清經學視爲清學衰微、變化的一段時期,皆以變化乃導源於今文學家異於清代漢學的治學、立說。

梁啓超曾指出:「清學分裂之導火線,則經學今古文之爭也。」〔註 29〕對於民國時期的學術風潮,余英時先生也觀察到,中國近代史上批判以儒學爲傳統學術主體的風潮,其起源並不能誤解爲西方思想入侵而導致儒學的解體,也不能如五四新文化運動倡導者所標舉的,以儒學爲民主與科學的障礙,而認爲對傳統儒學的批判是從內部開始。他指出中國學術本身的轉變早有醞釀;在當時大規模引進西方近代觀念與價值、制度以解釋儒家經典,並對名教綱常施以猛烈攻擊的,爲經學之今、古文兩派;主張今、古文學派爲當時儒學最有活力、最具影響力的部分。〔註 30〕

〔註 27〕劉師培:〈近代漢學變遷論〉,《劉師培辛亥前文選》(北京:生活・讀書・新書三聯書店,1998),頁 179。

〔註 28〕梁啓超:《清代學術概論》(臺北:華正書局,1889),頁 5、6。

〔註 29〕同前註,頁 52。

〔註 30〕余英時:〈現代儒學的回顧與展望——從明清思想基調的轉換看儒學的現代發展〉,《現代儒學論》(上海:上海人民出版社,1998),頁 27~30。

　　晚清今、古文經之爭，起於康有爲作《新學僞經考》。是書質疑清代漢學以古文經作爲立學基礎，乃康有爲試圖改造學術歷史，重整經學研究軌道，所進行的對清學的批判。繼之，康有爲作《孔子改制考》，提出孔子托古改制的說法，則是重新爲孔子尋求政治、學術與文化上的定位。結合晚清學風之轉向，這兩番大言論，著實刺激了當時學者對於六經重新思考、經學治學理念的重省，以及孔子與儒學價值的重整。

　　如古文家劉師培（1884～1919）雖不滿康說，卻也指出：「自漢武帝表彰六經，罷黜百家，托通經致用之名，在下者視爲利祿之途，在上者視爲挾持之具。」〔註31〕呼應康氏托古改制說的概念，而對經學與儒學、政治之間的關係有所省思，意識到以政治爲主要支撐的經學，反倒爲政治服務，甚而曲解經典、僞造經典。此爲不同於前的經學意識，爲晚清時期經學界的初步覺醒。〔註32〕章太炎對經學的反省亦同，所作〈訂孔〉、〈原經〉、〈原儒〉，乃是對兩漢經學成爲政治工具、學者奉傳統通經致用觀爲主臬，表示不滿，因而重省孔子、儒學與經學的意義與本質。

　　今、古文經學者對經學或質疑、或反省，開出重整中國學術歷史，省視經學史的新路向。康有爲的《新學僞經考》，立論雖多不實，卻是經學史研究的先聲。章太炎在 1899 年〈今古文辨義〉與〈儒學眞論〉中，首先針對今文學之崇孔與惑亂經學歷史加以反駁，更重要的是對孔子儒學與秦漢經學的發展，提出代表古文經學的意見與看法。其後劉師培在 1905 年出版的《經學教科書》第一冊首開風氣，正式對中國經學歷史進行條理介紹。1907 年皮錫瑞（1850～1908）《經學歷史》出。1922 年陳燕芳作《經學源流淺說》。1936 年馬宗霍作《中國經學史》。章太炎 1922 年作《國學概論》、1935 年作《國學略說》中亦著重經學史的重整與介紹。此外，1927 年日人本田成之著《支那經學史論》，1933 年安井小太郎（1858～1938）等著《經學史》，1934 年瀧熊之助作《支那經學史概說》。〔註33〕凡此，皆可見當時中外學者對中國經學史的重視，而且是對今、古文經學之爭論秦漢經學歷史的一種延續與回應。

　　那麼晚清今、古文經學之爭，如何從傳統詮釋經典的爭辯，躍而爲經學

〔註31〕劉師培：〈國學發微〉，《劉申叔先生遺書》（臺北：華世出版社，1975），頁 13、14。

〔註32〕參考田漢雲：《中國近代經學史》（西安：三秦出版社，1996），頁 462～263。

〔註33〕參考林慶彰：〈譯序二〉，安井小太郎等著《經學史》（臺北：萬卷樓出版社，1996），頁 7。

歷史、秦漢學術史，甚至是經學性質與孔子、儒學定位的討論呢？此中發展，須深入今、古文爭議的主要議題，續作探究。

今、古文經學爭議的焦點在《春秋》學。今文學者通過《春秋》學，推崇孔子及重新詮釋儒學經典，打破深爲古文經學籠罩的清學；與之相對的古文經學者立場，同樣透過重整《春秋》學，廓清今文學對孔子與《春秋》、儒學與經學的附會，提出古文經學的經學主張。尤其康有爲一方面推行孔教，特別突顯《春秋》學對於政治思想的指導性，重新喚起西漢今文經學援經議政的經學傳統，將經學與儒學、孔子的討論，不只引爲單純的學術問題，更使其進入議論政治的場域，成爲制定國家政策的依據。另一方面，他又利用孔子和《春秋》學接引西學，將孔子和《春秋》學作爲融攝西學新知的據點。康有爲的議論復刺激出劉師培與章太炎對於《春秋》學的重整與討論。由此，今、古文學者所引發的爭議，令《春秋》學成爲晚清民國的議題中心。

（三）《春秋》──經乎？史乎？爭議再起

《春秋》乃六經中與孔子關係最密切的典籍，透過《春秋》，孔子與儒學、經學形成緊密的結合，因此研究經學與孔子儒學的演變歷程，不能不關切《春秋》學所引發的議題。

「春秋」在傳統知識體系中，具有多重舉足輕重的意義與價值。在《國語》記載傳太子的教材，可以看到「春秋」在當時作爲「聳善而抑惡焉，以戒勸其心」的道德教本〔註34〕。《戰國策》、《韓非子》、《管子》引述「春秋」時，多談論君臣政治議題〔註35〕，可見先秦時，「春秋」廣爲各家稱引談論，並不限於儒家。然而自從孟子定義孔子《春秋》內容爲「天子之事」，以「其文則史」的形式，展現孔子「其義則丘竊取之」的義理性質，即奠定《春秋》作爲儒家政治經典的地位。

漢代董仲舒（前 176～104）延續孟子的《春秋》觀點，以《春秋》爲中心，建構集先秦學術大成、具宇宙論色彩的政治思想理論，主導著漢代學術。他以《春秋》作爲開展政治理念的根據，特別表彰《春秋》爲孔子述作的典籍，將之推爲儒學核心經典，將其權威性建立在推揚孔子、獨尊儒術的政治作爲上，進而發展出不同於先秦的儒學體系，建構以《春秋》爲中心的漢代

〔註34〕見〔吳〕韋昭注：〈楚語〉，《國語》（北京：中華書局，1985）。
〔註35〕參《戰國策·東周》、《管子·法法》、《韓非子·姦劫弒臣》。

經學系統。這使得《春秋》成爲經學、孔子與儒學的接合點，令漢代學術成爲以儒學爲範式，以經學爲主體的學術文化。董仲舒亦據此得以將《春秋》建構成全方位的指導性經典，規範當時的政治、法律及倫理各領域，充分展現出《春秋》的豐富多元的思想特質。

從學術發展史來看，漢代今古文之爭的焦點，在於《春秋》的解釋權，不再爲董仲舒以來的今文《公羊》家所壟斷。劉歆（前 50?～23）藉由可考的文獻資料，推古文經《左傳》亦爲解釋《春秋》的傳注，突破前期寡佔的學術論域，引發了漢代四次的今古文經學爭議。

從《春秋》學的內在發展來看，《春秋》本具史的本質以及豐富的意義內涵，分別發展爲《左傳》重史和《公羊》重義兩部典籍。兩者詮釋上的差異，在晉代杜預（222～284）的〈春秋序〉中被突顯。杜預在當時針對《左傳》做系統性整理及注解，簡易明晰，將《左傳》推上了解釋《春秋》權威典籍的地位，也將《左傳》以史事釋經的解經方式，推向與《公羊》以義例釋經之法相衡的局面。

唐代延續二傳的爭議，劉知幾（661～721）不僅接受杜預以史論經的觀點，更進一步將《左傳》取代《春秋》的地位，初步引發了重經或重史的爭議，經、史的內涵和價值意義開始被討論。〔註36〕然而在唐代，啖助（724～770）貶斥三傳，主張直探經義，遂開啓後世不據三傳議論經義之風。宋代孫復（992～1057）越過三傳，作《春秋尊王發微》，將《春秋》大義的解讀直接導向尊王思想，在當時獲得了歐陽修（1007～1072），及後來朱熹（1130～1200）的好評，認爲孫復甚獲聖人深意〔註37〕。《春秋》大義，顯然是唐、宋學者關注之所在。唐、宋儒者主張超越三傳，但在可得的秦漢文獻資料中，三傳仍然是解釋《春秋》相對可靠的依據，因此他們仍採用三傳，但由於解釋內容與方式的不同，《左傳》和《公羊》各自被視爲解釋史事和解釋大義，不同性質的兩部書。

朱熹自言看不懂《春秋》，在〈答林正卿〉中謂：「《春秋》之說，向日亦嘗有意，而病于經文之太略，諸說之太煩，且其前抵牾非一，是以不敢妄爲必通之計，而姑少緩之。然今老矣，竟未敢再讀也。」〔註38〕但他還是提出

〔註36〕 參見〔唐〕劉知幾《史通》之〈惑經〉、〈申左〉。
〔註37〕 參考趙伯雄：《春秋學史》（濟南：山東教育出版社，2004），頁 427～434。
〔註38〕 〔宋〕朱熹：《朱子文集》卷四，《叢書集成新編》冊 74（臺北：新文豐出版

對三傳的看法：「以三傳言之，《左氏》是史學，《公》、《穀》是經學。史學者記得事卻詳，於道理上便差；經學者於義理上有功，然記事多誤。」〔註 39〕在漢代別經史的基礎上，進一步的強調《公》、《穀》的義理價值、《左傳》的史學價值，而將之分歸爲經學和史學。至此，可以見得分判《公羊》與《左傳》經典性質的主要標準在於經史之別，同爲《春秋》本質的經學內涵與史學性質，竟成爲分明對立的兩方。經史分立所形成的經史爭議、經學性質的討論，在清代則成爲今、古文經學的爭議主題。

清代學者尊崇許愼（30～124）、馬融、鄭玄（127～200）和等古文經學家以訓詁求實的方式治學，他們根據《左傳》史事記載解釋《春秋》，又比《公羊》以義法解釋《春秋》來得有興趣。因此，從顧炎武開始，到惠棟、洪亮吉，都是站在糾補杜預《春秋》學的立場，進行對《春秋》學的整理，而表現出對《左傳》的高度重視。四庫館臣論述《春秋》學，便認定左丘明作《左傳》，以《左傳》的注釋不僅可信，且優於《公羊傳》。〔註 40〕同一時期，《公羊》學的勢力也從宮廷到學界，步步崛起：莊存與（1719～1788）對《公羊》義理的闡發，孔廣森（1752～1786）與劉逢祿（1776～1829）對漢代《公羊》學的復歸。乾嘉學者對《左傳》學與《公羊》學的新疏與闡發，成爲晚清今古文論爭的基礎。

晚清今古文經爭議重起，首出於劉逢祿批評《左傳》，認定今本《左傳》是僞書。又由於《公羊》學具有解釋《春秋》大義的優勢，劉逢祿還對《左傳》發出了以史儗經的責難。康有爲繼之在後，以劉歆僞作《左傳》爲議題中心，展開僞經說，透過考辨史書傳記，考辨古文經授、流傳與演變，通過古文經爲僞作的證成，聲張並樹立其經學主張的合理性，將史書記載的經學流變歷程，作爲經學眞實性主要根據。

今文家對古文經學的質疑聚焦在《左傳》。他們憑據史書傳記，擴大攻伐古文群經爲僞書的方式，爲章太炎、劉師培等古文經學家所批判與反駁。古

社，1985），頁 195。

〔註 39〕〔宋〕朱熹：《朱子語類》六（臺北：文津出版社，1986），頁 2152。

〔註 40〕《四庫全書總目》論《春秋左傳正義》中，陳述唐代以來對左丘明作傳的質疑之後，謂：「今仍定爲左丘明作，以祛眾惑。……《左傳》之義明，而二百四十二年內善惡之迹一一有徵。後儒妄作聰明，以私臆談褒貶者，猶得據傳文以知其謬，則漢、晉以來藉《左氏》以知經義，宋元以後更藉《左氏》以杜臆說矣。傳與注、疏，均謂有大功于《春秋》，可也。」（清）永瑢、紀昀主編：《四庫全書總目提要》卷 26 經部 26，頁 143。

文家從反駁《左傳》僞作說開始，據典尋證，重新進行經學流衍歷程的考訂。
在兩方爭議中，對經學的全面反省與重整就此展開。

　　不僅如此，當今文學者分別今古文學，以《公羊》釋《春秋》爲經學，
以《左傳》釋《春秋》則爲史學，引起古文家的不滿，形成《春秋》爲經？
爲史？的爭議，所挑起晚清的經史議題，在晚清民國擴大爲經學性質與內涵
的討論。〔註41〕今古文學者對經學史的追溯與重整，對經學性質與內涵的爭
議，成爲當時經學思想的轉變直接因素。《公羊》學與《左傳》學間的經史爭
議，亦成爲晚清民國重新思索經學內涵與性質的主要切入點。

二、研究取徑與研究回顧

　　在以《春秋》學爲中心的今、古文爭議中，清代學術走向分裂，以康有
爲爲代表的今文經學者，成爲逐漸破壞傳統經學根基的疑經者，然則康氏又
尊孔倡教，欲立一定說以統一經學路徑，疑經與尊孔，兩說多有不洽。再者，
其說過度改造學術歷史，立據疏失，立論過當，使其劉歆遍僞群經的說法，
在民國以後成爲學者撻伐的主要對象。弟子梁啓超評其師說之「此實爲事埋

〔註41〕錢穆（1895～1990）指出，自今文學家龔自珍、魏源開始，就已經「就史以
　　　　論經矣」，康有爲與廖平以史持論更甚，因此創旁通於史以治經者，當屬晚清
　　　　今文諸師。（氏撰：《兩漢今古文平議・自序》，臺北：東大出版社，1983）。
　　　　然而就清代今文家而言，當始自劉逢祿的《左氏春秋考證》。他透過梳理漢代
　　　　史籍，辨明《左傳》出自劉歆僞作的作法，即爲以考辨史實的方式處理經學
　　　　的問題。
　　　　　　康有爲亦透過校理漢籍史書，進行對古文經的批判，民國以後，以治史
　　　　的方式治經，爲疑古學者以及新文化運動支持者所採行，並多從史學的角度
　　　　論經學。他們延續清末上溯先秦學術，以治史的方法治經，有二個面向。一、
　　　　校理經學源流。顧頡剛固然是其一，錢玄同同樣自覺的表明其立場，乃是「站
　　　　在歷史的立場上，來研究經的本來目」（引文爲任訪秋所記錢玄同講演《經
　　　　學史》之講稿，見氏撰：〈錢玄同論〉，原載《藝譚》1981年第4期，收入沈
　　　　永寶編：《錢玄同印象》，上海：學林出版社，1997，頁144。）其次，也因爲
　　　　將經原來面目視爲古史，而將六經視爲史料，除顧氏、錢氏，章太炎後學朱
　　　　希祖（1879～1944）、胡適（1891～1962）、傅斯年（1890～1905），皆以六經
　　　　爲上古史的文獻，加以治理。凡此，皆從史學立論。視六經爲史料的立場，
　　　　爲民國以來發展的新視角，固不足以掌握傳統經學的本質內涵，其未能從經
　　　　學的視角，看待經學的本質，亦不能代表經學家的經史學觀。回到經學的立
　　　　場，史學的意見固然可以參考，經學家的意見乃是窺見晚清民初經學思想轉
　　　　變的主要根據，因此晚清今古文經學爭論的議題與演變、論辯者，成爲本論
　　　　文主要觀察探求的對象。

之萬不可通者」〔註42〕，治學上的轉向，其實即已標誌著以康說爲首的今文經學學說的式微。

當時對傳統經學採正面肯定的立場，迴護六經典範地位者，乃是以章太炎、劉師培爲代表的古文經學者。他們深具漢學淵源與根柢，亦皆站在《左傳》學者的立場，對今文學者提出強烈的反駁與批評，但是在詮釋經典的取向上，卻大不相同。劉師培維護漢儒以例釋經的家法經說，章太炎支持杜預以史論經的《春秋》學；劉師培《左傳》學，以傳統經學爲本位，將精力投注在反駁杜預與開展漢儒古文經說，實爲清代《左傳》學的延續，章太炎《左傳》，學則出入漢學，反省漢儒釋經之弊，而有進於清學。

章太炎被同時代學者梁啓超視爲是清末思想界的重鎮〔註43〕，曾謂：「蓋炳麟中歲以後所得，固非清學所能限矣，其影響於近年來學界者亦至鉅。」〔註44〕又被現代學者視爲「從古典向近代過渡的軌跡」〔註45〕，顯然晚清及民國學者已注意到章太炎學術思想有變於清學者。

回溯傳統學術在近代的轉折歷程，當晚清今、古文爭議的論題延續到民國疑古風潮，經學獨尊之勢成爲歷史陳跡，今、古文之爭對傳統學術思想的批判精神與方法，在除去經學、孔子與儒學的權威形象之後，轉移到民國學人身上，成爲顛覆中國傳統知識的利器。〔註46〕當時與廖平、康有爲針鋒相對的古文經學大家章太炎，尤具漢學根柢，深知攻伐今文經學、迴護古文經學，顯然不足應對今文經學派及疑古學派疑經疑史，甚至其擴大爲顛覆中國學術傳統、民族文化的反傳統風潮，而立意發展學術新局，對轉變中的時代學術有深切的省思，曾謂：

〔註42〕 梁啓超：《清代學術概論》，頁56。
〔註43〕 梁啓超舉自己、章太炎、嚴復、孫中山四人爲清末思想界之重鎮，看出章太炎想把考證學引到新方向的企圖。見氏撰：《近三百年學術史》（臺北：華正書局，1989），頁34。
〔註44〕 同註42，頁70。
〔註45〕 田漢雲：《中國近代經學史》，頁449。
〔註46〕 顧頡剛曾提到治學的前期深受章太炎的影響，認爲章太炎：「古文家主張六經皆史，把孔子當作哲學家和史學家看待，我深信是極爲合理的。我願意隨從章太炎先生之風，用了看史書的眼光去認識六經，用了看哲人和學者的眼光去認識孔子。」（頁24）後來又說明「自從讀了《孔子改制考》第一篇之後，經過了五、六年的醞釀，到這時才有推翻古史的明瞭的意識和清楚的對象」（頁43）對於今古文學爭議中的主張，深有所受。（氏撰：〈古史辨第一冊自序〉，《顧頡剛古史論文集》，北京：中華，1988，頁23）。

清末諸儒，若曾國藩、張之洞輩都以爲一切學問，已被前人説盡，
決不再能超過了。我以爲後人僅欲得國學中的普通學識，則能够研
究前人所已發明的，可算已足，假使要求眞正學問，怕還不足罷！
即以「考據」而論，清代成就雖多，我們依著他們的成規，引而伸
之，也還可以求得許多的知識。在他們的成規以外，未始沒有別的
途徑可尋；那藴蓄著未開闢的精金正多呢？總之，我們若不故步自
封，欲自成一家言；非但守著古人所發明的，於我未足，即依律引
伸，也非我願，必須別創新律，高出古人，才滿足心願——這便是
進步之機。〔註47〕

即意識到晚清民初乃學術轉向，檢討清學，開展新學新局的一段時期。

　　再者，晚清民初延續章學誠六經皆史論，深入經史議題，探討經史之形
成與性質，富有建構民國新經學的企圖與具體貢獻，於後學深有影響者，惟
章太炎。進入經學轉型的議題，張壽安教授亦曾指出：「二十世紀初章太炎曾
提出『經史學』的概念，是不同於古典經學研究的『新經學』，是傳統經學過
渡到現代學科的一種回應。百年後的現在，所謂『新經學』仍是有待研究開
發的議題。」〔註48〕說明研究章太炎經學的重要性。因此，本論文以章太炎
經學爲主要取徑，以其作爲研究晚清民初經學思想轉變的中心人物。

　　章太炎的學術思想涵蓋的層面很廣，前人研究章太炎的學術思想非主經
學，而多以史家、思想家、革命家視之，研究章太炎的傳記與相關論文甚多，
多著重章氏政治思想與政治活動的描述。其中著重闡發章氏學術思想的專
書，以1985年王汎森先生《章太炎的思想及其對儒學傳統的衝擊》爲首。此
後深入探討章太炎學術思想的專書隨之增多，計有：何成軒《章炳麟的哲學
思想》（1987年）、張昭軍《儒學近代之境：章太炎儒學思想研究》（2002年）、
郭應傳《眞俗之境：章太炎佛學思想研究》（2006年）、黃翠芬《章太炎春秋
左傳學研究》（2005年）、張春香《章太炎主體性道德哲學研究》（2007年）、
蘇美文《章太炎「齊物論釋」之研究》（2007年）。此外，中國兩岸有超過二
十本的碩博士研究論文，就哲學、佛學、經學、儒學、宗教、倫理、社會法

〔註47〕　章太炎：〈國學之進步〉，張勇編：《章太炎學術文化隨筆》（北京：中國青年
　　　　　出版社，1999），頁66。
〔註48〕　張壽安：〈二十一世紀中國經學研究之展望〉，《中國文史哲研究通訊》2001
　　　　　年，第10卷第1期。

律等各層面闡釋其學術思想。

《章太炎的思想及其對儒學傳統的衝擊》一書,首開風氣,初步對章太炎學術思想的轉折與對儒學的影響,進行深入的剖析與說明。是書論述斷限在 1919 年,章氏 52 歲時,重心繫於辛亥以前,富於創新及批判精神時期的章太炎,尤其關注其衝擊傳統儒學層面,包括推崇諸子學、訂孔及六經歷史文獻化等議題。他將章氏思想分爲兩階段,並以章氏自言「始則轉俗成眞,終則迴眞向俗」形容其思想歷程,認爲 1908 年 41 歲的章太炎「齊物」之論欛柄入手後,即進入「迴眞向俗」的階段,從此不再堅持高蹈虛無思想,亦少門戶之見,作爲章氏思想最後定論。〔註49〕

隔年,唐文權、羅福惠《章太炎思想研究》出版,分述章太炎學說思想的各層面,關於章太炎辛亥前的思想論述,十有七、八。〔註50〕此書特別將章太炎的治經分爲前、後期,認爲前期的治經體現批判精神,給予後人以積極影響,後期則「一味沉迷於經學……他誇大經學的作用,慨嘆經學的式微,說明這些文化遺產此時在他身上已經由動力轉化爲惰力」。〔註51〕同樣將章太炎學術思想歷程概分爲二,注重前期批判傳統時的章太炎思想,直指章太炎晚年思想漸入頹唐之況。

此外,2004 年劉巍作〈從援今文義說古文經到鑄古文經學爲史學——對章太炎早期經學思想發展軌跡的探討〉〔註52〕長篇論文,論述視角集中在章太炎早期經學思想變化上,是深入探究章太炎經學思想轉變歷程之作。劉氏以 1904 年《訄書》重訂本出版爲斷,將章氏思想分前後二期,認爲前期章氏仍援引今文說義,後期則與今文經說截然分途,建構自身的學術理路。並從三方面看章氏後期思想的變化〔註53〕,以孔子與六經——孔子爲良史說——

〔註49〕 此書實際上並未述及章太炎晚年的思想變化,卻有「最後定論」一說,值得商榷。王汎森:《章太炎的思想及其對儒學傳統的衝擊》,(臺北:時報出版社,1985),頁 17。

〔註50〕 本書將章太炎學說思想依序分爲西學汲引、經濟思想、政治學說、認識論、宗教觀、佛學思想、道德學說、經學、史學、諸子學及對歷代學術總結等十一個層面,試圖全面的從學術文化的角度談章太炎。見唐文權、羅福惠著《章太炎思想研究》(武漢:華中師範大學出版社,1986)。

〔註51〕 同前註,頁 370。

〔註52〕 劉巍:〈從援今文義說古文經到鑄古文經學爲史學〉,《近代史研究》2004 年第 3 期。

〔註53〕 其目分爲一,孔子與六經的關係及經儒之分合;二,孔子爲「良史」說的宣示及新的學統譜系的建立;三,「六經皆史」論的發軔,等三方面。(同前註)

六經皆史的脈絡，談論相關議題，勾畫章氏思想的轉折。他認為，章氏在二十年後批評胡適《中國哲學史大綱》承今文家說，而以六經皆儒家托古之說，其實是《訄書》中〈訂孔〉、〈清儒〉，一貫反對「六經皆孔子所作」的思想見解。﹝註54﹞換言之，劉巍其實也是將章太炎最終的思想變化，底訂在〈訂孔〉這一批判時期。

前二書特別重視章太炎在諸子學、佛學及西學的吸收與轉化，對於傳統儒學與經學，採取批判的態度。對於晚年的章太炎，或不置一詞，或指其落後，認為章太炎思想最有價值者，在於勇於批判、衝撞傳統文化的部分。後一篇論文雖然深入剖析章太炎在經學思想上的轉變，卻同樣視章太炎晚年思想是〈訂孔〉時期延續。如此以批判傳統為權衡標準，論斷章太炎思想，乃是受民國以來文化反思風潮的影響。而推崇章太炎劃時代的批判精神，以勇於批判作為評價章太炎的主要取向，實肇始於魯迅。

魯迅（1881～1936）推贊章氏「戰鬥的文章，乃是先生一生中最大、最久的業績」。﹝註55﹞以當時反經、反儒，乃至於反傳統風潮一觸即發的氛圍下，章太炎先於政治革命，率先訂孔詆儒，在學術文化上的「起義」之舉，獲得廣大迴響，成為當時引領風潮的時代人物。晚年章太炎收起訂孔詆儒的言論，反而推崇孔子與儒學、經學，立即引來魯迅「身衣學術的華袞，粹然成為儒宗」、「漸入頹唐」、「退居寧靜的學者」的負面評價，進而成為描述章太炎晚年思想的權威意見。這樣的評論，在當時以至於今，傳統文化並不十分被認同的知識氣候下，仍然成為主要意見。然而魯迅對於章太炎晚年的評價尚未及寫出，並非蓋棺之評，而且魯迅受到當時「只給新派發言權，而很少舊派申訴的權利」﹝註56﹞的時代風氣所限，學人身上的新舊標籤又更迭得嚴重，所論實有限制。

對章太炎晚年有正面述評的專著，為張昭軍《儒學近代之境——章太炎儒學思想研究》（2002）。他將章氏思想的演進歷程細分為五階段﹝註57﹞：一，

﹝註54﹞　同前註，頁 83。
﹝註55﹞　魯迅：〈關於章太炎先生二、三事〉，《魯迅全集》卷六（北京：人民文學出版社，1981 年），頁 536、537。下引同此。
﹝註56﹞　羅志田語，見氏撰：《權勢轉移：近代中國的思想、社會與學術》（武漢：湖北人民出版社，1999），頁 118。
﹝註57﹞　張昭軍：《儒學近代之境——章太炎儒學思想研究》（北京：社會科學文獻社版社，2002），頁 24～94。

「謹守樸學」,「隨順舊義」。幼年至 1897 年（30 歲）。二,從「與尊清者遊」到「告謝本師」。1897～1901 年（30～34 歲）,由以舊學爲主到全面建立自己獨具特色的儒學體系,爲章太炎的儒學思想的過渡時期。三,「轉俗成眞」,趨於成熟。1902～1911（35～44 歲）章太炎從〈訂孔〉開始,以佛解莊,以佛莊證孔,從哲學玄思的高度,衝擊儒學的獨尊和神聖地位。四,「迴眞向俗」,「切於人事」。1912～1922 年（45～55 歲）。由辛亥時期推崇佛莊的高妙玄思,轉而褒揚儒學中「切於人事」的人生哲學和道德哲學。五,1922 年以後,思想學術,自成體系。張昭軍認爲這一時期的章太炎擴大、深化既有研究成果,在經典研究、經學史研究、儒家思想的闡釋等議題上,提出具有學術價值的觀點。此書集中論述章太炎在儒學領域中的思想轉變歷程,相當清楚的指出章太炎思想變化的特點。

以上各家對章太炎思想變化歷程及闡釋,有不同面向的掌握,多關注章太炎對孔子及儒學造成的衝擊。然而溯及章太炎特別交代弟子吳承仕於 1932 至 1934 年校刊《章氏叢書續編》仍須儘快刊出,可知他對於晚年的學術意見相當重視。〔註 58〕其次,學者對章太炎的經學研究與六經皆史說等議題,雖有觸及,卻沒有貫通而系統的說明,對其經學研究成果與影響貢獻如何,仍未得其要。因此若未能貫徹地理解章太炎晚年學術思想的變化及其價值,恐怕難以正面積極的彰顯章太炎學術思想。

事實上,在章太炎述學自敘中,多見其以自身學術思想的根基爲經學,重心亦在經學。他對其自身經歷與變化有過三段描述。〔註 59〕首先是在 1913 年,章氏 46 歲時,遭袁世凱軟禁於北京,曾撰寫〈自述學術次第〉。其次是 1928 年,61 歲時,撰《太炎先生自訂年譜》,由清同治七年（1868 年）1 歲至起 1922 年 55 歲止。最後的記述則是在 1933 年,章太炎爲眾弟子講述個人治學經歷,由諸祖耿記錄爲〈記本師章公自述治學之功夫及志向〉（後簡稱〈自述治學之功夫及志向〉）。〔註 60〕其中對自身學術思想歷程有深入描述的是 46 歲〈自述學術次第〉及 66 歲時〈自述治學之功夫及志向〉。《太炎先生自訂年譜》雖多記其政

〔註 58〕 朱維錚:〈關於晚年的章太炎〉,《先驅的踪迹──章太炎先生逝世五十周年紀念文集》（杭州:浙江古籍出版社,1988）,頁 86。

〔註 59〕 另有 1933 年之《口授少年事迹》,述至 39 歲止,篇幅短小,多政治活動之敘述,亦多同於《自訂年譜》,此不贅述。

〔註 60〕 分別可參考姚奠中、董國炎著:《章太炎學術年譜》（太原:山西古籍出版社,1996）,頁 210、405、439。

治遭遇，尚記有早年未投身政治前之治學經歷。這三段描述有個共同特點，爲學者所樂道、青壯時期的批孔詆儒之事，章太炎皆隻字未提。

〈自述學術次第〉是章太炎自身治學歷程最早的記述，爲其身處困頓時的自省之言。文中對其所涉之學，包括佛老、漢學、經學、小學、晚明學術等，談論甚廣。他自剖，少時雖好周、秦諸子，卻未得老、莊之統要，自三十餘歲深讀佛學，而悟莊之〈齊物論〉多與法相相涉，認爲「佛法雖高，不癭用於政治社會，此則惟待老、莊也」。可知章太炎思想雖然徘徊於佛老之間，始終關注的是實然的人間秩序，思想底蘊仍是傳統「主人事」的學術性格。章太炎在當時認爲《齊物論釋》和語言文字專著《文始》，爲「一字千金」之作，然而在 62 歲自述與 66 歲的治學自省中，卻未見對中年思想方面的得意之作表示認同。在《太炎先生自訂年譜》，稍提及習佛論莊之經歷，在〈自述治學之功夫及志向〉中則皆未提及。由此可知，章太炎晚年學術思想的關注重心，已大不同於中年時的見解。

在三段自述中，我們可以看到章太炎對於小學和經學的一貫注意。在〈自述學術次第〉的敘述中，緊接談佛論老之後，就是治經心得，談到《左傳》學的相關問題，以及治《易》心得，其次則是治小學的意見。《太炎先生自訂年譜》中，在 35 歲自訂《訄書》，置身政治洪流以前，多是其治經歷程的描述。最後的〈自述治學之功夫及志向〉，只論經學與《說文》之學。可見章太炎治學始終關切著小學與經學。小學就其本身而言，爲一門專精之學，章太炎於此拓展成一方新天地。然而對於精研訓詁考據的漢學學者來說，小學的價值更在於其爲治經史之重要方法，章太炎治小學之初衷，亦在通經史。章太炎批孔詆儒，反權威，批判傳統，但是終始一生的經學研究，是他從來沒有質疑過的學術論域；其治經，不僅僅是早年漢學薰陶所遺之興趣，青年、中年在政治中困頓顛沛，仍自言「不如說經之樂」〔註 61〕，晚年猶不遺餘力的提倡經學。

值得深思的是，晚清民初在時代轉型的過程中，新文化運動風行草偃，產生知識分子在文化上的認同危機時，章太炎卻將其學術思想的重心拉回了傳統經學與儒學當中，思考與信仰上的變化是什麼？對章太炎經學及相關思考的研究，當是掌握其學術思想轉變的關鍵。

章太炎治經、史、諸子之學，精研西學，於佛老之學亦甚有心得，學殖

〔註61〕 章太炎：〈與劉師培書〉（1903），馬勇編：《章太炎書信集》，頁 71。

深廣。其經學則集中於研究《春秋左氏傳》，從早年在詁經精舍的課藝中，可以看到他對《左傳》濃厚的興趣。早年治《左》，固有因於漢學傳統者；青中年吸收新學，反孔詆儒，思想激變之際亦治《左》；晚年更以爲於《左》學甚有精益之見。見其三段自述爲學中不離《左傳》，在晚年以經學爲重的自述中，有二分之一篇幅也是談論「春秋左傳」。因此，環繞在「春秋左傳學」的研究與思考，對章太炎而言，絕不只是經典解釋這個層次的意義而已。

2005 年，有黃翠芬博士論文《章太炎春秋左傳學研究》出，整理章太炎《左傳》學研究的相關論述，並介紹其梗概。論文爬梳章太炎《左傳》學的諸多文章，辨析在今古文說的爭衡、《左傳》與《公羊》家的糾纏衝突，以及新舊文化的矛盾癥結中，章氏矢志考辨「春秋左傳」的重要意義，揭示章氏的「春秋左傳學」對於傳統經學走向現代化的啓發作用，對後人研究章太炎《左傳》學有開拓性的貢獻。作者並指出，論文目的不在展現章氏純經學的面貌〔註 62〕，乃將其置於「民族史學」的脈絡中，探求章太炎的著作動機及思想理路。

然而晚清民初傳統學術逐漸式微，演爲新史學、新儒學及文學、語言文字學，在變遷中，章太炎晚年不僅蓄意提倡經學，也從研究立場著作《春秋左氏疑義問答》，作爲對傳統經學中《左》學議題的最後回應。同時，從晚清學術發展來看，當時由今、古文之爭，經《春秋》、《左傳》引發的經史爭議，經學內涵及性質的審訂，以至於民族歷史、學術文化的嬗變與趨向，這些層層深入的議題，成爲觀察民國經學思想變遷的重要課題。因此，對於章太炎《左傳》學研究，除了明其與當時民族史學思潮合流的一面之外，它對於傳統經學的延續與轉化、變遷與影響，在失去傳統根柢，無法掌握學術流向的現在，當深推以求的。

三、論文架構

章太炎不僅爲衝擊傳統儒學的新知識份子，且爲深具傳統漢學根柢之學者，學術思想雖歷經數次變革，治學方法與宗旨仍不離漢學。是以章太炎之「春秋左傳學」，不僅有蘊具時代意義的經學新論，且有傳統經學之審實考訂，其思想轉進歷程實爲晚清民初新經學之具體表徵，標幟著百年前的清末

〔註62〕黃翠芬：《章太炎春秋左傳學研究》（臺中：東海大學中國文學系博士論文，2005），頁 19。

學者，在傳統與現代轉折間的奮力思索，在思想與治學理念上的應時與轉變。

研究章太炎經學思想的轉變，有三個層次需要注意：

（一）內在於章太炎學術思想變化的歷程。

（二）章太炎所繼承的經學傳統，這一部分的展現集中在其「春秋左傳學」。

（三）在當代中西交流，西學新知強力輸入的時空背景下，章太炎如何應對晚清今文學疑經風潮、新文化運動、疑古風潮、廢經、及新史學等一連串衝擊傳統學術的文化省思。

此皆與章太炎經學思想的變化相關。尤其第二層，即章太炎對「春秋左傳學」的研究為第一層與第三層學術發展的知識與理念基礎，而為其經學思想轉變之核心。第三個層次可分為兩部分，一則回應晚清今文《公羊》學的攻擊與重新估量所代表的傳統經學觀，一則中西文化對照下的衝擊。論文依序處理這三個層次的議題。

首先，就學術發展觀之，現代學術思想之延展，不僅來自晚清民國西方文化與政經現實的刺激與回應，更深層的思想意識必定源於清代學術思想之中。籠罩當時知識分子的學術及思想權威，非以經學為研究重心的清代漢學及相關論述莫屬。因此，本論文第一章論述章太炎對漢學治學方法與目的的反省與再確定，將其春秋左傳學分為三個時期，說明章太炎學術思想變革的二個重要轉折，明其治學理念與經學思想的轉變歷程。

第二章透過分析章太炎對傳統《春秋》議題的反省與創造，進一步理解章太炎經學思想之淵源與轉變根由。

第三章則說明章太炎對《公羊》學界的辯駁，對傳統《春秋》學的廓清與反省，從而掌握章太炎整體經學思想與主張。

第四章論述章太炎以「春秋左傳學」為中心開展的經史學理論，對史學與語言文字學的深刻見解，所歸納成的治經方法，進而開展經學價值的經學文化觀。並在中西文化議題下，論述就其對傳統經學的整合與轉化、建構中國學術主體，以應對西方文化、中國經學現代化所開示的新路向。

最後為上述研究總作結語，說明章太炎經學思想之轉變，及其作為晚清民初經學思想轉變的具體表徵與貢獻。

第一章　章太炎學術思想轉變三階段：
以「春秋左傳學」爲中心

　　學有數變，是晚清民國知識分子的共同特性。廖平六變，從經學講到天學、人學；梁啓超早先追隨康有爲，後來不再尊尙師說、走向史學，晚年則尊奉陽明學。章太炎，本爲詁經精舍一名書生，轉而爲鼓吹革命的激烈分子，由尊崇孔子轉而詆薄孔子。晚年復悔其駟言，尊孔講儒，學術思想呈現階段性變化。每階段的變化，皆有徵可尋。

　　初期，章太炎治學走漢學門徑，至 1899 年 32 歲作《訄書》期間，浸染漢學，與尊清者遊，對學術論敵康有爲也寬宥相待，時有維護之言。這一時期結束最明顯的轉變徵兆，爲章太炎的政治主張由循序改良轉向激烈革命，學術上也開始正面而嚴厲地提出對康有爲的辯駁。1900 年，章太炎 33 歲，重編《訄書》手校本，開始推闡國學，倡論史學，同時也批判孔子、揚諸子、抑儒學。1914 年，章太炎 47 歲，將《訄書》改名爲《檢論》，結束第二時期並開始第三時期，學術思想又呈現另一波的變化，轉向推崇孔子與儒學，提倡經學。

　　三段時期中最特別的是，即使在強烈主張詆孔抑儒的時候，章太炎從未中止對經學的思考與研究。其經學研究與主張，集中並實現在「春秋左傳學」的相關論述中。關於章太炎的《左傳》學研究，弟子錢玄同（1887～1939）曾指出：

　　先師章君之《春秋左傳讀》，弟于三十年前曾在師處見其自藏之
　　本……。《章氏叢書》中之《春秋左傳讀敍錄》及《劉子政左氏說》

兩種，即系將此書之一小部分修改而成者，彼兩種定稿於丙午、丁未間，在此書之後十餘年，前後見解大異，故此書久爲先師所廢棄矣。又先師於晚年所作之《春秋左氏疑義答問》（在《章氏叢書續編》中），則不但與此書所見絕異，亦與《叢書》之兩種亦大不相同，因又在彼兩種以後二十餘年所作也。竊謂欲知先師治《左氏》學之意見前後變遷，此三時期之四部書皆極重要。〔註1〕

將章太炎研治《左傳》分爲三個時期，一、早期著述的《春秋左傳讀》，二、中期有 35 歲及 40 歲時取前書修作定稿的《春秋左傳讀敍錄》及《劉子政左氏說》，三、晚年所作《春秋左氏疑義答問》。三個時期四部書的見解，前後大異。

　　本章將章太炎學術思想變化的歷程，結合三時期的「春秋左傳學」研究，分其學術進程爲三階段：一、根柢漢學，18 至 33 歲；二、破除漢學視域，33 至 47 歲；三、返經倡儒，47 至 69 歲歿；結合客觀的政治、社會變化，明其轉變特徵，以掌握章太炎治學淵源與理念源流，理解其學術思想轉折變化之原因與歷程。

第一節　根柢漢學：18 至 33 歲

一、治學理念與規模

　　章太炎早年受傳統經生教育。九歲，即隨外祖朱有虔課讀經訓。朱氏時以明清遺事與顧炎武著述大旨相曉，啓其蒙智。章氏因場屋之試而習文，十六歲因病棄試，從此輟習不憙之繩墨制義。當其廢制義不爲後，首先涉獵史傳、老莊，讀唐人《九經義疏》，聞說經門徑於長兄章籛，研讀《音學五書》、《經義述聞》、《爾雅義疏》有悟。〔註2〕在自學的經驗中，章太炎奠定文字、聲韻、訓詁的漢學基礎。另一方面，經由研習小學，章太炎的知識興趣由讀史轉移到治經。在進入詁經精舍以前，他已遍讀《皇清經解》與《皇清經解續編》，不時紬讀經訓，旁理諸子史傳。

〔註1〕錢玄同：〈與顧起潛書〉，《制言》第五十期，轉引白湯志鈞：《章太炎年譜長編》（北京：中華書局，1979），頁 32～33。

〔註2〕章太炎：《太炎先生自訂年譜》（香港：龍門書局，1965），頁 3。

　　二十三歲，章太炎進入詁經精舍，從學俞樾（1813～1884），嘗問經於高學治，問文辭法度於譚獻（1832～1901），亦曾數謁黃以周（1828～1899）。此時師友交遊多爲從事清學者。從章太炎爲早期諸師友所寫的傳記中，可以看到他們的論學重心，以及給予章太炎的影響。

　　高學治，字宰平，仁和人，治《三禮》及四家《詩》，旁羅金石，亦好宋、明儒書。章太炎與之交時已年七十五、六，猶日讀書，晝雖倦不臥。章太炎推崇高學治，不時問學於高氏，嘗作〈高先生傳〉。傳中記問經之事一則，爲章太炎據「聲近相通」之例，明前人考據經典之失，獲得高治平的讚許。在兩人往來問答之中，章太炎習知說經尙謹的治學態度。〔註3〕

　　譚獻，字仲修，號復堂，仁和人，治經喜談微言大義，論治亂得失，傾向今文經學派。章太炎習其文辭法度，亦問經訓於譚氏。〔註4〕當《春秋左傳讀》書成，猶函請譚獻指正〔註5〕，可知兩人治經雖各有宗主，仍不礙其切磋問學。

　　黃以周，字元同，浙江定海人，以傳經明道自任。爲學不拘牽漢、宋門戶，《詩》、《書》、《春秋》，皆條貫大義，說《易》不偏主鄭玄、王弼。尤深邃三禮，推其治學根極，以治禮爲主。章太炎崇其百卷之《禮書通故》，認爲可與杜氏《通典》比隆，又深受黃氏禮學之善誘，自述曾循誦《通典》七、八次之多。

　　此時章太炎浸習於漢學的知識環境中，治學涵括經史諸子。他有志於治古文經學，故問學於高治平；雖有家派之不同，亦從今文經學者譚獻學習文辭法度，與之論經；由於仰慕黃以周之學，而隨之深涉禮學堂奧。由此可知，

〔註3〕章太炎：〈高先生傳〉，《章太炎全集》四（上海：上海人民出版社，1982），頁210。文中見二人談孫星衍釋〈禹貢〉鄭注引〈胤征〉「篚厥玄黃，昭我周王」。孫星衍釋以「忠信爲周」。高治平認爲釋義有紆曲之過，章太炎指出「周王者爲壽王也」，蓋「地本名壽，漢世因以名縣。古者遷都，則國號從之，商更爲殷，豳更爲周，唐更爲晉，是也。天子依壽爲行在，故不曰夏王，稱壽王矣。古文周、壽聲近，裯或作襦，其例也。望文生義，言忠信王，未之思也。」明孫氏錯舉之因，深獲高氏贊同。

〔註4〕據〔清〕譚獻《復堂日記續錄》光緒十八年五月二十四日，記譚見章說經文稿談：「其一主荀子『袾裷』，謂古者天子朱裘衣，諸侯玄裘衣。其一說『嘉栗旨酒』，謂栗爲量名。其一說『鸞旗』爲鋒旗之借字。其一說『日云莫矣，寡君須矣』，爲日暎暎，且中之暎，非昏莫。」譚以爲「誼不盡碻，要爲得問」（《叢書集成續編》冊218，臺北：新文豐出版社，1989，頁47），知章太炎亦與之論問經訓。

〔註5〕參考姚奠中、董國炎：《章太炎學術年譜》（太原：山西古籍出版社，1996），頁29、30。

章太炎的知識網絡相當開放，有宗主而無門戶，而以考經、辨禮爲主要的治學範疇。

　　章太炎主要的學術訓練來自俞樾的督導。俞樾，字蔭甫，浙江德清人，三十歲（1857 年）中進士，三十七歲即出任河南學政，卻因試題割裂經文，遭御史彈劾而罷職，自此便往來於書院之間，此生不復爲官。後主講於紫陽、求志等書院，四十八歲即入居詁經精舍，授課三十餘年。俞樾爲學無常師，左右采獲，不恪守家法。治《春秋》頗右《公羊》，得之於宋翔鳳。

　　俞氏說經則依王氏法規，自謂竊附《經義述聞》之後成《群經平議》，又繼《讀書雜志》作《諸子平議》。治學以高郵王氏父子爲法式，致力於校釋儒家經典及先秦兩漢諸子著作，學術性格其實是乾嘉考證學的延續，認爲：「學問之大，莫大乎通經。通經之道，義理尚矣。」〔註6〕以學問首務爲通經，通經在明義理。義理存在於「往古」，要知曉「往古」之理，則必須通過考察質文制度之代變，與語言之變異。換言之，必須先撤除制度、語言藩籬，方能一窺義理堂奧。因此，俞樾主張：「通經必從訓詁始，訓詁之不通，如名物何？名物之不識，如義理何？」〔註7〕既自訓詁始，則必讀許、鄭之書，以通曉古言，推明古制。其謂：「即訓詁名物以求義理，而微言大義存其中矣。」這其實是戴震以來，學者從事考證時一貫的方法論思考。他們透過文字訓詁、文獻考徵，做爲檢驗眞實與虛假的基本方法，考辨六經典籍傳注，試圖找出存在於典章制度、名物訓詁中的思想變化與意旨。乾嘉學者治經擴及諸子學，俞樾沿承此學波，做《諸子平議》，又刺取九經諸子爲《古書疑義舉例》七卷，每條各舉古書數事，使讀者習知其例，小變《經傳釋詞》之例而推衍之。

　　章太炎治學步趨俞師，於經學、子學各有涉獵。章太炎在〈俞先生傳〉中，除述評俞師之學行，還特別記載師生考校文字，訓釋經義之討論一則，益知其師生論學，乃以考據爲方法，以治經爲理念。〔註8〕他由俞樾習得研治經訓的考據工夫，所傳承乾嘉考證學的學術性格，展現在《膏蘭室札記》（1891

〔註6〕　〔清〕俞樾：〈重建詁經精舍記〉，《春在堂雜文》卷一，《續修四庫全書·集部·別集類》（上海：上海古籍出版社，1995）。

〔註7〕　同前註，頁1～2。下引同。

〔註8〕　章太炎讀《左傳》昭十七傳文「其居火也久矣，其與不然乎？」以《論衡》之文以釋，認爲傳文記載有誤，將「林然」記爲「不然」，「林」爲「綝」之借。俞樾認爲章太炎舉證雖善，但仍不應如此訓解。章太炎接受俞樾的說法，傳中未明其因。（氏撰：〈俞先生傳〉，《章太炎全集》四，頁211。）應是章太炎的解釋過於曲折，又有改經之嫌，故爲不當。

～1893）、《詁經札記》（1890～1896）兩本著述中。

　　《膏蘭室札記》是章太炎訓釋先秦、西漢古籍中文字音訓的一部讀書札記，生前迄未梓行，原稿四冊，今存三冊，凡 474 條。〔註9〕內容包括對古注擇善而從者，批評舊注、提出新義者，對清儒考證提出批評者，以及史事考證等，可知《膏蘭室札記》是繼承清代乾嘉學派的治學方法，以文字、聲韻、訓詁爲根基，從校訂經書擴大到史籍與諸子，從解釋經義擴大到考究歷史、地理、天文曆法、典章制度。其中考釋五經者僅 80 餘條，考釋諸子則多達 350 條。從研究方法到內容的選擇，可以說深受俞樾的影響，雖尚多凌雜，卻可與《讀書雜志》、《諸子平議》、《札迻》相抗衡。〔註10〕其次，《詁經札記》，輯自《詁經精舍課藝》第七和第八集，共 38 篇，爲章太炎《易》、《書》、《詩》、《禮》、《春秋左氏傳》、《論語》、《孟子》、《爾雅》等經籍文字音義的訓解。〔註11〕

　　《膏蘭室札記》及《詁經札記》的撰述，是章太炎對傳統學術治學方法與議題上的習從，說經雖時有精見，仍不脫漢學路數。這段時期，章太炎鑽研漢學，所奠立的治學方法與治學宗旨，成爲其學術思想的基本立場與價值取向。在漢學的訓練與研究中，章太炎治學之用心所在，乃是以古文經學的立場，透過經典文字的訓釋、考索禮文制度源流、明辨史事與經文的始末眞僞，詮釋經義，深入探討左傳學的著作──《春秋左傳讀》。此作乃特別針對學術與政治上氣燄日盛的今文經學，聲張其學術理念。

二、回應今文學衝擊

　　晚清今文學對古文學的評議，始自廖平。光緒十二年（1886 年），廖平著〈今古學考〉，謂今文經學祖孔子，古學祖周公；今學言禮制，以〈王制〉爲主，古學以《周禮》爲主；今學爲孔子晚年之說，古學爲孔子壯年之說，清楚劃分今古文經學的界限，初步開啓晚清的今古文經學之爭。但是廖平的說

〔註 9〕　學者指出，章太炎書齋亦名「膏蘭室」。「膏」訓「潤」，猶如甘雨滋潤禾苗一樣。《詩經・下泉》有「芃芃黍曲，陰雨膏之」，《疏》稱：「此苗所以得盛者，由上天以陰雨膏澤之故也。」章太炎取名「膏蘭室」，當取典於屈原〈離騷〉：「余旣滋蘭之九畹兮，又樹蕙之百畮」，以「滋蘭」、「樹蕙」，比喻爲國家培養許多人才。章太炎借喻詁經精舍也是培養人才的地方，並表明積極進取的志向。參考徐立亭：《章太炎》（哈爾濱：哈爾濱出版社，1996），頁 20。

〔註 10〕　參沈延國：〈膏蘭室札記校點後記〉，《章太炎全集》一，頁 302。

〔註 11〕　參湯志鈞：〈詁經札記校點後記〉，同前註，頁 355。

法沒有引起學界太大的反應,爭議的擴大,起於光緒十七年(1891 年)康有爲《新學僞經考》。康氏直指《漢書・藝文志》所提費氏《易》,所著錄的古文《論語》、古文《孝經》、《爾雅》、《左傳》、《周官》、《毛詩》及禮古經中的「逸禮」,均爲劉歆僞造。激烈的言論,引起軒然大波。〔註12〕章太炎自述「始分別古今文師說」二十四歲,恰好就在《新學僞經考》說出之際。

章太炎批評康氏之言「今世所謂漢學,皆亡新王莽之遺;古文經傳,悉是僞造」〔註13〕的主張,也不滿時人以「其言奇譎,多稱道之」〔註14〕景然而從的現象。他認爲康說本劉逢祿(1776～1829)、宋翔鳳(1776～1860),而言尤恣肆,並進一步指出「然自乾嘉逮今,『公羊』獨尙,原其風流遐播」、「申受綸袍,莊氏幽精上通,墨守既堅,遂爲雄伯。八十年中,風範無改」。〔註15〕以今文《公羊》學,在莊存與(1719～1788)、孔廣森(1752～1786)、劉逢祿、宋翔鳳手中漸次復興,成爲一方言論,使得當時以推尊東漢古文經說的學術主流,受到今文經學者直搗門戶的大動作挑戰。

因此,章太炎開始撰述《春秋左傳讀》,從古文經立場詮釋《春秋》,並且攻駁今文家說的經學著作。其契機實導源於俞樾的一段話,「爾自言私淑子駿。是子(指康有爲)專與劉氏爲敵,正如冰炭矣。」〔註16〕令他正視今文經學挑戰的,刺激出維護古文經學著作與相關論述的,正是康有爲的《新學僞經說》。1897 年,廖平作《群經凡例》、《經話》、《古學考》引發的學術議題,又促使章太炎公開反駁廖平的經學主張。

廖平在改革理想的趨使下,不斷變異其論述,貶抑古文經《左傳》解釋經典的價值,並分別今古文經的治學方法與宗旨,建構《春秋》與孔子密不可分的學術歷史,推揚孔子爲垂法萬世的聖人。同時,康有爲也透過攻擊古文經,

---

〔註12〕康有爲在《新學僞經考》出之前,曾在廣州見過廖平。書出之後,廖平曾致信康有爲,要求他承認從自己的著作中吸收過部份觀點,但是康有爲堅持兩人觀點只是偶然巧合。但康有爲弟子梁啓超卻認老師曾受廖平今文經論著的影響(氏撰:《清代學術概論》,頁 56、57。)然而無論觀點是否肇始於廖平,這些對古文經學的評論,擴大於康有爲則是不爭的事實。

〔註13〕章太炎:《太炎先生自訂年譜》,頁 5。

〔註14〕同前註。

〔註15〕章太炎:〈致譚獻〉(1896),馬勇編:《章太炎書信集》,頁 1。章太炎對著尚今文的譚獻談論對今文學所帶來的風潮,日後章太炎也將屬於古文經學系統的著作──《春秋左傳讀》手稿請譚獻過目,可見章太炎對譚獻的信任與交誼,超越了今古文經學術門派的分別。

〔註16〕同註 13。

推闡今文經《公羊》學，亦建構孔子改制的學術歷史，推崇孔子。1897年，康、梁始倡議孔教，將《公羊》學視爲改革主張的理論根據，推尊孔子爲教主，將儒學視爲宗教，試圖以學術思想的力量，發動政治社會改革，學術與政治雙管其下，推尊孔子、推行孔教，藉以彰明其救世理念，施行政治理想。1898年，康有爲更作《孔子改制考》，以六經爲孔子改制之托言，作爲其政治改革的思想根據，緊密的結合學術與政治之間的思想效應，牽動政治上的改革風潮。廖平與康有爲以文獻考據爲方法，強烈質疑古文經存在的眞實性，根據文獻證明乾嘉漢學的研究對象是僞造的，從根本上動搖乾嘉漢學的學術基礎。〔註17〕而且兩人欲推《公羊》、尊孔子，將經學、儒學的發展與流變，隨己意構築學術歷史，到了有意忽視證據、扭曲事實的地步。當中固然有其時代因素與政治用意，但是對學術造成的扭曲損害，遠非廖平和康有爲所能測知。同時代學者沒有提出有效的反擊，使得結合政治力量的康有爲諸議論，在當代形成颶風，摧擊中國學術思想的根脈。當時對於今文學者接連建構的關於經學、孔子與儒學的論述，深以爲憂者如章太炎，遂起而批評之。

　　章太炎首先批評康、梁學派，「或言康有爲字長素，自謂長于素王，其弟子或稱超回軼賜，狂悖滋甚」。〔註18〕兩派人馬甚至因章太炎不同意孔教的言論，康有爲門徒竟對其「攘臂大哄」。〔註19〕然而，針對時人對康有爲進行政治上的攻擊，章太炎猶作〈答學究〉與〈翼教叢編書後〉二文公開表示，雖然與康氏學術意見勢如水火，並不代表在其他方面沒有相同意見，並在政治行動上表示支持之意，挺身維護康有爲。換言之，康有爲作今文家言的治學，

〔註17〕 艾爾曼指出，閻若璩和姚際恆皆以《左傳》引用的經書爲標準，做爲考據今本經書的根據。鄭玄把《左傳》收錄的《尚書》片斷，稱爲佚書。閻若璩統計了《左傳》引用的《詩經》有關詩句及佚詩的次數，又用它們和《左傳》其中引有的《今文尚書》，及鄭玄所謂佚書相比對。發現《左傳》引用《詩經》178次，引佚詩僅11次，《尚書》25次，佚書43次。《左傳》引用佚書的次數幾乎是現存《尚書》的兩倍，是佚詩的4倍。鄭玄早已指出，這些材料已散佚，如何梅賾能找到呢？於是斷言，作僞者曾從《左傳》收集作僞素材。(《從理學到樸學——中華帝國晚期思想與社會變化面面觀》（南京：江蘇人民出版社，1995，頁126、127）若據今文家言，以古經《左傳》是僞，隨之，爲閻若璩所引爲對照的考據基點也就不存在，如此一來，考證學的根基危危可岌，這樣的情況如同梁啓超指出康書引出的兩個大問題：一，清學正統派之立腳點，根本搖動；第二，一切古書，皆須從新檢查估價。(氏撰：《清代學術概論》，頁56。)

〔註18〕 同註13。

〔註19〕 《章太炎年譜長編》，頁43。

固爲章太炎所非議，但作爲具有改革號召的政治行動，則是他贊同與支持的。

　　針對今文學家對孔子學與儒學的論述，1897 年，章太炎與友人創立興浙會，〈章程〉謂：「至荀子則入聖域，固仲尼後一人。」強調「經世之學，曰法後王」。〔註20〕又 1899 年作〈尊荀〉，推贊荀子「法後王」的思想，認爲「後王」指的就是素王，指出「法後王」，就是法《春秋》。在同年所作的〈儒術眞論〉中，章太炎摭拾諸子，旁採遠西，從歷史源流追索儒學流變時，以儒學在先秦時分爲八，傳者獨爲荀、孟。並指出孔子之所以凌駕千聖，邁堯、舜，軼公旦者，爲「獨在以天爲不明及無鬼神二事」〔註21〕，推贊荀子〈儒效〉中以「道者，非天之道，非地之道，人之以道也，君子之所道也。」〔註22〕〈天論〉之不以怪異之象爲鬼神之說，以及「人之命在天，國之命在禮，君人者隆禮尊賢而王」〔註23〕之論，特別標舉儒學人文化成的價值與意義。〔註24〕同年，章太炎編訂自選集《訄書》（初刻本），在〈儒墨〉、〈儒道〉、〈儒法〉、〈儒俠〉、〈儒法〉篇章中，對儒學的議論與分析，可以看到他針對於今文家之倡議尊孔，所進行的對儒學沿流的考辨，重新思考與反省孔子與儒學對中國思想文化的眞實意義。

　　章太炎從學術流變的角度，接受班固、章學誠諸子俱出於王官的說法，視孔子儒家宗主，儒家爲諸子之一。然而，他雖然以儒家爲諸子之一，卻仍特別標舉儒學的文化意義。他在〈獨聖〉上、下，推崇孔子仁學，生民之智，始察於人倫，「而不以史巫尸祝爲大故」的文化意義。在〈客帝論〉與〈儒術眞論〉中，以同樣的立場，推孔子爲中國的共主、素王，以孔子的偉大貢獻，還在於憲章堯、舜之業而爲六經，使中國學術思想得以延續流傳。這個時期，章太炎尊孔子爲「獨聖」，仍然延續著傳統學術文化中對孔子、儒學與經學的推崇，無出於其外。

〔註20〕此〈章程〉不確定作者，但由思想傾向和論學的具體主張來看，可能是章太炎手筆。見《章太炎學術年譜》，頁 49。

〔註21〕章太炎：〈儒術眞論〉（1899），姜玢編：《革故鼎新的哲理——章太炎文選》，頁 48。

〔註22〕同前註。

〔註23〕同前註，頁 54。章太炎以儒學的重要意義在帶出了人文的意義，與宋恕 1899年的書信中，可見其言「蓋仲尼所以掃盡堯、舜、文、周之障而爲儒術者只此事。」（〈與宋恕〉，《章太炎書信集》，頁 15）同年與梁啓超書也可看到相同持論。（〈與梁啓超〉，同前註，頁 40）。

〔註24〕顯然，此時章太炎以荀子學爲孔子儒學的眞傳，儒學內涵被章太炎置換成荀子學，已大不同於戴震將孟子學視爲儒學主要內容。

從治學方法與理念來看，康有爲《新學僞經考》中對劉歆僞造群經的辨駁分析，章太炎《春秋左傳讀》對何休、劉逢祿的駁斥攻詰，同樣以文獻資料的考訂，作爲學術攻防的主力。兩者在考訂文獻時的基本共識，皆以《春秋》爲素王孔子所筆削，孔子賦予微言大義，爲經世之志的展現，而且可成爲後世指引，這樣的理念，成爲他理解經典的基礎。因此，從大的學術脈絡來看，康有爲與章太炎仍然走在清學的治學傳統中，從兩個端點走向一致的目的。顯然兩者都認爲孔子有開創中國學術文化進程的獨特貢獻。雙方所爭議的，並不在於是孔與非孔，而是孔子學術思想，對中國學術文化的價值與意義究竟爲何？

另一方面，這個時期，章太炎「春秋左傳學」與相關論述，沿承乾嘉漢學認同今文學以孔子當素王、制新法之論，而不可避免被認爲沾染今文家說。〔註25〕也因爲與今文學有著相當的改革共識，在學術上，章太炎對今文經學者的反擊並不明顯，僅針對劉逢祿與廖平的《左傳》說做少量批評。對於康有爲，則出於支持其政治改革行動，而收起對他在學術論說上的辨駁。〔註26〕

三、著作：《春秋左傳讀》（1896）

劉逢祿、康有爲和廖平等今文家，對古文經的攻訐集中在《左傳》，章太炎維護古文經學的論述也以《左傳》爲核心，於1891年開始撰述《左傳》的專門研究，於1896年完成《春秋左傳讀》。〔註27〕他自述此書之作：

> 初名《雜記》，以所見輒錄，不隨經文編次，效臧氏《經義雜記》而
> 爲之也。〔註28〕

《左傳讀》在撰述之初，名爲《雜記》，表示不同於《膏蘭室札記》及課藝習作中，僅是《春秋》、《左傳》經傳文字的訓釋，意在仿效臧琳著《經義雜記》，後又認爲《雜記》不足以示意，改名爲「讀」。

梁啓超指出，清人「箚記」之性質，本非著書，意在儲備著書資料。如

〔註25〕說見劉巍：〈從援今文義說古文經到鑄古文經學爲史學〉，《近代史研究》2004年，第3期。

〔註26〕在1897年致譚獻書中，章太炎提到做《新學僞經考》駁議數十條，可見當時章太炎對康說之不認同，已有相對的攻駁，但從未公開發表。（《章太炎書信集》，頁3）

〔註27〕《春秋左傳讀》，以下逕稱《左傳讀》，撰述始於1991年，《太炎先生自訂年譜》繫於1896年是指成書時間。參考《章太炎學術年譜》，頁32。

〔註28〕章太炎：《春秋左傳讀敘錄・序》，《章太炎全集》二，頁808。

顧炎武之《日知錄》、閻若璩之《潛邱箚記》，錢大昕之《十駕齋養新錄》，以及王念孫之《讀書雜志》，王引之之《經義述聞》等。〔註29〕章太炎《膏蘭室札記》，就是將精心考察、記錄、搜集、研究經史諸子的史料，寫成札記體的著作，記錄自己的研究成果，乃從清儒推崇的著作體例。然而《左傳讀》在製作之初，章太炎不說仿《日知錄》或《讀書雜志》之體，特別指出是仿臧琳之《經義雜記》，意當有特出於彼者。

臧琳爲諸生三十年，生前默默無聞，讀經不輟，將心得輯爲《經義雜記》三十卷。當乾隆末，其玄孫臧庸出其書，一時名家碩學咸驚異之，王鳴盛、錢大昕、段玉裁、江聲各爲之序；王氏稱「其考證之博，幾幾欲與顧（炎武）、閻（若璩）諸公抗衡」；江聲〈序〉亦推許臧琳「學識邁軼乎唐初群儒之上」。《經義雜記》編排考究歷代經說，臧氏自稱「考究諸經，深有取于漢人之說，以爲去古未遠也。」〔註30〕王氏稱其考證之博，幾幾欲與顧、閻諸公抗衡。書未刊行，即受到閻若璩的讚譽，稱其「深明兩漢之學，既通聲音訓詁，又雅擅二劉、楊子雲之長」。〔註31〕後來，又受到阮元讚其「深入兩漢諸儒閫奧，研覃經訓，根究小學。」〔註32〕

臧氏之書主要有二個特點，一通聲音訓詁，二深取於漢人之說。劉師培就指出臧琳之書「樹漢學以爲幟，陳義淵雅」〔註33〕，爲經學研究立下漢學之顯幟。

《左傳讀》即是以文字、聲韻、訓詁等小學考證方法，深取兩漢經訓，考究經義。章氏自云：

〔註29〕 梁啓超認爲：「清儒最戒輕率著書，非得有極滿意之資料，不肯泐爲定本，故往往有終其身在預備資料中者。又當時第一流學者所著書，恆不欲有一字餘於己所心得之外。著專書或專篇，其範圍必較廣泛，則不免於所心得外撮拾冗詞以相湊附，此非諸師所樂，故寧以箚記體存之而已。」又以「各家箚記，精粗之程度不同，即同一書中，每條價值亦有差別。有純屬原料性質者（對於一事項初下注意的觀察者），有漸成爲粗製品者（臚列比較而附以自己意見者），有已成精製品者（意見經反復引證後認爲定說者）」（氏撰：《清代學術概論》，頁44、45。）可參。

〔註30〕 《經義雜記‧題記》卷一，《續修四庫全書》，經部群經總義類冊172（上海：上海古籍出版社，1995），總頁1。

〔註31〕 《經義雜記‧敍錄》，同前註，總頁287。

〔註32〕 《經義雜記‧刻經義雜記題辭》，同前註，總頁37。

〔註33〕 劉師培：〈清儒得失論〉，李妙根編：《國粹與西化——劉師培文選》（上海：上海遠東出版社，1996），頁144。

　　專慕劉子駿，刻印自言私淑。其後徧尋荀卿、賈生、太史公、張子
　　高、劉子政諸家左氏古義，至是書成，然尚多凌雜。〔註34〕

聲明仰慕劉歆之學，刻印自言爲私淑弟子。後又搜求西漢儒者論《左傳》之
言以成書。在取材的時間上，延續乾嘉學者信從古注，治《左》學採東漢古
文經說，再往前推進到西漢。因此，章太炎自謂《左傳讀》仿效《經義雜記》，
乃是鮮明的標舉著漢學治學方法與精神而成的著作。

　　其後，章太炎將《雜記》更名《讀》，他說：

　　後更曰《讀》，取發疑正讀爲義也。蓋籀書爲讀，紬其大義曰讀，紬
　　其微言亦曰讀。〔註35〕

紬，抽引，綴集也。表示此書之作，章太炎有著考究大義微言的要求。這樣
的要求來自於他有意識的檢別今、古文學說，認爲：

　　余始治經，獨求通訓故、知典禮而已；及從俞先生游，轉益精審，
　　然終未窺大體。二十四歲，始分別古今文師說。〔註36〕

章太炎學從俞樾，於訓故通典的功力固然有所精益，但俞樾之治《春秋》，雜
取今文經說，章太炎對此不表認同，而且認爲自身此時治經猶未窺入體。他
堅持區分今、古文說，顯然有其特殊見解。

　　章太炎認爲，必須越過劉、康等人所質疑的劉歆及東漢古文經學，透過
文獻考據，論難辨析，方能確實證明西漢古文經學確實存在。又當透過西漢
學者的著作，見得《左傳》古義，以進一步探索秦漢《左傳》先師的經學觀
點，其謂：

　　故《說苑》述吳氏之說「元年」，可以見《左氏》有愼始也；〈檀弓〉
　　述曾氏之說「喪禮」，可以見天子諸侯非卒哭除服也。……《左氏》
　　古義最微，非極引周、秦、西漢先師之說，則其術不崇；非極爲論
　　難辨析，則其義不明。故以淺露分別之詞，申深迂優雅之旨，斯其
　　道也。〔註37〕

如見《說苑》述吳起論「元年」，可知有《左傳》先師當有愼始之義；於〈檀
弓〉見曾子說義等。凡此，皆可比對出《左傳》先師之說經古義，繼而就古

〔註34〕章太炎：《太炎先生自訂年譜》，頁5。
〔註35〕章太炎：《春秋左傳讀・序》：《章太炎全集》二，頁808。
〔註36〕章太炎：《太炎先生自訂年譜》頁4、5。
〔註37〕同註35。

義深迂優雅之旨，伸明先師之說經方式及經義說解。

章太炎學從臧氏，不僅積極集引古義、疏通《左》義，證明並重整《左傳》學的論述系統，更正面迎戰《公羊》家說及其對《左傳》的批判。他提到：

> 懿《左氏》、《公羊》之釁，起於邵公。其作《膏肓》，猶以發露短長爲趣。及劉逢祿，本《左氏》不傳《春秋》之說，謂條例皆子駿所竄入，授受皆子駿所構造，著《左氏春秋考證》及《箴膏肓評》，自申其說。彼其摘發同異，盜憎主人。諸所駁難，散在《讀》中。〔註38〕

對《左傳》經說的攻詰，起於東漢何休作《春秋公羊解詁》。何氏又作《公羊墨守》、《左氏膏肓》、《穀梁廢疾》，以難二傳。當時鄭玄針鋒而對，作《發墨守》、《箴膏肓》、《起廢疾》。至清代，劉逢祿推演何休今文說，並爲維護《公羊》家說，對《左傳》解經，自申其說，成《左氏春秋考證》，又作《箴膏肓評》，論述《左傳》經解條例，皆劉歆僞造。面對劉逢祿黨同伐異的立論，章太炎在《春秋左傳讀》中，也分別就經注提出辨駁。

《春秋左傳讀》完成後，在章太炎生前從未正式梓行，只存有其手稿本及謄抄本，之後亦少有流傳。章太炎曾多次刪修編錄，表示對此書的重視〔註39〕，卻也多次表示《春秋左傳讀》意有未逮，義有所滯。〔註40〕而《春秋左傳讀》之「不欲遽以問世」，除了章太炎本身的反省之外，恐怕是俞樾認爲此書「雖新奇，未免穿鑿，後必悔之」〔註41〕的評論起了很大的作用。

當章太炎 41 歲，反省自己青年時著作，評謂：「往者少年氣盛，立說好

〔註38〕同前註，頁 808、809。

〔註39〕1906 年章太炎致書劉師培時云：「昔嘗作《左氏讀》，約有五十萬言，藏在篋中，未示學者，曾以語君，求爲編次。當時書笥已失，今復尋檢得之。復欲他人編排年月，則已不可得矣。」（《章太炎書信集》，頁 77）1908，〈再與人論國學書〉中，章太炎提到：「《左氏》故言，近欲次錄。昔時爲此亦幾得五、六歲。乃今仍有不愜意者，要當精心汰瀦，始可以質君子。」（《章太炎書集信》，頁 219）。

〔註40〕1912 年，章太炎自言「所次《左氏讀》，近欲次錄，不欲遽以問世者，以滯義猶未更正也。」（氏撰：〈自述學術次第〉（1913），張勇編：《章太炎學術文化隨筆》北京：中國青年出版社，1999，頁 324）。

〔註41〕在〈自述治學之功夫之及志向〉（1933）中，章太炎謂：「既治《春秋左氏傳》，爲《敘錄》駁常州劉氏。書成，呈曲園先生。先生搖首曰：雖新奇，未免穿鑿，後必悔之。……三十後有著書之意。」（同前，頁 339）此「書成」當指《左傳讀》，蓋《敘錄》爲 1902 年，章太炎「謝本師」後，35 歲時所作，故應視爲《左傳讀》之評。

異前人，由今觀之，多穿鑿失本意，大抵十可得五耳。」〔註42〕大抵同意俞師所論。雖然對早年所作的研究，章太炎終究並不滿意〔註43〕，但是對《左》學的關注，仍終生不改。日後，《春秋左傳讀》中的訓義釋經，不斷被他改寫，在中年以後，甚至全數廢棄不用。顯示章氏《左傳》學未限定於早期研究成果，日後更有超出此時期之見解。

　　回到漢學治學傳統來看，當章太炎論著《春秋左傳讀》，爲古文經學辯解，明確地表達捍衛古文經學的立場，用意不僅是重新建立古文經學的可信度，而且在積極維護以考證文獻爲治學方法、講求實事求是的清代學術傳統。當康有爲、廖平等雖然從文獻考訂出發，卻走向忽視史實，託古改制，援經議政的方向時，章太炎《春秋左傳讀》之作，則以文字、聲音、訓詁之考據，專取西漢《左傳》儒師古義，分別古今文師說，尋求明通經之大體、微言大義，延續清學考求古義的治學路向。其上溯秦、漢文獻，作爲通詞明經的根據，實秉持乾嘉學者徵實的治學精神。換言之，在轉變之前，章太炎延續乾嘉諸儒的治學方法與理念宗旨，治學規模與視域仍然不出孔子、儒學與經學等傳統學術範疇與主張、意識。

　　然而孔子與儒學對中國學術文化的意義，在晚清民國隨著重大的社會變動而有不同的內涵，使得章太炎對孔子及儒學有不斷的批判與相應的觀念重整。再者，晚清以來以疑《左傳》眞僞爲起點，由疑經擴大爲全面的疑史、疑古的風潮，令章太炎不得不起而以《左傳》的中心，起而捍衛的古文經學、經學，甚至是古代學術與歷史。因此，章太炎上溯秦、漢學術發展歷程，論證《左傳》學系統，一則重整周秦孔子、儒學與經學脈絡，一則破除疑經疑古之風，成其此後專注致力的重大課題。

第二節　破除漢學視域：33 至 47 歲

一、訂孔與尊學

　　通過與今文學的抗衡，章太炎的經學走向專治《左傳》學；晚清愈形劇烈的政治變亂，則刺激章太炎走出傳統的漢學視野。八國聯軍於 1900 年 8 月

〔註42〕 章太炎：〈再與人論國學書〉（1908），《章太炎書信集》，頁 219。
〔註43〕 在《太炎先生自訂年譜》中，章太炎自述《春秋左傳讀》「中歲以還，悉刪不用」（頁 5）。

攻陷北京，帝后蒼惶出逃。這一震撼人心的政治事件，引動章太炎撰〈解辮髮〉，成爲他宣示革命的檄文。同時，章太炎開始激烈反對支持政治改良的康、梁學派。先前，1898 年的百日維新運動雖然失敗，卻使得康、梁學派成爲朝廷政治改革的主要幕僚，以學領政，成爲支持清政府的主要力量。當章太炎主張革命，隨之也對康、梁學派以學術緣飾政治的作爲提出批評，尤其對康、梁建構孔學神教以改造社會的方式，提出嚴正的駁斥。

此時，他對 1899 年所編訂的《訄書》原刊本做重大更動。這次更動，刪去〈尊荀〉篇之推尊儒學，而代之以〈原學〉與〈訂孔〉。從其嘗試釐清學問之所以與重新定位孔子，得窺見其意念上的轉換。

事實上，在 1900 年到 1914 年，章太炎 33 歲到 47 歲間，共對《訄書》進行過四次改訂。其中更動〈訂孔〉篇文詞，亦達四次之多。1899 年《訄書》原刊本推荀尊孔，在 1900 年手校本中的〈訂孔〉，轉爲批判孔子「虛譽奪實」及尊孔派的「苟務修古」，更將孔子比次劉歆，令孔子頓失其獨尊地位。這樣的舉措，引起學界一呼百應，隨之多攻孔子。〔註44〕1902 年重印本、1910 年手改本，訂孔語氣或有和緩，要皆不改此論調。〔註45〕直到 1914 年，《訄書》改名爲《檢論》，〈訂孔〉篇中對孔子評價產生明顯變化，章太炎始以孔子遠非爲孟、荀所逮聞論之，重新以聖人稱譽孔子。在詆孔與譽孔之間，章太炎經歷思想上的重要轉折，對孔子及其所代表的學術思想及文化傳統，進行巨大重整。

在〈訂孔〉諸篇中，章太炎肯定孔子「輔以丘明而次《春秋》，料比百家，若旋機玉斗矣」之功，似推崇孔子，卻是以孔子爲「古之良史」的觀點、從延續學術思想、保存文化的角度，看孔子的貢獻與地位，而認爲除此之外的崇孔與尊孔，皆不符其實。他批評首先推崇孔子的漢代學術，「由是破碎六籍，定以己意……一切假名孔氏」。〔註46〕因此，一般認爲章太炎的「訂孔」在詆孔，實際上，他主要在對學者利用孔學之名，論私己之學現象，進行剗除駁正，而且藉由廓清孔子學術，打破援經議政，以經術緣飾政議的學術傳統。

〔註44〕 參《章太炎年譜長編》引許之衡語：「餘杭章氏《訄書》，至以孔子下比劉歆，而孔子遂大失其價值，一時群言，多攻孔子矣。」頁 150。

〔註45〕 在 1902 年重印本中，章太炎以「孔氏，故良史也……孔子死，名實足以伉者，漢之劉歆」。1910 年手改本中，一改「孔氏」爲「孔子」，二則增加孔子學承自老聃，使學下庶人等論點。見《章太炎年譜長編》頁 150 及 342、343。

〔註46〕 章太炎：〈訂孔〉（1914），《革故鼎新的哲理──章太炎文選》，頁 509。

　　章太炎「訂孔」的目的，在去除以孔子作爲政治及文化偶像的作用，純以學術文化爲標準，據實衡理的重估孔子貢獻。然而打破或者淡化傳統中的孔子聖人形象，將造成經學、儒學無所歸宗。章太炎或者以荀學代表儒學，那麼經學呢？失去了孔子微言大義的內在意蘊，恐怕也失去經典寓有聖人義理的獨特性，那麼傳統所賦予的經典價值與意義何在？換言之，當章太炎以孔子爲古之良史，不再以孔子學術思想爲價值與意義的中心，意謂著捨棄傳統尊經崇孔的學術文化，勢必要重估傳統學術思想的價值與意義。

　　爲此，章太炎標舉「學」統，在 1900 年《訄書》手校本的篇目編排上，首標〈原學〉，刪去本爲篇首的〈尊荀〉。〔註 47〕他推究「學」之本源，分析學因地理條件、政教風俗和資質本性，而成一家之言。指明今欲成其術，則須「多觀省社會，因其政俗，而明一指」。〔註 48〕而手校本更增加了〈學變〉、〈學蠱〉及多篇論述清代學術的文章，欲透過學術史的建構，重省中國學術傳統。其系統性的回溯學術淵源與源流，形成的學術史研究，爲近代第一人〔註 49〕，爲近代學術獨立與專業化，建構相當的理論基礎。

二、重建國學與史學

　　章太炎於學術既破又立，一方面剝除學者對孔學的過譽，一方面積極的建構中國學術源流與傳統。他擴大傳統學術的範圍，結合中國文明進化史、學術史，投身到「國粹」的建構當中。1904 年章太炎因倡革命被捕，被判監禁三年，是爲著名的蘇報案。在折磨凌替中，遂悟：「上天以國粹付余……至于支那閎碩壯美之學，而遂斬其統緒，國故民紀，絕於余手，是則余之罪也。」〔註 50〕體認到中國學術文化的延續與光大，責任在一己手中，自此有保存國粹的意念。

　　章太炎的體悟，實深受俞樾影響。早在 1901 年章太炎往謁俞樾，對他的倡論革命，俞樾責以「不忠不孝」，督敕甚厲。他對老師說明自己參與革命行動，

〔註 47〕徐復認爲章太炎所以改〈原學〉爲篇首，乃是依從《論語·學而》、《荀子·勸學》皆以學爲首，而列爲第一篇。《訄書詳注》（上海：上海古籍出版社，2000），頁 37。

〔註 48〕章太炎：〈原學〉（1910），同前，頁 43。

〔註 49〕侯外廬認爲近代學術史研究是從章太炎開始的。其謂：「按他關於周秦諸子，兩漢經師，五朝玄學，隋唐佛學，宋明理學，清代學術，都有詳論。即從他的著作中整理一部『太炎的中國學術史論』亦頗意義。」（《中國近代啓蒙思想史》，北京：人民出版社，1993，頁 181）

〔註 50〕章太炎：〈癸卯口中漫筆〉（1903），《章太炎學術文化隨筆》，頁 321。

本衷也在追隨顧炎武的精神，辯謂：「今之經學，淵源在顧寧人，顧公爲此，正欲使人推尋國性，識漢、虜之別，豈以劉殷、崔浩期後生也。」〔註51〕期許自身，不僅僅是如劉殷、崔浩等記錄國史之效，認爲顧炎武之倡導經學，目的在使人追尋民族文化之根性，以別夷夏，而欲以行動促進之。因此，他「謝本師」而退，投身革命，明顯違反俞樾勸勉學生「守先王之道，以待後之學者」，努力於「稽古之學」，傳承學業的教誨。〔註52〕然而在蘇報案後的自省，終使章太炎認同老師俞樾在風潮動盪中對學術文化的堅持，繼而開始其建立國學的志業。

當他身陷牢獄，體悟保存中國學術文化之重大時，也同時深入閱覽佛學。章太炎吸收佛家學說，重建人生觀與道德觀，從義理角度重新理解唯識之學，成爲這一時期的思想支柱。他提到這一時期的學習佛學，乃是「以分析名相始，以排遣名相終，從入之涂，與平生樸學相似，易于契機。解此以還，乃達大乘深趣」。〔註53〕因與其熟悉的樸學有相似相通之處，而究其深趣，進而認同其有高過之處。

佛學開化其視域，令其思得老、莊之統要，引發他的思想興趣。自此，章太炎治學規模擴大，廣泛的吸收樸學以外學術〔註54〕，常持佛學、老莊學說及西學說理，議論各家學術。〔註55〕同時，他也不忘重建國學的使命。1906年出獄後，章太炎以具體作爲，提倡研究國粹，指出國粹內涵包括三大課題，語言文字、典章制度與人物事跡。〔註56〕並撰述〈諸子學略說〉、〈原經〉、〈原儒〉，反省傳統學術，重新脈絡中國傳統學術。

〔註51〕 章太炎：《太炎先生自訂年譜》，頁8。
〔註52〕 俞樾在〈詁經精舍八集序〉中寫道：「此三年中，時局一變，風會大開，人人爭言西學矣。而余與精舍諸子猶硜硜焉抱遺經而究終始。」（《春在堂雜文六編》卷七，《續修四庫全書·集部·別集類》，頁5）
〔註53〕 章太炎：〈菿漢微言〉（1915～1916），《章太炎學術文化隨筆》，頁360。
〔註54〕 吸收西學，在章太炎精舍時期亦爲之，但因當時處於漢學環境當中，使得西學的吸收帶有漢學的成見，未及西學精髓。
〔註55〕 如1906年作〈俱分進化論〉、〈無神論〉、〈建立宗教論〉，1907年作〈人無我論〉，及針對英人《社會通詮》所作〈「社會通詮」商兌〉……，尚有許多，皆是章太炎議論各家學術的作品。
〔註56〕 在1906年章太炎出獄後，孫中山派人迎章至東京。當時章太炎進行演說提出：「爲甚提倡國粹？不是要人尊信孔教，只是要人愛惜我們漢種的歷史。這個歷史，是就廣義說的，其中可以分爲三項：一是語言文字，二是典章制度，三是人物事跡。」〈東京留學生歡迎會演說辭〉，馬勇編：《章太炎講演集》（石家莊市：河北人民出版社，2004），頁7。

　　在整理國學的過程中，章太炎重新思考傳統學術對於孔子定位及六經的貢獻與價值，以及經、史的內涵與意義。他認為推極孔子，肇始於今文家以六經為孔子所作，並以《春秋》為孔子顯示義法之所在。因此，要掌握真實歷史，必須對《春秋》的來歷與內涵，進行考察。他主張《春秋》的重要貢獻並不在解決未來的問題，而在條理上古雜亂無序之史實，其價值當從中國文明史的角度，見其具開創性的典範意義。據此，章太炎以《春秋》、《左傳》為中心，進而將六經視為重建中國歷史及文明史的重要文獻資料，特別重視它們的歷史價值，提出「夷六藝於古史，徒料簡事類」〔註57〕的主張。這一時期，章太炎視經為史，比章學誠更進一步的打破經典在傳統中的權威性與神聖性。（詳見第四章第一節）

　　此時章太炎對《左傳》的種種維護，固然是建立在與今文家對立的立場下，更重要的意義在於他從史學的立場定位《春秋》、《左傳》的內涵，因而主張《左傳》歷史事件的陳述，是解讀《春秋》的關鍵。根據這樣的理念，章太炎重整《左傳》學系統。過去太史公曾指出左丘明親見孔子，章太炎甚至進　步的提出，孔子與左丘明共商刪魯史以成《春秋》與《左傳》，成就中國史學之典型。然而章太炎致力於《春秋》為史的論述，卻又以《左傳》為經學，有謂：

> 《春秋左傳》，經學也。說經之事與義，不能豫阿後世。……然則《春秋左傳》，萬世之書也。〔註58〕

以經為恆常之道的角度來看《左傳》，而以《公羊》為漢廷儒臣通經致用干祿之書，可見他還是推重「經」的意義。可見雖然章太炎試圖將《春秋》視為史，以為考迹異同而已，但在面對《左傳》與《公羊》的價值地位時，仍不能無於視於經的義理價值。換言之，他試圖藉由六經皆史說，去除經作為中國唯一價值來源的權威，也透過建立《春秋》、《左傳》的史學價值，分割政治與學術，拔除通經致用說的影響，卻還是無法擺脫傳統學術中，經學深具指導性與教誡意味的義理價值。這個層面的價值，一直到他晚年，才能有進一步的發揮，圓融存在於經史之間、義理與史實的緊張關係。

　　雖然如此，此時的章太炎已經不同於前期，不從微言大義看《春秋》，也不從附加的政治意圖看《春秋》。相較於從前，他的學術思想進入一個更講求

〔註57〕章太炎：〈清儒〉（1904），《革故鼎新的哲理──章太炎文選》，頁131。
〔註58〕章太炎：《春秋左傳讀敘錄》（1902），《章太炎全集》二，頁848。

獨立意識的時期。

因此，去除經書經世致用的作用，章太炎全從史書的價值來看《春秋》。然而，略去傳統經學的義理價值，從史學價值來看六經，章太炎取捨的內在因素是什麼呢？他認爲《春秋》最可貴者，在於「令國性不墮，民自知貴于戎、狄」〔註59〕，從民族意識的立場，談《春秋》開創的史學價值與意義。

1907 年，章太炎作書與鐵錚，當中言論，最足以代表此際觀點：

> 若夫孔氏章，其當考者，惟在歷史，戎狄豺狼之說，管子業已明言。
> 上自虞、夏，下訖南朝，守此者未踰越，特《春秋》明文，益當保
> 重矣。……故僕以爲民族主義，如稼穡然，要以史籍所載人物制度、
> 地理風俗之類，爲之灌溉，則蔚然以興矣。……孔氏之教，本以歷
> 史爲宗，宗孔氏者，當沙汰其干祿致用之術，惟取前王成迹可以感
> 懷者，流連弗替。《春秋》而上，則有六經，固孔氏歷史之學也。《春
> 秋》而下，則有《史記》、《漢書》以至歷代書志、紀傳，亦孔氏歷
> 史之學也。〔註60〕

指出孔子之教，必先沙汰其干祿致用之術，取其感懷先王成迹者，而主張五經、《春秋》及後代史書傳記，皆當視爲孔子歷史學。所謂孔子歷史學，宗旨就在於夷夏之別，從歷史中掌握民族的文化特色，興起民族意識。

由是可知，章太炎之學術，終究是在回應時代問題。通過打破學術界對傳統學術的盲目崇信，章太炎從建立眞實歷史出發，重理中國知識系統，將傳統知識轉化爲應對當代國家民族困境的思想資源。

晚清知識分子深切意識到國家民族在當時的重大危機，莫不尋求富強之良方，從技術不足到思想不足，逐步加深對西方的學習。傳統學術思想隨著中學西知識的快速融攝，逐漸解體，在不斷的爭戰中，知識分子深刻體認到民族文化的危機。尤其是 1900 年，八國兵臨城下，亡國滅種之憂，無不深入有識者之心腹。當時以民族爲本位的國學主張，謂「是故國有學則雖亡而復興，國無學則一亡而永亡。」〔註61〕之論，最能表現這種憂患意識。

章太炎同樣的感到民族文化的重要性，在 1900 年《訄書》手校本中，加

〔註59〕 章太炎：〈原經〉（1909），《革故鼎新的哲理──章太炎文選》，頁 322。
〔註60〕 章太炎：〈答鐵錚〉（1907），《章太炎書信集》，頁 179。
〔註61〕 許守微：〈論國粹無阻于歐化〉，《景印國粹學報舊刊全集》（臺北：臺灣商務
印書館，1974）第 1 年第 7 期，1905 年 8 月 20 日。

入〈序種姓〉兩篇文章，談論中國民族之種姓演變，提出：「萬物莫不知懷土，而樂歸其本。不知地望，不能推陵谷；不自知其氣類，不能觀廟怪。故思古之情弛，合群恩國之念亦儢儢益衰。」〔註62〕強調民族意識的論述。梁啓超也在多篇文章中提到民族、人種的問題，在〈新史學〉中特別指出：「民族爲歷史之主腦，勢不可以其難以分析而置之不論。」「歷史者何，敘人種之發達與兢爭而已，捨人種則無歷史。」〔註63〕可見建立民族歷史，不僅是章太炎自身有意識的學術走向，也是當時知識分子面對時代議題時的一致趨向。他們共同體認到，興起歷史意識，使人民知國家久遠之史，則滅之不易，喚醒足以對抗滅族亡種之憂的民族意識。這個時期，強烈主導著章太炎學術思想走向的，爲當時具有民族主義特色的歷史意識。

由此，章太炎展開對中國文明進化歷程的研究。《訄書》手校本、原刊本多〈清儒〉與〈尊史〉篇。前者以「六經皆史」爲理論基礎，指出清儒之學不以經術明治亂，長於求是，「要之皆在徵文明」，主張不以六經「吐言爲律」，無計較於六經的規範性，則可以明上古社會隆污進化之跡。後篇批評《公羊》所說，據亂、升平、太平的二世理論，不足以明進化之理，當白禮俗革變，械器之變，文質代變，以明中國文明之進化。他認爲關於文明進化史，中國向來並不注重，卻不代表沒有相關的文獻可資參考證明。指出左丘明作《左傳》、《國語》，即「春秋內、外傳」之外，又作有《世本》〔註64〕，皆《春秋》之傳，爲相輔相成之書。尤其《世本》中，「有〈居篇〉、〈作篇〉，見種族、權力、器械質文之變」。〔註65〕當中的相關記錄，可供研究中國文明進化之跡。而認爲「不知《世本》而言《春秋》，猶擿埴而索塗也。」〔註66〕將中國文明史的建構與「春秋左傳學」緊緊相繫。

此時，「春秋左傳學」成爲章太炎學術文化見解的基礎。他試圖重建中國學術文化的源流與脈絡，亦以「春秋左傳學」爲核心文獻，開展其文明史及

〔註62〕 在《章太炎年譜長編》《訄書》版本篇目表列中，見手校本即收有〈序種姓〉（頁146）。引文出自1904年之重訂本，《章太炎全集》三，頁189。

〔註63〕 梁啓超：〈中國史敘論〉、〈新史學〉，《飲冰室合集》第一冊，（上海：中華書局，1936），頁6、11。

〔註64〕 據徐復注，《世本》，戰國時史官所撰。記黃帝迄春秋時諸侯大夫的姓氏、世系、居、作等。《史記》多據以記二帝三王，《後漢書‧班彪傳》有說。書佚，有雷學淇、茆泮林等輯本。《訄書詳注》，頁221。

〔註65〕 章太炎：《春秋左傳讀敘錄》，《章太炎全集》二，頁819。

〔註66〕 同前註，頁818。

學術史的論述。換言之，對中國文明史與學術史的基本構成，其實是根植於其研究《左傳》學相關議題時，所得出的一系列脈絡相關的觀點。由章太炎此時對學術史與文明史的關注，可以見到他對史學的重視〔註67〕，而「春秋左傳學」所代表的史學傳統與史學價值，也在這一時期特別被彰顯出來。

從 33 歲到 47 歲，章太炎從吸納佛學、西學，廓清傳統學術鑿附之說，到重建國學及從歷史出發、深具民族意識的學術傳統，學術思想層層轉進。他走出儒學所籠罩的漢學領域，試圖破除中國學術思想中神聖孔子的傳統，建立學術的獨立生命。另一方面視六經爲史，史書爲經，結合語言文字與典章制度、人物事迹三者的研究爲國粹，將民族意識與歷史意識，挹注到傳統經學當中，試圖開創晚清民國學術之新局。

三、著作：《敍錄》（1902）、《駁箴膏肓評》（1902）、《劉子政左氏說》（1907）、《春秋故言》（1914）〔註68〕

漢代中期以前，學術思想在《公羊》學的籠罩之下，《左傳》及其他古文經書秘藏於府中，經劉歆披露與推舉，得以正式進入廟堂學術領域。因而劉歆也成爲今文家共同指責的對象，以其混亂經學傳本的脈絡。相對於今文家，章太炎很早就表示對劉歆提倡古文經學的肯定，在精舍時期，曾刻印「劉子駿私淑弟子」一方，將對古文經學的認同，全然落實在「春秋左傳學」的考辨上。他追索學術史上失落的環節，認爲這個環節的關鍵就是《左傳》與劉歆。這時期，章太炎以學術文化爲本位的思考，提出「孔子死，名實足以伉者，漢之劉歆」〔註69〕的觀點，高度推揚劉歆的學術貢獻。

因此，他不僅反駁劉逢祿及康有爲對劉歆僞造解經語及遍僞群經的說法，還進一步的攻擊與《左傳》學對立的《公羊》家說，反駁劉逢祿攻擊《左傳》的兩部書，系統辯駁《公羊》家對《左傳》的質疑，以申述《左》學主張。此

〔註67〕章太炎對史學的重視，令後世以史學家評價其地位，是以多有關於章太炎重視史學的歷程與史學貢獻的文章。當中多隨錢穆觀點，以民族史學的立場評價章太炎的史學。至於章太炎具體的史學見識與貢獻，可參見瞿林東：〈繼承傳統與走向近代：章太炎史學思想的時代意義〉（《學術研究》2003 第 4 期），有精要的評述。

〔註68〕章太炎另著有《砭左氏春秋考證》，據章氏指爲明《傳》意者。（《章太炎全集》二，頁 900）姜義華點校說明中，記爲《左氏春秋考證砭》，明此文未曾刊行，手稿迄今未見（同前，頁 2），名稱有異，不明是否爲同書。

〔註69〕章太炎：〈訂孔〉（1904），《革故鼎新的哲理——章太炎文選》，頁 116。

間，撰述的相關著作有《春秋左傳讀敍錄》（後簡稱《敍錄》）、《駁箴膏肓評》。

　　《敍錄》原名《砭後證》，爲反駁劉逢祿《左氏春秋考證》卷二《後證》而作，共 44 條，作於 1902 年。〔註70〕劉逢祿之《左氏春秋考證》，乃據《史記》、《漢書》、《後漢書》、〈說文解字序〉、《別錄》、《經典釋文》及孔穎達《春秋疏》等書，舉與《左傳》相關記載，條列其文，一一指述劉歆經纂亂的改易之文。針對劉氏指控，章太炎亦論列《漢書》及劉逢祿《左》說，條舉回擊之，並說明《左傳》「稱傳之有據，授受之不妄」等相關議題。〔註71〕

　　同年出版的《駁箴膏肓評》，同樣是反駁劉逢祿而作。此書針對《左傳》傳文，論列書法、義例、事義、禮制等議題，並列何休《左氏膏肓》、鄭玄《箴膏肓》以及劉逢祿《箴膏肓評》，和章太炎「駁」等論述。章太炎旨在申述鄭玄說，同時對何休和劉逢祿的質疑，提出駁議。〔註72〕他不僅針對今文經說系統提出駁斥，並論述《左傳》與《春秋》的關係及相關議題，在方法上，也如同《春秋左傳讀》一樣，就實際經解反擊今文經說。

〔註70〕 章太炎於書後敍名其曰爲《砭後證》（《章太炎全集》二，頁 900）。姜義華點校說明中，指《敍錄》原名爲《後證砭》（同前，頁 2），名稍有異。

〔註71〕 《春秋左傳讀敍錄》條目整理如下：1、2 條，論「左氏」名，與呂氏之別，作者與孔子、六藝的關係。3，張蒼曆譜五德之載《左》事。4，《左傳》西漢已流傳，章句義理未備，大義至劉歆而備。5，論說義未及事，乃臆斷之儒。6，以儒書爲記事之書，始於《抱朴子》。7，駁劉逢祿言《左》曆爲劉歆附益。8，駁劉逢祿以《左》多劉歆附益。9，關於左氏與《世本》。10，劉氏以《國語》爲《春秋國語》，爲外傳。《史記》記與《左》不同，爲兼採之。11，關於續經、篇數。12，論傳之體例。13，關於篇數。14 關於《左氏微》。15，關於《張氏微》。16，關於《虞氏微》。17，駁劉氏臆說。18，駁劉氏《左傳》義乖異者。19，駁劉氏言子駿損益《左傳》。20，論左丘明爲史官，親見孔子。21，論《左》不傳經說起於哀帝。22，駁劉氏古本《左傳》說。23，論張霸傳《左》學。24，駁《左傳》不傳經之說。25，駁劉氏指子駿改易之文 26，駁漢代學者不立《左》於學官之言。27，駁劉氏批子駿之論漢儒者語。28，駁劉氏批漢古文學者。29，關於漢代學者學《左傳》。30，關於《左傳》傳授譜系。31，駁劉氏難鄭興之傳《左》。32，駁劉氏以史文視《左》。章以《春秋》義經而體史。33，關於賈誼《左》學 34，駁劉氏以《左》學學者曲學阿世。35，駁劉氏以貫鄭用識。36，駁李育以文章視《左》。37，38 分別六藝與儒學。39，駁劉氏以《左》名不爲《左傳》，爲《左氏春秋》。40，關於《左》傳授。41，關於經典。42、43，關於《公羊》家兼通《左傳》。44，駁劉氏以默證斷《左傳》傳承，亦攻《公羊》傳承。（《章太炎全集》二，頁 863）知章太炎作此，專駁劉氏《左氏春秋考證》。

〔註72〕 鄭玄書已佚失，見於他書，服虔說存其略，故章氏引鄭說多統據東漢古文經家說。見其《春秋左傳讀·敍》，《章太炎全集》二，頁 898。

　　再者，章太炎認爲康有爲等攻擊劉歆與疑經的傾向，肇於劉逢祿，所以就劉氏有疑義者，作大規模的反制。他表明《春秋左傳讀》、《敘錄》、《駁箴膏肓評》三部作品，乃在效法陳奐《毛詩故訓傳》，使深明三家《詩》之遠不及毛公，令爾後不敢有詆《毛詩》者。《敘錄》及《駁箴膏肓評》之撰述雖晚於《春秋左傳讀》，然《春秋左傳讀》在章太炎生前從未出版，前二書卻很快的付梓出版，顯見他對當中論點有相當的信心，而且對《敘錄》的肯定還持續到中年以後。〔註 73〕

　　1907 年章太炎作《劉子政左氏說》〔註 74〕，共 32 條，主要在指出《左傳》、《穀梁》皆魯學。他指出桓譚《新論》記載劉向父子「呻吟《左氏》，下至婢僕，皆能諷誦」，可知劉向對《左》學必有研究。又從劉向之《說苑》、《列女傳》、《新序》中所舉《左傳》事義，得知劉向有改易古文者，代以訓詁者。章太炎認爲當中「字與今異者，則可見河間古文；訓與今異者，則本之賈生訓故」。〔註 75〕以《左傳》古義，可尋自於此。《劉子政左氏說》其實是在《春秋左傳讀》的基礎上，將搜求古義的對象集中在劉向的延伸著作，目的在系統的反駁劉逢祿以劉歆僞造「解經語」與古本《左傳》說。從這些著作內容來看，章太炎的《春秋左傳讀》雖未能刊出，其中的音韻訓詁之功，論證事義，搜羅事例，皆成爲這一時期著作的基礎資料。

　　章太炎對於「春秋左傳學」的思考，在 1903 年到 1907 年，與以《左傳》家學著名的劉師培往返書信中，提到他對相關議題的關注，而發揮與劉師培不同的見解。

　　劉師培家學宗主東漢賈逵、服虔古注，對東漢古文經注多有討論。他也致力於彌縫古注，認爲賈、服學掌握書法義例系統，當爲解釋孔子微言大義的主要根據。因而就清儒整理的漢儒古注，作《春秋左氏時月日古例考》、《春秋左氏傳古例詮微》、《春秋左氏傳傳例解略》、《春秋左氏傳傳注例略》及《春秋左氏傳例略》等闡述東漢《左傳》學義例著作。章太炎並不認同這樣的作

〔註 73〕　《太炎先生自訂年譜》：「作《左傳讀》，……中歲以後，悉刪不用，獨以《敘錄》一卷，《劉子政左氏說》行世。」（頁 5）《駁箴膏肓評》中支持漢儒的說經，在章太炎中年以後多不以爲然。
〔註 74〕　此文之醞釀當早在 1903 已有書意。在章太炎書與劉師培的信件中可以看到，《劉子政左氏書》中的基本觀點，與他視劉向《左氏》說「珍爲鴻寶」之論。參見〈與劉師培〉（1903）第一、二通，《章太炎書信集》，頁 71、72。
〔註 75〕　同前註。

法，認爲：

> 治經者既貴其通，亦貴其別，不容以仲師之言蔽子駿，以侍中之言
> 蔽仲師，家有異義，又不容唯阿兩可。〔註76〕

不當視古注爲一系統整體，而須明其淵源流別，明分各師經說，傾向於「以經還經，以記還記，以傳還傳」〔註77〕的立場。此時，章太炎對漢儒經說開始多所懷疑，轉向以《左傳》史實說經釋注的杜預學。

章太炎對孔子學與經學的觀念，隨著他對「春秋左傳學」的深入研究而有所轉變。而他對《春秋》主張的轉變，標舉著他在經學觀念上的轉變，以及對孔子學術看法的不同。

中年，章太炎在《檢論》中新作《春秋故言》（1914 年，47 歲），透過孟子相關的《春秋》論述，辨析《春秋》成書過程。他解釋孟子「其義則丘竊之」之「義」，不從義理的角度解釋孟子所謂之「義」，而將之指爲史官凡例。謂仲尼作《春秋》，乃以退史私受其法，似若盜取，故言竊，同樣是以作史的角度釋《春秋》。雖然如此，章太炎採用孟子《春秋》說，不同於前期之推揚荀子，已透露出他後期轉向推崇孔子與儒學的端倪。

從 33 歲到 47 歲，這一時期章太炎學術思想的轉折，跨度極大。他踏出儒學所籠罩的漢學領域，試圖破除文化傳統中神聖孔子的形象。也由於時代風潮的影響，獨立學術意識與歷史意識的提高，使得他對中國學術發展流變，有不同於前的建構。並從這個角度，對諸子學與經學，孔子與儒學的關係與變化，提出系統的說明。再者，雖然章太炎試圖重整傳統學術，以早期《春秋左傳讀》考據實證爲根據，在此時系統反駁今文家說，證明《左傳》存於西漢，仍是有意識的將經典詮釋與經學意見，建立在堅實的訓詁考據基礎上。

章太炎雖質疑孔子與儒學，重建經學思想，以《春秋》爲史學開創典型，卻仍強調《左傳》爲經學，可知傳統經學求取「天下公理」的思維，其實並沒有在其悖離傳統學術價值的強烈批判中消失，內在於其身的乾嘉漢學的治學方法與理念，並沒有改變。

而由上述可知，《左傳》學研究作爲章太炎學術思考的根基與資源，成爲

〔註76〕章太炎：〈與劉師培〉（1903），《章太炎書信集》，頁 72。
〔註77〕龔自珍言「以經還經，以記還記，以傳還傳，以群書還群書，以子還子，五者正名之功碩矣。」〈六經正名答問五〉，《龔自珍全集》，（上海：上海人民出版社，1975），頁 40。

他開展中國文明史的建構基礎，由此創發其「夷六藝於古史」的經史學思想。此時章太炎的「春秋左傳學」，走出漢學考據的限制，更形開闊，而得以結合歷史流變的思維，開展中國文明史與學術史，與經學思想的再創造。

第三節　返經倡儒：48 至 69 歲歿

一、從訂孔轉向崇孔

　　傳統學術雖然在康有爲推崇孔子改制及其政治理想的作用下，暫時重現舞台，卻抵擋不了效法西學的現代化要求，代表傳統思想權威的經學、儒學與孔子，變成落後的象徵，多被時人視爲吸收新思想、新文化風潮的牽絆。1905 年，科舉廢除，經學失去了政治力的支撐，經學的意義與價值是否仍足以作爲中國教育的主幹？成爲當代知識分子論辯的重要課題。章太炎很早就思考這一方面的議題，較成系統的論述，則是 1910 年作〈論經之大義〉、〈論諸子之大概〉中，對孔子、儒學與經學的論述。二文大抵同於先前 1906 年〈諸子學略說〉及 1909 年〈原經〉中，以史說經、以史學論孔學的立場。

　　1912 年，民國初建，在教育總長蔡元培（1868～1940）的主導下，以尊孔與信教自由相背，並破除大舊習爲由，令學校廢除祀孔，廢止讀經。他提出：「自大者，保守心太重，以爲我中國有四千年之文化，爲外國所不及……，及屢經戰敗，則轉而爲崇拜外人，事事以外國爲標準，……是由自大變自棄也。」〔註78〕由此之故，他認爲「普通教育廢止讀經，大學校廢經科，而以經科分入文科之哲學、史學、文學三門，是破除自大舊習之一端。」雖然蔡元培不久即去職，繼任者仍接續其政策，點燃民國以後的廢經風潮。〔註79〕與之相抗的則是康有爲。他不滿國民政府之廢孔廢經，與門生故舊致力於設立孔教會，提倡尊孔讀經。然而康有爲以鼓動學術文化成爲宗教信仰的作法，卻已遭到當初同倡孔教的學生梁啓超的反對，反與章太炎合作，成立「函夏考文苑」，擬效仿法國，設研究院，提倡學術研究風氣。

〔註78〕見〈臨時教育會議日記〉，舒新城編《近代中國教育史料》第三冊，《民國叢書》第二編冊 46（上海：上海書店，1990），頁 218。下引同。

〔註79〕詆孔毀經符合當時反傳統風潮，在章太炎之〈訂孔〉登高而呼後，在晚清，這股勢力便不斷的發展，但是眞正從制度上進行改變，始於蔡元培。可參陳美錦《反孔廢經運動之興起》（臺北：臺灣大學歷史研究所碩士論文，1991 年）頁 120。

　　次年 6 月，袁世凱政府下令，命各省尊孔、祀孔，欲以孔教爲國教。10月，章太炎發表〈駁建立孔教議〉，從國情、學理各方面，駁斥孔教之倡導。尊孔在康有爲，出於憂心文化命脈之斷裂、國成爲無教之國，在袁世凱手中卻成爲政治籌碼。不管出於何種意圖，孔子與經學復成爲促進新學與新文化的無形對手，令章太炎不得不憂慮，再度反對孔教，作〈反對以孔教爲國教，示國學會諸生〉〔註80〕，一再重申孔子爲「保民開化之宗」，應就學術文化論其價值，方得其正，行孔教是倒行逆施，杜絕人民智慧之門。

　　同年，章太炎作〈自述學術次第〉，認爲自己所書精要之言，在於「不好與儒先立異，亦不欲爲苟同」〔註81〕者，立場上有意與傳統儒學思想保持距離。〔註82〕1914 年，章太炎被袁世凱囚於北京。在家書中自嘆：「不死于清廷購捕之時，而死于民國告成之後，又何言哉！吾死以後，中夏文化亦亡矣。」〔註83〕對於所擔負的文化使命，有深重的掛念。本年及次年，章太炎在文集論著上，做了重大的更動。本年增刪《訄書》，更名《檢論》。次年編《章氏叢書》，政治論文全數戡落，魯迅因章太炎此舉，評其「粹然成爲儒宗」。可見這兩年的經歷，令章太炎治學形成另一轉向。

　　當 1915 年，章太炎撰述〈菿漢微言〉，總論其學云：

　　　　自揣平生學術，始則轉俗成眞，終乃回眞向俗……乃若昔人所誚，
　　　　專志精微，反致陸沉，窮研訓詁，遂成無用者。余雖無腆，固足以
　　　　雪斯恥。〔註84〕

自評學術有幾番轉折，且認爲這樣的學術歷程，必定不是前人所誚諆專研小學訓詁的研究。文中，對於孔子學術評價，也有重大改變。他認爲：

　　　　以莊證孔，而耳順絕四之指，居然可明，知其階位卓絕，誠非功濟
　　　　生民而已。〔註85〕

大力推贊孔子，顯見對孔學觀感，已不同於前之純以史學論孔學、以文明開化之功論孔子。

〔註80〕見《章太炎年譜長編》，頁 457。
〔註81〕見《章太炎學術文化隨筆》，頁 322。
〔註82〕章太炎認爲當時著作中可謂「一字千金」者，爲 1910 年《齊物論釋》與《文始》二部，由此可看出章太炎此時的思想傾向與治學重心在諸子與小學。同前註，頁 322～337。
〔註83〕轉引自《章太炎年譜長編》，頁 474。
〔註84〕同註 81，頁 362。
〔註85〕同前註，頁 361。

同時期，他在與葉德輝的書信中，表明他今後的治學重心：

> 世變日亟，中夏不絕如線。僕以爲天生烝民，形軀固相似耳，所以
> 爲國性者，獨有語言史志之殊。二者摧夷，國亡其本也，雖民亦化
> 於異族。故所治獨在《春秋》、《説文》。由《世本》以上考下訖來茲，
> 爲論文化變遷之原則，所以治《春秋》也。由《説文》形聲以推音
> 韻，略于形體符號，獨明語言遷易，文字孳乳所從來，蓋所以治《説
> 文》也。〔註86〕

面對當時帝國主義者處心積慮的擴張勢力，國內政治局勢的混亂不明，章太
炎在獄中自嘲，抒發政治之詭譎、不可掌握之感，自忖反省，認爲不如傾注
心力於學術文化的建設，後具體提出《春秋》與《説文》爲國家的歷史與語
言，主張深重其文，力耕其學，才是保存國性，民族文化的根本之道。至此，
章太炎對國家民族的關懷始終未變，仍堅持其建構文化根脈之志，而將之歸
穴於語言和歷史，精約之而歸根於《春秋》和《説文》之學。

章太炎對孔子、儒學、經學的見解，有承於前人，卻大大的異於前人，
表現其衝破傳統藩籬的決心。然而他這番衝決羅網的經歷，具其歷史上的針
對性，實源於對後人利用孔教與儒學、經學之制約思想、窒礙人心，而祭以
顚覆傳統以醒人耳目的學術主張。然而，章太炎雖然由此開拓出中國學術文
化的新坦途，不必在在以傳統學術爲念，遭受保守而未能更化的傳統學術思
想的囿限，其流弊卻又將使得傳統安排社會秩序的思維方式失去價值基礎。

也就是說，孔子與儒學、經學之爲中國主流文化，長期以來，作爲穩定
社會秩序的主要力量，而爲中國傳統社會的不斷強調的集體共識。民初由章
太炎啓動的訂孔、詆儒與隨之而來的廢經、打破傳統的風潮，使得傳統倫理
綱常隨之失去維繫社會秩序的力量，社會失卻了思想上的核心價值，人心頓
失所依，形成莫大的社會與文化危機。知識分子對傳統思想文化失去自信，
社會國家失去民族自尊，令章太炎不得不重新思考，存在於孔子與儒學、經
學價值與文化的問題。

二、以經史爲國學本體

1922 年，柳詒徵在南京高等師範學校任教，於《史地學報》中針對章太

〔註86〕此書寫作之確實日期不明，據《章太炎書信集》所錄，約 1914 至 1915 年間。
〈與葉德輝〉（《章太炎書信集》，頁 601～603）。

炎舊作之詆訶孔子，批評其「好誣孔子」、「章之論孔、老，則似近世武人政黨爭權暗殺之風」。〔註87〕等措詞嚴厲的批評。章太炎虛心接受，並致書柳詒徵說明其作「乃十數年前狂妄逆詐之論，以有弟兄啼之語，作逄蒙殺羿之談，妄疑聖哲，乃至于斯……足下痛與箴砭，是吾心也」。〔註88〕信中懇切表示接受柳氏的批評。

　　此時章太炎不僅重新恢復對孔子與儒學的推崇，還進一步批評當時胡適等疑經疑史的作爲：

> 胡適所說《周禮》爲僞作，本于漢世今文諸師；《尚書》非信史，取于日本人……六籍皆儒家托古，則直竊康長素之唾餘。此種議論，但可嘩世，本無實徵。……長素之爲是說，本以成立孔教；胡適之爲是說，則在抹殺歷史。〔註89〕

分析胡適之說，乃集眾人疑經說而成；其疑《周禮》，今文經學者有說，疑《尚書》內容真偽，取自日人說法，疑六經皆僞，則承康有爲之緒。〔註90〕他認

〔註87〕　《章太炎年譜長編》引 1922 年的《史地學報》，刊載更嚴厲批評章氏的文字：「誣蔑古代聖賢」、「坐儒家以惡之名，不知是何心肝。」（頁 632）然自中央研究院文史哲研究所藏《史地學報》第一冊第一期 1922 年版柳氏之文，皆未見《章太炎年譜長編》之引語。柳詒徵對章氏有所批評見其〈論近人講諸子之學者之失〉，正文引文據後者，見頁 73～35。

〔註88〕　《章太炎書信集》，頁 740。

〔註89〕　同前註。

〔註90〕　胡適以六經爲儒家托古之說，其謂《周禮》爲僞書者，最早見其 1919 年〈對上古制度的重新審視井田辨——寄廖仲愷先生的信〉說：「《周禮》是僞書固不可信。」（《胡適論爭集》，北京，中國社會科學出版社，1998，頁 459。）以及〈中國哲學史大綱〉中謂：「如《周禮》一書，是一種托古改制的國家組織法。我們雖可斷他不是『周公致太平』之書，卻不容易定他是什麼時代的人假造的。」（同前，頁 633）其次在 1924 年〈古史討論的讀後感〉中又提到：「《周禮》更晚出，裏面的井田制就很詳細，很整齊，又很煩密了。」（同前，頁 511）說固承自康有爲又益以己見者。章太炎以胡適謂《尚書》非信史，得自日人說者則可商榷。蓋胡適首次陳述《尚書》爲僞作者，爲其 1919 年出版的《中國古代哲學史》中所論：「唐、虞、夏、商的事實，今所根據，止有一部《尚書》。但《尚書》是否可作史料，正難決定。梅賾僞古文，固不用說。即二十八篇之『真古文』，依我看來，也沒有信史的價值。」以〈皋陶謨〉中謂「鳳凰來儀」、「百獸率舞」及〈金縢〉之謂「天大雷電以風，禾盡偃，大木斯拔。……王出郊，天乃雨，反風，禾則盡起。二公命邦人，凡大木所偃，盡起而築之，歲則大熟」等不合於現實之況者，不足爲史料，而主張《尚書》或是儒家造出的托古改制的書，或是古代歌功頌德的官書。（同前，頁 635）以《尚書》內容爲神話傳說描述者，出於 1921 年日人內藤湖南於 1921 年在

爲，胡適立說，未查實事根據，不足爲取。章太炎認爲康有爲從社會改造的立場談僞經，意圖甚明，人皆知其失，胡適從學術的立場談僞經，所造成的後果，不僅古經皆僞，古史無信，甚至令人疑惑於儒家孔子究竟有無其人，造成的流弊更甚於康有爲。

除了表達對時下學風的憂心之外，章太炎再度申明其治學立場：

> 鄙人少年本治樸學，亦唯專信古文經典，與長素輩爲道背馳，其後深惡長素孔教之說，遂至激而詆孔。中年以後，古文經典篤信如故，至詆孔則絕口不談，亦由平情斠論，深知孔子之道，非長素輩所能附會者。〔註91〕

明確指出詆孔之言係針對孔教而發，對於古籍經典，尤其是對古文經的篤信，立場從來沒有改變過。

針對當時學風，學者不治經史，好言諸子，章太炎認爲原因在於，諸子書少，學者可求速達，經史則奧博，治之非十年不就，如此使「今人皆以經史爲糟粕，非果以爲糟粕也，畏其治之之難，而不得不爲之辭也」。〔註92〕認爲經史價值因學者不知治學之法，畏懼之而不得不言其爲糟粕。章太炎解釋當時學者推崇諸子高於經史的原因，固有其道，然時人治諸子亦有其思想解放上的價值，也是當初章太炎治老、莊之學，尤有心得的價值所在。顯然，章太炎無法平心面對當時的研究諸子的熱潮，對此時學界忽視、批判甚而巔覆傳統經史研究的行徑，感到焦慮。

此時，章太炎完全認同顧炎武所謂「古之所謂理學，經學也，非數十年不能通也。故曰：『君子之于《春秋》，沒身而已矣。』」〔註93〕的治學教誡。因此，指出：「經學繁博，非閉門十年，難與斠理。」〔註94〕認爲經學門徑可說，但研究如何能有成果，端賴於個人致力之功。不僅推尊經學，並試圖開

京都帝國大學講述《東洋史概說》中論中國上古史，當中以《尚書》記述爲構成堯、舜傳說的構成來源，首先將《尚書》記述內容像是傳說的成分篩選出來。（參夏應元譯：《中國通史論：內藤湖南博士中國史學著作選譯》上，北京：社會科學文獻出版社，2004）胡適在前，內藤湖南在後，似未有得自日人之說，然當時胡氏多與日人青木正兒交遊，又因內藤湖南啟發《章實齋年譜》的寫作，因此對於《尚書》的觀點孰先孰後之實際情形，猶可再議。

〔註91〕 同註88，頁741。
〔註92〕 章太炎：〈時學箴言〉（1922），轉引自《章太炎年譜長編》，頁661、662。
〔註93〕 顧炎武：〈與施愚山書〉，《顧亭林詩文集》（臺北：漢京文化出版社，1984），頁58。
〔註94〕 章太炎：〈與國粹學報〉（1909），《章太炎書信集》，頁237。

創經學研究的新面向。

　　自 1914 年，章太炎 47 歲刪定《訄書》，更名爲《檢論》，在目錄編排中便可以看到〔註95〕，他根據六經及相關文獻資料，建構中國文明歷史的嘗試。其次，對傳統學術思想，章太炎從批判走向論證，針對疑經疑史之論，再度展開對經史的徵實考辨。如《檢論》中新作〈易論〉，指出通過《易經》研究古代社會生活、制度與習俗，及後代的繼承演變。又作〈尙書故言〉，考辨《尙書》記事眞僞及評議其篇章內容。1922 年，章太炎展開一系列有關國學的演講〔註 96〕，從國學之本體談起，將經史學視爲國學本體，針對時人疑經疑史說，提出「經史非神話」，對欲張孔教者，表示「經典諸子非宗教」，以正人視聽。

　　他進一步將國學分爲經學、哲學及文學三門，將史學歸到經學當中。章太炎論治國學方法，除「辨文學應用」之外，他推崇清儒治學之精審，主張「辨書籍的眞僞」、「通小學」、「明地理」等方法。然又以清儒之治學未得大體，因而主張「知古今人情的變遷」，將歷史的觀察，納入治學的方法。當中比較特別的是，章太炎強調經史之不可分，提出：

> 經是古代的歷史，也可以說是斷代史。我們治史，當然要先看通史，再治斷代的史，才有效果，若專治斷代史，效果是很微細的。治經，不先治通史，治經不和通史融通，其弊與專治斷代史等，如何能得利益？……所以我主張比類求原，以求經史的融會，以謀經學的進步。……總之，把經看作古代的歷史，用以參考後世種種的變遷，于其中看明古今變遷的中心。〔註97〕

經是古代歷史，也是斷代史。治史，通史、斷代史須參看。因此，治經必求治通史，方能會通。融會經史，比類求原，方能開創經學新局。由此可見，章太炎爲避免清代經學考據末流之失，有意識的將史學納入經學的範圍，將經、史學作爲知原比類、明沿革、識大體、融通古今的傳統知識體系。由此，

〔註95〕　《檢論》第一卷，〈原人〉、〈序種姓〉上下、〈原變〉四篇，論述中國民族的起源遷徙、種姓演變、民族形成大勢及生存環境。〈原變〉特別強調發展變化、與時推移的道理。此四篇非新作，在《訄書》中位於第16至第19，此時則置於全書之首，這樣的變化，反應了章太炎思想與學術意向，仍在關注中國文明歷史的建構。參《章太炎學術年譜》頁231～232。

〔註96〕　見《章太炎年譜長編》，頁 668。演講內容由曹聚仁整理，後出版爲《國學概論》。

〔註97〕　章太炎：《國學概論》（1922），《章太炎國學講義》，頁 59。

他更大力主張六經皆史，透過整合傳統知識，開發經史價值，爲經學的進步，提出建設性的作爲，開拓經學研究的新資源。

他在 1929 年 62 歲時撰寫《春秋左氏疑義答問》，總結三十多年來治「春秋左傳學」心得，在〈自述治學之功夫及志向〉，重新思考他對於數十年來治經的動機與心得：

> 余幼專治《左氏春秋》，謂章實齋六經皆史之語爲有見；謂《春秋》即後世史家之本紀列傳；謂《禮經》、《樂書》，仿佛史家之志；謂《尚書》、《春秋》，本爲同類；謂《詩》多紀事，合稱詩史。謂《易》乃哲學，史之精華，今所稱社會學也。……《公羊》之說，如日中天，學者煽其餘焰，簧鼓一世。余故專明《左氏》以斥之。然清世《公羊》之學，初不過人一、二之好奇。康有爲倡改制，雖不經，猶無大害。其最謬者，在依據緯書，視《春秋經》如預言，則流弊非至掩史逞妄說不止。民國以來，其學雖衰，而疑古之說代之，謂堯舜禹湯皆儒家僞托。如此惑失本原，必將維繫民國之國史全部推翻。國亡而後，人人忘其本來，永無復興之望。余首揭《左氏》，以斥《公羊》，今之妄說，弊更甚於《公羊》，此余所以大聲疾呼，謂非竭力排斥不可也。〔註98〕

指康有爲持《公羊》家說以推行孔教的學說盛行於一時，然而當中最大的流弊，在於隨意構築經說史事以逞其說。章太炎起而抗之，舉《左傳》實事實說，辨明駁斥《公羊》說建構的孔說聖學。其後，康說衰微，疑古說代之而起，從根本上全盤推翻中國歷史，章太炎知其貽禍之深，故又以「春秋左傳學」爲中心，高舉六經爲史，力辯中國經史的眞實性，竭力斥之而後安。

由此可知，由「春秋左傳學」開始的經學專門研究，令章太炎得以深入討論經學的性質問題，進而主張六經皆史，透過六經掌握上古社會情狀，明其眞實與價值。相對的，視六經爲史的信念，爲章太炎解決《公羊》家視《春秋》爲經所帶來的視孔學爲聖道之弊，也用來破除學者僞經僞史之疑。換言之，面對當代的學術與文化的危機，章太炎通過「春秋左傳學」而得以思考、論述其六經皆史的主張，並由此開展其經學、孔子與儒學，及其所代表的中國文明及傳統文化的價值重構。

〔註98〕章太炎：《章太炎學術文化隨筆》，頁 342。

三、從「求是」轉向「致用」

　　乾、嘉以後，國勢急速走向危殆，內政與國際問題接踵而至，在承平時期發展的考據學不足以提供改變、革新的思想理論和根據，令今文經學得以挾變革進化之姿，乘勢而入。〔註99〕然而康有爲張明其政治理論與改革主張，推偶像、立宗教，不惜扭曲學術和歷史眞實的作法，也不是學術思想發展的正面走向。對此，章太炎有著態度上的轉變與深刻的反省。早期對以經術緣飾政治的作法大加撻伐，主張學術的客觀性，應與政治作切割，後期面對的是社會失序，價值混亂的問題，章太炎又提出經學、儒學之義理爲尙的致用課題。中國傳統學術講求致用，與現代學術獨立意識下的求是傾向，成爲晚清民國拉扯著知識分子思維的二個知識態度。回應時代問題，調整當代學風，是章太炎在各階段提出不同面向主張的主要關懷，對於經學研究的宗旨，他的看法呈現著以下變化，試述之。

（一）「說經者，所以存古，非以是適今」

　　前期，章太炎不滿今文家之援經議政，主張學術不在「致用」而在「求是」。蓋因清代今文學者透過經學，將孔子推爲聖王，以建立孔教的方式，進行大規模的社會改革。針對他們的作爲，章太炎主張「說經者，所以存古，非以是適今」。〔註100〕將經學視爲存古之學，反對今文學家藉通經致用之名，行政治社會改造之實。更指出他對當時學者，「憂其誇以言治也，憂其麗以之淫也，憂其琦傀以近讖也，憂其鈕雜以亂實也，憂其繳繞以誣古也」，深感不安。〔註101〕

　　1907 年時，梁啓超雖曾表達「政見與學問固絕不相蒙」的願望〔註102〕，但是孔教在康有爲的鼓動，政治人物的有心利用下，仍持續成爲風潮，促使章太炎急欲打破今文家建立的孔子神話，將經學研究歸爲學問求是之學，欲

〔註99〕　國際問題尤其是形成當時的政治困境的主要原因，清廷變法亦因之而起，爲傳統學術未遭遇到的新問題。章太炎在〈滿洲總督侵吞賑款狀〉中表達這樣的意思：「今之言變法者，非因內治而起，乃爲外交而起。」參湯志鈞編：《章太炎政論選集》（北京：中華書局，1977）頁 424。

〔註100〕章太炎：〈與人論樸學報書〉（1906），《革故鼎新的哲理——章太炎文選》，頁 214。

〔註101〕章太炎：〈國粹學報祝詞〉（1908），同前註，頁 282。

〔註102〕梁啓超著作曾致書友人請序，信中談及章太炎，表示此願。參見《章太炎學術年譜》，頁 108。

切割學術與政治，因而提出：「君子道費，則身隱，學以求是，不以致用，用以親民，不以干祿」。〔註103〕並指出：

> 致用本來不全靠學問，學問也不專爲致用。……中國古代的學問，都趨重致用一邊，……況且致用的學問，未必眞能合用……還有人說求學是修養道德，……但道德是從感情發生，不從思想發生。〔註104〕

認爲學問並不專爲致用，求學也不必在修養道德。

他將學問分別求是與致用兩個層次，主要是站在與今文經學對立的立場上，主張學以求是，反對通經致用。實際上，章太炎曾平情而論，認爲有求是之學，有致用之學，兩者雖有不相涉者，亦有相關聯者。他指出：

> 禮固然明了，在求是一邊，這項禮爲什麼緣故起來，在致用一邊，這項禮近來應該怎樣增損，可不要向前去考究麼！歷史固然明了，中國人的種類，從那一處發生？歷代的器具，是怎麼樣改變？各處的文化，是那一方盛？那一方衰？……在本國的學說裏頭，治了一項，其餘各項，都以爲無足重輕。並且還要詆毀。……看見專門求是，不求致用的學說，就說是廢物，或說是假古玩。〔註105〕

主張求是之學與致用之學，不應相互菲薄，成爲「只取弓」、「只取箭」之爭，當如弓箭一體整合運用，才能發揮學問的力量。

章太炎主張學問的價值不全建立在致用之上，對學術的專業與獨立，有正面提舉的意義。同時也認爲學問不當偏重在求是，當明其實際可資致用之效者；以求是與致用固然是兩事，仍當平行並重，不應有輕重之分。

（二）「應用之學，先于求是」

1917 年，康有爲、張勳推動溥儀復辟，請定儒教爲國教，宣布「以綱常名教爲精神之憲法」，〔註106〕引發陳獨秀的反孔言論，李大釗、胡適繼之於致力反孔，與章太炎早年主張有若干契合，胡適甚至在 1921 年提出「打倒孔家店」的宣示。然而章太炎中年經歷佛學與老莊之學後，開始認同儒學的教化

〔註103〕同註101，頁283。
〔註104〕章太炎：〈庚戌會衍說錄〉，又名〈留學的目的與方法〉（1910），《章太炎講演集》，頁16。
〔註105〕章太炎：〈論教育的根本要從自國自心發出來〉（1910），《章太炎學術文化隨筆》，頁274、275。
〔註106〕參考《章太炎學術年譜》，頁271。

作用，曾與弟子提到：

> 佛法本宜獨修，若高張旗幟，必有浪人插足其間，況北方迷信之地，
> 以釋迦與妖魔等視邪？……居賢善俗，仍以儒術爲佳。雖心與佛相
> 應，而形式不可更張……、莊亦可道，雖陳義甚高，而非妖妄所能
> 假借也。心學之與稽古，原不相妨。荊川、黎洲，皆以姚江爲宗，
> 未嘗不讀書也。但爲學道，不必並爲一談……〔註107〕

認爲佛法不宜倡論，易爲人所利用，淪爲邪說，老、莊雖可道，但陳義過高，
唯有儒術之教化，可以善俗更化。

　　尤其新文化運動展開之後，原有的倫常綱紀被強烈質疑，學者拋棄傳統
學術文化，急欲建立新價值、新文化，令章太炎深感不安，主張傳統學術文
化仍有其優勢。其謂：

> 求學之道有二：一求是，二應用。前者如現在西洋哲學家康德等是，
> 後者如我國之聖賢孔子、王陽明等是，顧是二者，不可得兼，以言
> 學理，則孔子不及康德之精深，以言應用，則康德不及孔、王之切
> 近。……然以今日中國之時勢言之，則應用之學，先于求是。〔註108〕

以求學之應用，當更先於求是，這樣的觀念是置於孔子、王陽明之學的意義
下指陳，可見章太炎此刻關懷著教化修養的問題。

　　他對於學界當時不顧國情民俗，傾注全力提倡科學的風氣，亦深感憂心：

> 西洋哲學但究名理，不尚親證，則其學與躬行無涉。科學者流，乃
> 謂道德禮俗，皆須合于科學。此其流弊，使人玩物而喪志，縱欲以
> 敗度。今之中華，國墮邊防，人輕禮法，但欲提倡科學，以圖自強，
> 是知其一，不知其二也。〔註109〕

指出當時未順應民情而倡西洋科學的流弊，在於使人輕禮法，淪落於縱欲敗
度。於是，章太炎不僅以修身教化之理學相抗，亦歸約六經，作〈國學之統
宗〉，以之倡言改良社會之方：

> 周、孔之道，不外修己治人，其要歸于六經。六經散漫，必以約持
> 之道，爲之統宗。……余以爲今日而講國學，《孝經》、《大學》、〈儒
> 行〉、〈喪服〉，實萬流之滙歸也。不但坐而言，要在起而行矣。……

〔註107〕章太炎：〈與吳承仕〉（1918），《章太炎書信集》頁309。
〔註108〕章太炎：〈說求學〉（1921），轉引自《章太炎年譜長編》頁620。
〔註109〕章太炎：〈適宜今日之理學〉（1933），《章太炎講演集》頁189。

其原文合之不過一萬字，以之講誦，以之躬行，修己治人之道，大
抵在是矣。〔註110〕

章太炎此際談理學和經學，不講「求是之學」，而且一反前之「但爲學道，不
必並爲一談」的專業學術態度，而認爲「經術乃是爲人之基本」、「夫人不讀
經書，則不知自處之道」。〔註111〕

　　但是章太炎論學問，不從政治談，而從教化、修身持己的角度談致用之
學，其實是應對於當代的道德文化困境，重新審視傳統的思想資源。雖然他
仍然不主張積極的學術「經世」，卻是回到顧炎武所謂「博學於文，行己有恥」
的儒學教化與修己傳統中。換言之，章太炎分別學術爲致用之學與求是之學，
在躬行實踐意義下，復成爲一體；作爲富有教化意涵的社會價值，儒學重新
被重視，經學的義理性也重新被章太炎肯定。

　　然而，章太炎所提舉的孔子、儒學與經學的義理性價值卻是建立在流沙
之上。當時中國文化的根基持續被挖刨，不僅出於六經僞造的觀點，當古史
爲傳說堆纍而成的論述，日益被重視推闡的時候，更成爲加速淹沒傳統文化
的沈重力量。因此，繼之與今文學者辯駁古經眞僞，積極證明六經及中國歷
史的眞實性，促進傳統經學的創造性轉化，在民國以後，持續成爲章太炎的
重要課題。

四、著作：《春秋左傳疑義答問》（1929）

　　中年以後，章太炎經學研究的主要實踐仍在《左傳》學，成果爲1929年
62歲時撰寫的《春秋左氏疑義答問》（後簡稱《答問》），凡五卷，共七十五條。
書中討論的問題牽涉極廣，以答問的形式，從《春秋》之作意、傳授、書法，
到《左傳》的成書、義例，及對釋傳注家的指正評議等，總結章太炎三十多
年來治經傳的成果。

　　對於此書之作，他在1930年與弟子黃侃的書信中表示：

（《春秋疑義》）雖與舊說多異，然恐實事正是如此。……項有人贈
宋葉水心《習學記言序目》一書，其論《春秋》謂一切凡屬書法，
皆是史官舊文，唯天（王）狩河陽、僑如逆女、齊豹三叛四事，爲
孔子所書，傳有明文。……至于凡例條章，或常或變，區區眾人之

〔註110〕章太炎：〈國學之統宗〉（1933），同前註，頁140～147。
〔註111〕章太炎：〈歷史之重要〉（1933），同前註，頁148、149。

> 所事者，乃史家之常、《春秋》之細爾。其論與鄙見甚合。唯天王狩
> 河陽一事，據《史記》尚是舊史所書，孔子特因之而已，而趙鞅書
> 叛，據《史記》乃是孔子特筆，則水心考之未盡。……宋儒終是粗
> 疏，於劉、賈以前古文諸師傳授之事，絕未尋究。今之所作，則異
> 于此矣。〔註112〕

以宋代葉適認爲書法皆是史官舊文，聊有數事爲孔子所書，所述爲是。章太
炎認爲書法凡例有常有變，爲史家之常，對於歷來《春秋》學者認爲義之所
存、特別重視的書法義例，當視之爲平常，甚至是《春秋》之枝節。他舉出
宋儒的缺失，在於未能上溯西漢古文諸說，因而矢志上溯古說，加以抉擇，
曾在另一封書信中，指明其著書之旨：

> 鄙言於凡例雖取征南，而亦上推曾申、吳起、賈誼、史遷之說，以
> 相規正。賈、服有善亦採焉。……蓋上則尋求傳文，次或采之賈誼、
> 史遷，是鄙人著書之旨也。〔註113〕

論凡例，主要採取杜預之說，亦上推西漢學者，兼採賈、服，意在「不欲如
前世拘守漢學，沾沾以賈、服爲主」〔註114〕，有意識的跳脫出清代漢學對《左
傳》研究的限制。

章太炎在另一封與吳承仕的書信中，將《答問》的心得演成，作更清楚
的表述：

> 僕治此經，近四十年，始雖知《公羊》之妄，乃于《左氏》大義，
> 猶宗劉、賈。……民國以來，始知信向太史，蓋耕當問奴，織當問
> 婢，《春秋》本史書，故盡漢世之說經者，終不如太史公明白。……。
> 又知《左氏春秋》，本即孔子「史記」，雖謂經出魯史，傳出孔子，
> 可也。簡煉其義，成此《答問》。〔註115〕

說明早年執守劉、賈之說，直到民國治史意識根深蒂固後，才完全意會到《春
秋》爲史，擺脫了以「經」看《春秋》的視角，終於得到《左傳》本於孔子
「史記」，經出魯史，傳出孔子的結論。此後，章太炎在與弟子的書信中，同
年10月6日，持此論與徐哲東論《春秋》，及66歲時演講〈春秋三傳之起源

〔註112〕章太炎：〈答黃季剛書〉（1930），《章太炎書信集》，203、204。
〔註113〕同前註，204、205。
〔註114〕同前註。
〔註115〕章太炎：〈與吳承仕〉（1932），同前註，頁361。

及其得失〉，論述《春秋》和《左傳》的成書與關係，大抵皆不出此。

　　同時，《答問》之作亦在對治康有爲，遮掩史實以逞其說，以及代之而起的疑古說。透過搜集《左傳》與西漢賈誼、劉向相關文字的訓詁比對，章太炎徵其實據，證明《左傳》傳本之眞確性。因此，《答問》之作，一在處理《左傳》學內部的歧見，二則引領章太炎走出重經抑史的觀念，透過「春秋左傳學」，建構經學的史學意涵，三則證明《左傳》的實存性，總括其在《左傳》學、經史學及經學史三方面的重大見解，故章太炎自謂：「《春秋答問》爲三十年精力所聚之書。向之繁言碎辭，一切芟薙，獨存此四萬言而已。」〔註116〕而爲其畢生專致《左傳》學，深入經學研究之總成績。

小　結

　　本章分述章太炎思想轉變的三個時期，結合當代政治變化、傳統學術在晚清民國的轉折，以「春秋左傳學」爲中心，詳述其學術思想變化的具體樣貌。由上述可知，章太炎三個時期的學術論述，有其前後衝突及自悔之言，乃是他回應當代劇烈變動的社會及學術思想議題的省思歷程，當將其置放於相應的時代背景中，才能理解章太炎言論中的針對性。

　　首先，從晚清學術的走向來看。晚清今文經學援經議政的治學取徑，形成清代考證學在走向專門、專業與獨立之途時的一大轉向。晚清經世思潮與今文經學通經致用思想合流，康有爲、廖平等重新詮釋孔子與六經，做爲施行治世理想的素材，使得當初以經學爲主，逐漸走向專門分科與知識獨立的清代學術系統，再度回到重視經學政治效用層面的價值。從這個角度來看，康、廖所作的經典新詮，實爲傳統學術通經致用性格的再現，這樣緊密的結合學術與政治、社會，在相當程度上，與晚清民國學術走向專業分科及知識獨立，適成逆流。與此同時，章太炎順著考證學的路子走，維護傳統古文經學，特別意識到康、廖攻擊古文經學的政治意圖，以及爭取詮釋文化主導權的意圖，對其學術結合政治，走回通經致用的老路，章太炎對此提出了學術應獨立於政治之外，不爲政治服務的呼籲，而極力區分學術文化上的孔子，以及作爲政治改革形象的孔子，試圖將孔子儒學與康有爲所推動的孔教運動，切割分明。因此，站在被今文經學及當代風潮推翻的漢學立場，章太炎

〔註116〕同前註，頁360。

護持傳統學術走向獨立現代化歷程時，呈現兩個不同的面貌；站在漢學的立場，他是保守的，可是相對於今文家的做法，他又是靠近現代的。

在學術近代化歷程中，學風驟變，在對傳統學術一片撻伐之聲中，堅守漢學立場的章太炎，一度成爲激進中的保守者，訂孔抑儒，引領時代新風潮，卻又在新文化、新思想被普遍接受與贊揚的同時，又重申傳統學術乃是維繫中國社會與民族文化不可缺少的力量。在不斷改作與反省中，章太炎淘練舊學，置換新血，用心於傳統經學的轉化，其成果完全展現在「春秋左傳學」。

尤其當《左傳》在晚清遭受到今文家前所未有的重大質疑，擴大爲對古經古史懷疑時，使得章太炎所面對的，包括《左傳》學內部歧說的分判與抉擇，以及外部今文學家對其解釋權與眞實性的質疑，以及由此引發的古文經僞作、古史皆可疑的論述，擴大成爲中國文明歷史的存亡危機等，都成爲章太炎在研治經學時，必須回應的一連串、層面愈形深廣的挑戰。

再就時代風潮來看，當時大批學者從傳統的經學視域，折入現代的史學論述，新史學的研究蔚然成風，《春秋》、《左傳》既是經學、又具備典型的史學內涵，其特殊性質使得《春秋》學在當時不僅成爲今、古文學經史爭議的核心，復成爲古史研究的重要資源。因此，可以說《春秋》、《左傳》既經且史的特殊性與爭議性，令章太炎得以在「春秋左傳學」的研究脈絡下，反省傳統學術文化，拉出中國文明史，以及儒學、經學等學術史的研究議題。因此，「春秋左傳學」乃章太炎切入近代學術轉型的議題，反省經學在傳統與近代間內涵與價值的轉換，具體徵實的最佳途徑。

透過「春秋左傳學」，他不僅挑戰傳統經學文化中尊孔與通經致用之核心觀念，亦積極的建構晚清民國的經學論述，對晚清民國的經學觀念的轉變、經史學的建構，以及古史研究的開展，有著開創性的推展與深遠的影響。章太炎建立「春秋左傳學」論述既與經學思想轉變息息相關，是以唯有究實其「春秋左傳學」的內容與轉變歷程，方能進一步掌握他所省思的傳統經學議題與所開創的新經學思想。

附錄：章太炎春秋左傳學專著年代簡表

分　期	《左傳》專著繫年	相關文章與演講繫年
第一期(18 至 32 歲) 1885～1899 年	《春秋左傳讀》（1896 年，29 歲）	〈致譚獻〉（1896） 〈儒術眞論〉（1899） 〈與宋恕〉（1899） 〈與梁啓超〉（1899） 〈今古文辨義〉（1899）
第二期(33 至 47 歲) 1900～1914 年	《敘錄》（1902 年，35 歲） 《砭後證》（1902 年，35 歲） 《劉子政左氏說》（1907 年，40 歲） 《春秋故言》（1914 年，47 歲）	〈徵信〉（1901） 〈與吳君遂書〉（1902） 〈癸卯口中漫筆〉（1903） 〈與劉師培〉（1903）
		〈清儒〉（1904） 〈訂孔〉（1904） 〈尊史〉（1904） 〈與劉師培〉（1906） 〈諸子學略說〉（1906） 〈與人論樸學報書〉（1906） 〈東京留學生歡迎會演說錄〉（1906） 〈答鐵錚〉（1907） 〈國粹學報祝詞〉（1908） 〈再與人論國學書〉（1908） 〈與國粹學報〉（1909） 〈與簡竹居〉（1909） 〈與鍾正楙〉（1909） 〈原經〉（1909） 〈原儒〉（1909） 〈原學〉（1910） 〈信史〉（1910） 〈程師〉（1910） 〈論經的大意〉（1910） 〈庚戌會衍說錄〉（1910） 又名〈留學的目的與方法〉 〈論教育的根本要從自國自心發出來〉（1910）

		〈駁皮錫瑞三書・王制駁議〉（1910）
		〈與吳承仕〉（1911）
		〈自述學術次第〉（1913）
		〈駁建立孔教議〉（1913）
		〈訂孔〉（1914）
		〈與葉德輝〉（1914～1915）
第三期（47至69歲） 1915～1936	《春秋左傳疑義答問》 （1929年，62歲）	〈致山田飲江書〉（1915）
		〈與吳承仕〉（1918）
		〈研究中國文學的途徑〉（1920）（爲1918年講演〈說新文化與舊文化〉）
		〈說求學〉（1921）
		〈時學箴言〉（1922）
		〈與柳翼謀〉（1922）
		《國學概論》（1922）
		〈時學箴言〉（1922）
		〈與張伯英〉（1923）
		〈與于右任〉（1923）
		〈與吳承仕〉（1924）
		〈救學弊論〉（1924）
		〈與黃侃〉（1930）
		〈春秋三傳之起源及其得失〉（1931）
		〈經義與治事〉（1932）
		〈與吳承仕〉（1932）
		〈清代學術之系統〉（1932）
		〈與徐哲東書〉（1932）
		〈與黃侃〉（1932）
		〈論今日切要之學〉（1932）
		〈適宜今日之理學〉（1933）
		〈國學之統宗〉（1933）
		〈歷史之重要〉（1933）
		〈自述治學之功夫之及志向〉（1933）
		〈關於史學的演講〉（1933）
		〈關於經學的演講〉（1933）

		〈國學會會刊宣言〉（1933） 〈制言發刊宣言〉（1933） 〈與潘景鄭書〉（1933） 〈春秋三傳之起源及其得失〉（1933） 〈關於春秋的演講〉（1933） 〈與鄒之誠論史書〉（1934） 〈論以後國學進步〉（1934） 〈論讀史之利益〉（1934） 〈略論讀史之法〉（1934） 〈論讀經有利而無弊〉（1935） 《國學略說》（1935） 〈論經史儒之分合〉（1935） 〈論經史實錄不應無故懷疑〉（1935） 〈再釋讀經之異議〉（1935） 〈與李源澄〉（1935） 〈漢學論〉（1935） 〈與徐哲東〉（1936） 〈菿漢閑話〉（1936） 〈與孫至誠〉 （據1937年《制言》第46期）

第二章　章太炎「春秋左傳學」的轉向

　　大抵而言，清儒上承流行已久的杜預《春秋》學系統，對《左傳》進行多方面專門研究，包括曆法、地理沿革、禮制、君臣世系、災異等。同時，清儒也重新搜求、擴大發揚被杜預學所取代的漢儒經說系統，使得《左傳》學的研究，在前期守杜與中期尊漢的雙重影響下，交織發展，呈現出傳統《左傳》學內部存在已久的分歧。這些分歧，逐漸突顯出以《左傳》詮釋《春秋》的諸多漏洞，成為晚清《公羊》學者的攻擊要害。因此，章太炎重整「春秋左傳學」要面對二個層面的議題，一則反擊《公羊》學者對《左傳》的批評，二則面對《左傳》學內部的分歧，進行梳理抉擇，廓清歷來因《左傳》學內部觀點衝突而引發的誤解。本章說明章太炎處理《左傳》學內部問題的歷程，以掌握其整體《左傳》學體系與所關涉的經學思想。

　　章太炎「春秋左傳學」觀點，依其學術思想的變化歷程，可分為三期。在前期，他深受乾嘉學者影響，中後期漸有體悟改變，最終突破清儒格局，形成自身觀點。本章就《春秋》學理論與解經方法，探析章太炎見解的變化，依序分為三節。第一節說明章太炎接續清儒《左傳》學的研究進路，採擇東漢諸儒與杜預《春秋左傳》學的見解，所形成早期觀點。第二節，說明章太炎對漢儒與杜預《左傳》學的反省與修正，分析中期章太炎「春秋左傳學」思想轉變的內在因素。第三節，詳述章太炎晚年跳出漢儒與杜預學說的經說框架，上復周、秦所建立的《春秋左傳》經傳體系。

第一節　接續清儒《左傳》學的發展

一、肯定漢儒之素王改制說

　　《春秋》之所以獨特，受到學者普遍的重視，在於它是五經中唯一爲孔子所作的典籍，然而孔子是否作《春秋》？是否透過《春秋》改制、立新法？孔子若作《春秋》，那麼《春秋》是否改制？如何改制？這些問題實爲《春秋》學的理論基礎，涉及價值來源、《春秋》性質，以及如何詮釋《春秋》等重大議題。

　　傳統以孔子爲素王、行改制之說，未見於三傳，而爲漢儒所暢論。發展到魏、晉，杜預學出，反對素王改制說，與漢儒形成截然對立的說法。初期章太炎承清學追復漢儒的說法，主張孔子作《春秋》，立素王之法。但是另一方面，章太炎對「孔子作《春秋》」的見解，卻也受到杜預學長期以來的影響，使得章太炎既傾向漢儒說、非難杜預說，部分觀點卻又傾向杜預說。當中變化，得先從清代《左傳》學上溯漢儒經訓的趨向來看，繼而分析章太炎所主張的漢儒說與杜預說的差異，以爲索解。

（一）清儒上溯漢儒經訓之趨向

　　早期，章太炎作《春秋左傳讀》，廣搜兩漢及先秦經訓，考究經義，「徧尋荀卿、賈生、太史公、張子高、劉子政諸家《左氏》古義。」〔註1〕有意識的上復兩漢《左傳》家說，延續清代《左傳》學發展的脈絡。

　　復漢之舊，是清代《左傳》學的主要趨向。清儒治學主「徵實」，秉持同樣態度治《春秋》，一則應對宋、明《春秋》學蹈空之病，一則建立具有家法師說的「有本」之學。

　　宋、明學者重視《春秋》大義的發露，主張超越三傳，實仍兼採三傳。代表清學主流思想的《四庫全書總目提要》，評價宋、明《春秋》學云：

> 啖助、趙匡以逮北宋，則《公羊》、《穀梁》勝。孫復、劉敞之流，名爲棄傳從經，所棄者特《左氏》事迹，《公羊》、《穀梁》「月日例」耳。其推闡譏貶，少可多否，實陰本《公羊》、《穀梁》法，猶鄧析用竹刑也。夫刪除事迹，何由知其是非？無案而斷，是《春秋》爲射覆矣。〔註2〕

〔註1〕章太炎：《太炎先生自訂年譜》（香港：龍門書局，1965），頁5。
〔註2〕〔清〕永瑢、紀昀主編：《四庫全書總目提要》，頁143。

指出述史為《左傳》所長，論例則為《公》、《穀》所長。宋、明學者表面上於三傳皆所摒棄，事實上，仍採用《公》、《穀》義例、褒貶之法，做為詮釋經義的主要進路。因此，宋、明學者雖時有深闢見解，卻無一致的依據，不僅無法理清問題，其增踵意見，更使之治絲益棼。

　　清初學者深諳前儒蹈虛之弊，治《左傳》趨向徵實，有二個發展面向。其一，致力於條理《左傳》史實，做為釋義根據。他們特別突出《左傳》的歷史敘述與記事條理，認為多有考校參詳之據，表現對文獻與史實的重視。如馬驌（1621～1673）作《左傳事緯》，取《左傳》事以類相從，分為百零八篇，篇各作評論，有如史述，後加贊語的形式。顧棟高（1679～1759）作《春秋大事表》，將《左傳》所涉及的天文曆法、地理疆域、典章制度、史事人物等，用「表」的形式開列出來，附以詳盡的說明與議論。他們的著作顯示初期治《左》以「史」為據的傾向。其二，對《左傳》的相關說解，尋其根由，徵其故實，明其經訓確有所本者。如顧炎武《左傳杜解補正》，透過搜求古說，以建立可靠的立說根據。〔註3〕凡此，可知清儒說經有一致的趨向，皆在尋其根由，確其所據。

　　尤其是顧氏實事求是，互證參校，其《左傳杜解補正》參酌宋、明學者的意見，有謂：

　　　　吳之先達邵氏寶有《左觿》百五十餘條，又陸氏粲有《左傳附注》，
　　　　傅氏遜本之為《辨誤》一書，今多取之，參以鄙見，名曰《補正》，
　　　　凡三卷。〔註4〕

並溯及杜預說流行之初，學者即曾引漢儒賈逵、服虔經說，與之立異。其謂：

　　　　《北史》言周樂遜著《春秋序義》，「通賈、服說，發杜氏違。」今
　　　　杜氏單行，而賈、服之書不傳矣。〔註5〕

杜預說盛行後，造成漢儒書之不傳，形成杜說獨擅之況。顧氏自樂遜〈春秋序〉得見賈、服義，因而極力搜求隱藏在注疏間的漢儒古說，完成《補正》一書。這樣的解經方向，開出後來《左傳》學復漢之舊的路向。

〔註3〕　《四庫提要》指出顧氏之作：「若『室如懸磬』，取諸《國語》；『肉謂之羹』，
　　　　取諸《爾雅》；『車之有輔』取諸《呂覽》；『田祿其子』取諸《楚辭》；『千廟
　　　　原之在晉州』，取諸鄭康成；『祐為廟主』，取諸《說文》。」同前註，頁159。
〔註4〕　〔清〕顧炎武：《左傳杜補正‧序》，《顧亭林文集》卷二（臺北：新興書局，
　　　　1956）。
〔註5〕　同前註。

　　清中期，第二個路向成爲清代《左傳》學主要的發展方向。早在清初，臧琳即標舉漢學，論治經，必以漢注唐疏爲主，謂：「此其本原也，本原未見而遽授以後儒之傳注。非特理奧有不能驟領，亦懼爲其隘也。」〔註6〕就漢注正杜注，以漢注爲經說之本原。其後，惠棟亦襃揚漢學，指出：

　　　　漢人通經有家法，故有五經師。訓詁之學，皆師所口授，其後乃著
　　　　竹帛，所以漢經師之說立於學官，與經並行。〔註7〕

並謂：

　　　　自先曾王父樸庵公以古義訓弟子，至棟四世，咸通漢學，以漢猶近
　　　　古，去聖未遠故也。〔註8〕

遙承明中葉王鏊、楊愼「漢猶近古」之說，強調漢人經說有家法，所以有極高價値，將漢儒經說，提高到「與經並行」的地位。此後，從洪亮吉到李貽德，復漢之舊成爲治《左傳》學的主要方向，直到劉文淇總理漢儒經說，以之爲《左傳》新疏之本，遂與流行已久的杜預學並峙。

　　對清初與乾嘉《左傳》學，章太炎首先批評清初毛奇齡、方苞、顧棟高之流，「浩漫言經，未知家法」〔註9〕，認爲毛奇齡與方苞之說經有宋人之風，多越過三傳，以己意解《春秋》。尤其顧棟高主張讀《春秋》當如黃宗羲所言「只當就春秋之世以求聖人之心」，「《春秋》只須平平看下去」，則善惡襃貶，史實自陳的觀點〔註10〕，實漠視漢儒舊說，遭受章太炎嚴厲批評，以其「馮臆妄斷，目無先師，實爲《春秋》之巨蠹」。〔註11〕此時章太炎不僅依循惠棟

〔註6〕　徐世昌：《清儒學案》卷四十四，〈玉林學案〉上（臺北：世界書局，1962），
　　　　頁1。臧琳論治學方法，與顧惠諸氏之研覃經訓，由文字聲音訓詁而得義理之
　　　　眞。其憂心爲義理之學者，或貌襲程朱，或言不用六經，可以明心見性，而
　　　　認爲聖人之意，不明於天下後世，六經如何不爲糟粕？因此，教門人後進以
　　　　小學，必以《爾雅》、《說文》爲宗，爲清代漢學先聲。臧琳學術在當時不甚
　　　　爲人所知，直到晚清，爲章太炎與劉師培推爲清代漢學第一人。

〔註7〕　〔清〕惠棟：〈原序〉，《九經古義》（臺北：臺灣商務印書館，1983），頁1上。

〔註8〕　〔清〕惠棟，〈上制軍尹元長先生書〉，《松崖文鈔》（臺北：新文豐出版社，
　　　　1970）卷1，頁17上。

〔註9〕　章太炎：《駁箴膏肓評‧敘》（1902），《章太炎全集》二，頁899。

〔註10〕　〔清〕顧棟高：〈讀春秋偶筆〉，《春秋大事表》（北京：中華書局，1993）第
　　　　一冊，頁35～42。顧棟高又謂：「二百四十二年君卿大夫之賢奸善惡，千態萬
　　　　狀，而欲執書名、書字、書族、書爵、書人、書滅、書入及日月時等十數字
　　　　以概其功罪，爲聖人者亦太苦矣。」（同前）由此更可見顧氏忽視漢儒家法與
　　　　禮制沿革對解釋《春秋》的重要性。

〔註11〕　同註9。

以來，尊漢儒師法、家法的治經趨向，也表示反對純從史事言經，高度的重視漢儒經說。

因此，章太炎不僅上復兩漢先秦之《左傳》家說，在清儒復漢之舊的成果上，更進一步探究漢儒論述，做為治《左傳》的理論依據。漢儒《左傳》學理論基礎在素王改制說，在這一時期，章太炎對此說加以肯定，並有進一步的申述。

（二）章太炎闡釋漢儒素王改制說

章太炎贊同漢儒素王改制說，與杜預主張孔子非素王、未改制，適成相反。孔子是否為素王？《春秋》是否為其改制之法？關涉價值來源與詮釋進路的問題，因此其《春秋左傳讀》第一條即討論左邱明來歷，第二條討論的就是「立素王之法」，第四條則是對孔子改制的看法。

章太炎追本「素王」之名，始自《莊子・天道》：「以此處上，帝王天子之德也；以此處下，玄聖素王之道也。」他認為莊子詆訶聖人，譙議儒學，猶以素王稱孔子，知素王當為彼時流行之說。又見東漢《左傳》學家賈逵言：「孔子覽史記，就是非之說，立素王之法。」實本西漢賈誼〈過秦下〉「諸侯起於匹夫，以利會，非有素王之行」之說，指匹夫而有聖德者為素王，可見兩漢《左傳》學者亦皆認同素王說。〔註12〕

繼之，章太炎以孔子改制說，可證諸先秦典籍。《荀子・解蔽》有云：「孔子仁智且不蔽，故學亂術足以為先王者也。　一家得周道，舉而用之，不蔽於成積也。故德與周公齊，名與三王並。此不蔽之福也。」章太炎認為，所謂周道，乃指其餘五經；一家，即謂《春秋》，是荀子亦以《春秋》非周道，可知荀子亦以孔子有改制之行。孔子改制之行，又可見於〈檀弓〉記孔子之喪，設三代之禮者。章太炎指出：

> 此並設三代之禮，則非若子張之喪用殷禮，諸幕丹質，蟻結於四隅，
> 為行禮因其故俗也。子夏于葬夫子，猶必行夫子之志，況三代並用，
> 非夫子遺命，孰敢為之？于此知親行改制矣。〔註13〕

以孔子喪禮，弟子並三代之禮而行，知孔子已有改制之行，使弟子有所效之。

不僅如此，章太炎證之董仲舒，云：「孔子作《春秋》，先正王而繫以萬

〔註12〕章太炎：《春秋左傳讀》，《章太炎全集》二，頁59。
〔註13〕同前註，頁64、65。

事，見素王之文焉。」證之《史記‧孔子世家》，言：「因史記作《春秋》，據魯，親（即新）周，故殷，運之三代。」說明以孔子爲素王，以《春秋》爲改制之法，是漢儒的共識。〔註14〕

甚至，章太炎認爲素王改制之說實爲《左氏》家說。見《荀子‧正名》有謂「後王之成名，刑名從商，爵名從周，文名從禮」，章太炎認爲荀子之論代表《左氏》家說，指出：

> 先商，而周，而禮，則禮非商、周之禮，必爲《春秋》所制之禮矣。
> 《公羊》有改制之說，實即《左氏》說也。三統迭建，救僿以忠，
> 是以不言夏而夏即在禮中。《春秋》制禮，參夏、商、周而酌之，故
> 《春秋》正是禮書，語本《荀子》。〔註15〕

禮文必然有所損益更迭，荀子所謂「文名從禮」之「禮」，即是損益三代之禮而成的《春秋》。章太炎不僅接受孔子改制的說法，而且認爲改制說本爲《左氏》說，爲《公羊》所襲取。因此，章太炎所謂孔子改制，爲損益三代之禮而成的時令新法，與今文家強調「黜周王魯」的意義雖有不同，改制層面深廣的意見不同，基本上還是肯定孔子具創制新法之功，當居素王之位。

考章太炎所論，先推舉孔子創制之功，又將素王等同孔子，再聯繫改制與孔子，最後將素王改制連結起來，證明《左傳》學亦尊孔子爲素王，以《春秋》立素王之法。事實上，莊子和賈誼所言素王，不必然是指孔子，荀子所稱孔子損益周法以成其新制，或是〈檀弓〉所記孔子之喪設三代禮，並不足以顯示孔子有全面改立新法的意圖。何況章太炎也認同杜預的見解，強調《春秋》錄自魯史，不全爲孔子新作。那麼章太炎所認同的漢儒素王改制的意義內涵，如何與杜預說相結合呢？此須進一步辨析在「素王改制」這個議題上，漢儒說與杜預說的分別。以下說明章太炎何以將杜預說視爲其《春秋》學理論的一部分。

在董仲舒，孔子爲素王、《春秋》爲素王改制之法，始形成連結。董仲舒推《春秋》爲群經之首，將孔子與《春秋》的關係發揮到極致，視《春秋》爲孔子意旨之所存。〔註16〕其謂：

〔註14〕同前註，前引見頁 59，後引見頁 64。
〔註15〕同前註，頁 784。
〔註16〕最早將孔子與《春秋》作連結的是孟子。他說「《春秋》者，天子之事也」，又謂「王者之迹熄而《詩》亡，《詩》亡然後《春秋》作」，將作《春秋》之功業，與禹抑洪水、周公驅九狄相提並論。不僅高度推崇《春秋》，更指出「孔

孔子作《春秋》，先正王而繫萬事，見素王之文焉。繇此觀之，帝王
之條貫同，然後勞逸異者，所遇之時異也。〔註17〕

先正王，即行天子之事。孔子先正王，無天子之名而行其實，故稱之爲素王。《春
秋》之作即爲素王之文。〔註18〕由《春秋》之作，可得見國家政事存在著條貫
規則，爲孔子經世之法，也可以說，將經世意旨繫之於萬事，見之於《春秋》。
因此，董仲舒獨尊儒術，推崇孔子，將《春秋》視爲孔子經世意旨之所存。其
次，董仲舒將《春秋》視爲政治改革依據，提出「改制」之說〔註19〕，認爲改
制是王者正前代之不正的方法，《春秋》即爲孔子的改制之書。所謂孔子當素王，
《春秋》爲素王改制之文，於焉成立。後來，董仲舒的說法，不僅成爲公羊學
之基本觀點，也爲當代《左傳》學者所尊奉，而爲漢儒的共識。〔註20〕

　　至晉，杜預反對前儒說法，批評素王改制說，認爲孔子當不具做「素王」
的意圖。他指出，根據《論語・子罕》記載，當孔子疾甚，子路欲尊榮孔子，
故使門人假家臣治喪事，行大夫葬禮，孔子稍癒，即斥責子路不應僭禮，並明
平生不欺之意。自號爲素王，爲僭禮欺天之大者，杜預認爲孔子必然不爲。其

子作《春秋》，其文則史，其事則齊桓、晉文，其義則丘竊取之也」。明確孔
子與《春秋》的關係。漢代董仲舒實承孟子之說，加以闡釋發揮。

〔註17〕〈董仲舒傳〉第26，《新校本漢書》卷56（臺北：鼎文書局，1986），頁2509。

〔註18〕據程元敏分析素王說的由來，在《淮南子主術》中有謂：「孔子專行教道，以
成素王。」始明以素王屬孔子；「教道」，通指六經之教，故淮南王尚未以孔
子作《春秋》爲唯一受尊的素王之文。董仲舒對武帝策曰：「孔子作《春秋》，
先正王而繫萬事，見素王之文焉。」爲始倡孔子作《春秋》，爲素王之文。（氏
撰：《春秋左氏經傳集解序疏證》，臺北：臺灣學生書局，1991，頁87、88）
其次，見《說苑・貴德》「孔子……退作《春秋》，明道王之道之示後人」；西
漢哀、平之際讖緯書，亦多言《春秋》爲孔子制素王之法。素王制法，意謂
改制舊文，作新法。公羊家更具體指出，孔子「黜周王魯」，廢黜周王，以魯
爲新王，「以《春秋》當新王」，視爲孔子改制新法之作。凡此，可知漢儒普
遍接受孔子爲素王的說法。

〔註19〕徐復觀指出，若從損益的觀點談改制，可溯自孔子。但是改制之說的提出，
不見於三傳，董仲舒是最早提出這個說法的。參氏撰：《兩漢思想史》（臺北：
臺灣學生書局，1976）卷二，頁345～350。

〔註20〕董仲舒總論孔子作《春秋》的價值：「孔子作《春秋》，先正王而繫萬事，見
素王之文焉。繇此觀之，帝王之條貫同，然而勞逸異者，所遇之時異也。」（〈董
仲舒傳〉第26，《新校本漢書》卷56，頁2509。）董仲舒爲《公羊》學代表，
東漢《左傳》學者賈逵、桓譚皆推其說，如《春秋正義・春秋序》引賈逵說：
「孔子覽史記，就是非之說，立素王之法。」是古文家亦同意素王說之證，
益知董氏的《春秋》觀，爲漢代通說。

次，同篇又載孔子歎曰：「鳳鳥不至，河不出圖，吾已矣夫！」感傷時王之政，又曰：「文王既沒，文不在茲乎！」文，指禮樂制度；杜預認爲，孔子制作《春秋》，乃出於感傷時政，欲繼文王之文。周平王爲東周之始王，魯隱公爲讓國之賢君，《春秋》之所以自魯隱公開始記述，是因爲平王和隱公皆周公祚胤，皆處時代交接、治亂更迭的臨界點上，若平王可紹開中興，隱公可弘宣祖業，光啓王室，那麼西周文、武之跡則可立於不墜，因而《春秋》乃附隱公以來之行事，采用周之遺法，制義於其中，垂法將來。簡言之，杜預認爲，《春秋》之制作，是孔子對東周禮崩樂壞朝政的指正，也是有待於未來的一種抒發。因此，他不僅反對素王立法之說，也反對《公羊》家「黜周王魯」的激烈說法。

比對杜預之不同於漢儒，其實來自於杜預對孔子修魯史這一說法的強調。漢儒認爲孔子修魯史成《春秋》，《春秋》所記就是孔子之法，而且據魯史作《春秋》，此一意義內涵並不單純。杜預重視《春秋》的內容錄自魯史這個層面的意義，強調對前代史觀與禮制的傳承、延續，而將漢儒以孔子作新法說，轉移到關注魯史中所具有的周制禮文對修作《春秋》的影響上，亦由此建構一套不同於漢儒的觀點來看《春秋》。他對歷史傳承的重視，《春秋》延續周代禮文的觀點，後來成爲代表《左傳》學的主要見解。〔註21〕

杜預重視歷史傳承，並不意味必須抹殺孔子修作《春秋》的貢獻與價值。杜預強調《春秋》修自魯史，故繼承魯史之書法，觀點得自於《左傳》昭公二年的傳文，謂：

> 韓宣子適魯，見「易象」與「魯春秋」，曰：「周禮盡在魯矣。吾乃今知周公之德與周之所以王。」韓子所見，蓋周之舊典禮經也。〔註22〕

杜預根據傳文這一段記事，推知《春秋》之制，有承自西周遺法者。〔註23〕

〔註21〕 廖平〈今古學考〉在說明古文經學，即以《左傳》尊奉「周禮」，尊周公爲其特點。皮錫瑞同樣認爲，杜預說出，遂分爲周公之《春秋》，孔子之《春秋》（《經學通論・春秋》）。周予同整齊表列今古文學異同，也將杜預說作爲古文經學的代表，以古文經學崇奉周公，視孔子爲史學家，將杜預對傳承周禮的強調，視爲《左傳》學重史，且貶抑孔子的表現。

〔註22〕 杜預：《左傳正義・春秋序》，《十三經注疏》本（臺北：藝文印書館，1989），頁9。

〔註23〕 《易象》指的是作於西周初之卦、爻辭，卦、爻辭多記周朝禮度，「易象」，清沈彤分讀易象，指爲魯歷代政令。程元敏認爲獨一象字，典籍中無作「政令」解者，又以象果指魯法令，則當作「見『易』與『魯象』、『春秋』」，而將「易象」解爲西周初之卦爻辭。（同註18，頁21、22）今從之。

「魯春秋」亦據周禮而記，故韓宣子見之而謂周禮盡在魯。但「周禮」指的是什麼，「舊典禮經」所指又為何？杜預認為，韓宣子所稱「周禮」，指的是禮之典制，「舊典禮經」，則是泛稱行周禮之「易象」與「魯春秋」，而非周公另有禮經典冊。〔註24〕他提到：

> 「魯春秋」，史記之策書，「春秋」遵周公之典以序事故，故曰「周禮」盡在魯矣。……「易象」、「春秋」，文王、周公之制，當此時儒道廢，諸國多闕，唯魯備。〔註25〕

事實上是將文王、周公之制視為儒學傳統的淵源。

同時，杜預說明孔子制作之意時，也指出孔子作《春秋》是承文王禮樂之制而來，因而將孔子置於禮樂文明傳統的源流之中，與文王、周公德業並舉，而謂《春秋》「非聖人孰能脩之」。綜言之，杜預認同《春秋》寓有孔子的經世之義，卻也意識到學術思想是發展而來的，而從發展的角度理解孔子的「述而不作」，將孔子與《春秋》置於歷史的大傳統中檢視，因而標舉文王、周公之道，作為歷史傳統的淵源。

因此，從學術發展的角度說，杜預其實修正、補充了漢儒在《春秋》觀上的不足，而這樣的見解，也深深的影響《左傳》學的發展。事實上，後世宗《左傳》的學者，普遍受到杜預觀點的影響，認為《春秋》修自魯史，損益三代、周代禮文遺說，自顧炎武、閻若璩、劉文淇至劉師培、章太炎皆然。

顧炎武謂：

> 「春秋」不始於隱公。晉韓宣子聘魯，觀書於太史氏，見「易象」與「魯春秋」，曰：「『周禮』盡在魯矣，吾乃知周公之德與周之所以王也。」蓋必起自伯禽之封，以洎中世，當周之盛，朝覲、會同、征伐之事皆在焉，故曰「周禮」，而成之者，古之良史也。自隱公下，世道衰微，史失其官，於是孔子懼而修之，自惠公以上之文無所改焉，所謂「述而不作」者也。自隱公以下，則孔子以已意修之，所謂「作《春秋》也」，然則自惠公以上之「春秋」，固夫子所善而從之者也，惜乎其書之不存也。〔註26〕

〔註24〕 「周公之典」不一定指的是周公有一部可作為史策書寫依據的具體典籍。詳說參本章註73。

〔註25〕 同註22。

〔註26〕 黃汝成：《日知錄集釋》卷四（上海：上海古籍出版社，2006）。頁170～180。

這段話分三部分來看。一、顧炎武認爲，孔子以前就有「春秋」，由史官記之，記載周之朝覲、會同、征伐之事，故謂「周禮」盡在魯。二、惠公以上之「春秋」，官猶有守，故孔子「述而不作」，隱公以下，官失其守，故孔子「作《春秋》」。三，孔子善惠公以上「春秋」，其「作《春秋》」乃從之。這樣的說法，其實完全接受了杜預的說法，認爲「春秋」之法承自周代。見閻若璩注：「按杜元凱〈春秋經傳集解序〉，便知《春秋》一書，其發凡以言例，皆周公之法，仲尼從而修之。」〔註27〕亦是贊同杜預說。

　　劉文淇對《春秋》經義的考察，著重以「周禮」作爲具體根據，指出：「鄭志曰：『《春秋》經所譏所善，皆於禮難明者也。其事著明，但如事書之，當按禮以正之。』所謂禮，即指『周禮』。」據《通典》引鄭玄言「以禮正事」的一段話〔註28〕，說明《春秋》需據周禮，即周代遺文者〔註29〕，其實也是杜預觀點的延伸。劉師培不僅承其先祖所言，更進一步的接受杜預說，認爲魯史本是當時一種名爲「春秋」的記史文體，稱「魯春秋」，魯史經孔子刪修，仍名爲《春秋》，而以孔子所修魯史以《春秋》名，則記事之法，必符合史官所記，以孔子記事筆法有承於魯史者。〔註30〕

　　但是清代《左傳》學者吸收杜預說的基本觀點，在重新搜取漢儒古義後，揉合漢儒素王改制思想，卻回頭攻擊杜預說。劉師培說：「六藝之儒，服習杜說，入耳著心，化性成積，以爲東魯策書，衰周之記注，致使素王之貴，下儕班、馬，素臣之賢，夷于晏陸。」〔註31〕批評杜預強調《春秋》採錄魯史，多承赴告策書之記的說法，令《春秋》、《左傳》成爲史記，泯失素王的價值

〔註27〕同前註。

〔註28〕鄭玄語：按〈禘祫注〉稱春秋魯昭公十一年夏，夫人歸氏薨。十三年五月大祥，七月而禫。是得爲妾母三年，《經》無譏文，得合下禘祫之數，若不三年，則禘祫事錯。」鄭玄答云：「《春秋經》所譏所善，皆於禮難明者也。其事著明，但如事書之，當按禮以正之。今以不譏爲是，亦寧有善之文歟？」見杜佑撰：《通典》（北京：中華書局，1988），頁2535。

〔註29〕劉文淇言引〈太宰〉「掌建邦六典」，《注》云：「典，常也，經也，法也。王謂之禮，經常所乘以制天下也，邦國官府謂之禮，法常所守，以爲法式也。」視「禮經」爲周典。（氏撰：《春秋左氏傳舊注疏證》隱七年傳「謂之禮經」條，北京：科學出版社，1959）

〔註30〕可參筆者碩士論文：《劉師培春秋左傳學之研究》，（中壢：國立中央大學中國文學研究所碩士論文，1996），頁62、63。

〔註31〕劉師培：〈春秋左氏傳古例詮微〉，《劉申叔遺書》（臺北：華世出版社，1975），頁400。

與高度，使孔子、左丘明俱淪爲史材。

　　劉師培《左傳》學，學承三世，素爲章太炎所欽服。兩人皆承乾嘉之學，具深厚的漢學根柢，於《左傳》的意見，多有會同。此一時期，章太炎也批評杜預否定孔子爲素王之見，反對杜預以素王改制爲欺天之說，曾舉《說苑・君道》云：「孔子曰：夏道不亡，商德不作；商德不亡，周德不作；周德不亡，《春秋》不作。《春秋》作，而後君子知周道亡也。」〔註32〕駁杜說，認爲孔子爲素王，名實相符，責杜預「夫子於此又何讓焉？而杜預以欺天擬之」。〔註33〕然而，章太炎卻又主張：「獨謂孔子將修《春秋》，於丘明觀書周史，歸作經傳，共相表裏。」〔註34〕強調周史在孔子修作《春秋》過程中，具相當的重要性。這樣的觀點，顯然是受到杜預觀點長期以來的影響。由上述可知，章太炎身上同時存在漢儒與杜預說的影響。

　　從另一個角度來看，乾嘉學者崇尙東漢古文經學，並不完全維護《左傳》，視之爲《春秋》最佳傳注。阮元重修鄭玄祠，紀念鄭玄和許愼的學術研究〔註35〕，創立詁經精舍，特別推崇東漢古文經學，卻斷言《公羊傳》在闡發微言大義方面要優於《左傳》。〔註36〕俞樾治《春秋》得之於宋翔鳳，雖今古兼採，卻頗右《公羊》；強調「《春秋》之學，必以《公羊》爲主」〔註37〕，以「聖人微言大義，《公羊》氏所得獨多」〔註38〕，是章太炎亦明其師「治《春秋》頗右公羊氏」。〔註39〕劉師培宗《左傳》，也倡三傳相通之論，認爲三傳同出一源。〔註40〕同樣的，章太炎宗《左傳》，自言欲分別今、古文經經說，早年在詁經精舍的課藝，卻多援用今文經說，認爲《左氏》可通於《公羊》，《春秋左傳讀》之言義亦多採《公羊》說。由此可見，對推崇東漢古文經學的學者，甚至是宗《左傳》的學者而言，並未如今文經學家那般嚴格劃分今、古文經學界域，獨尊《左傳》。

〔註32〕章太炎：《春秋左傳讀》，《章太炎全集》二，頁60。
〔註33〕同前註。
〔註34〕章太炎：〈與譚獻〉（1896），《章太炎書信集》，頁1。
〔註35〕阮元：《揅經室集》卷二（北京：中華書局，1985），頁505。
〔註36〕同前註，頁222～224。
〔註37〕俞樾：〈彭麗崧「易經解注傳義辨證」序〉，《春在堂雜文四編》（臺北：中國文獻出版社，1968）卷七，頁7。
〔註38〕俞樾：〈春秋天子之事論〉，《詁經精舍自課文》卷二，《中國歷代書院志》（南京：江蘇教育出版社，1995）。
〔註39〕章太炎：〈俞先生傳〉，《章太炎全集》四，頁211。
〔註40〕同註30，頁20～23。

因此，章太炎雖然批判今文經說，仍有意識的會通今古文經說。他概括書作《春秋左傳讀》之用意：

> 嘗揮嘖于荀、賈，徵文于遷、向，微言絕恂，迴出慮表，修舉故訓，成《左氏讀》。志在纂疏，斯爲屬草，欲使莊、孔解戈，劉、宋弢鏃，則鯫生之始愿矣。……夫經義廢興，與時張弛，睹微知著，即用觀國，故黜周王魯之誼申，則替君主民之論起。然《左氏》篇首以攝詁經，天下爲官，故具微旨，索大同于〈禮運〉，籀遜讓于〈書序〉，齊、魯二傳，同入環內，苟暢斯解，則何、鄭同室釋甲勢冰矣。〔註41〕

表明他欲透過荀子、賈誼、司馬遷及劉向，這些今、古文立場尙不明顯對立的秦漢學者之說，融通今、古文經說。說經中也還雜入章太炎欲沿用今文家「黜周王魯」說的政治期待。是以章太炎早年有「援今入古」，以《公羊》家說議論政治的作爲。〔註42〕

綜上言，章太炎雖然贊同杜預，以《春秋》之作有承於魯史周制者，卻更強調孔子改制的意義與價值，承清儒以來復漢之舊的路向，基本立場與漢儒一致。漢儒不分今、古文學，立論皆建立在孔子作《春秋》、爲素王改制的預設上。杜預反對素王改制，說經治傳必不如今文經說來得接近東漢古文經說。換言之，與其說章太炎援古入今，不如說漢代今古文對《春秋》的預設原本就是一致的，如此使得說經理論及解釋方式、經文大義，隨之有相通之處，得以相互援引。這樣的趨向使得這一時期章太炎釋經時，多批杜預，而援以今文家說。

二、肯定漢儒之書法義例說

肯定孔子行改制之法，《春秋》爲素王之法的預設，便是視《春秋》爲孔子經世義法的展現；索解《春秋》，便是在尋求孔子寓托的微言大義。於是，孔子書法成爲考求微言大義的主要途徑。漢代學者，不論是崇奉今文學，或是古文學，皆視書法義例爲主要的解經方法。此時期，章太炎步趨漢儒治經之法，肯定書法義例是解釋經義的重要途徑。

〔註41〕 章太炎：〈與譚獻〉（1986），《章太炎書信集》，頁1、2。

〔註42〕 湯志鈞指出，章太炎「以革政挽革命」的觀念，本於《齊詩》五際之說。章太炎於〈論學會大有益于黃人極宜保護〉一文中也用大一統、通三統等公羊家言。（氏撰：〈清代經今古文學傳承〉，國立中山大學清代學術研究中心編《清代學術論叢》第一輯，臺北：文津出版社，2001，頁35。）

　　然而東漢《左傳》舊說，十不存一，於是章太炎將漢代《左傳》學，由原本據東漢賈、服舊注爲主的經解注說，擴大到廣搜西漢儒者著作中相關述說，將之皆視爲未傳世之《左傳》古義。〔註43〕他自序《春秋左傳讀》之作，謂治「春秋左傳」，要在「紬微言，紬大義」，將治學重心放在綴引漢儒古義上。其因在於：

> 及劉逢祿，本《左氏》不傳《春秋》之說，謂條例皆子駿所竄入，
> 授受皆子駿所構造……。諸所駁難，散在《讀》中。……然《穀梁》
> 見攻者止於文義之閒，《左氏》乃在其書與師法之眞僞，故解釋閳閩，
> 其道非一。〔註44〕

他認爲劉逢祿論《左傳》不傳《春秋》，主要攻擊《左傳》書法義例，以爲皆劉歆所竄入，而且學者之攻《左》，亦多就眞僞問題，質疑《左傳》師法。師法，即漢儒之師說家法，因而章太炎以綴引漢儒說法的方式，駁劉氏不傳之說，爲之論難辨析。

　　章太炎又主張漢儒師說與書法義例有密切關聯，有云：

> 左氏既作《內傳》，復有《左氏微》說其義例。今雖亡逸，曾、吳、
> 鐸、虞、荀、賈、三張之言，時有可見（謂張北平、張子高、張長
> 子），皆能理董疑義，闓圍雅言。〔註45〕

認爲秦、漢有《左氏微》，爲說明左氏書法義例之書。書雖亡，其說當可從秦、漢學者的述說中，綴集徵引，以復《左傳》古義。

　　他主張《左傳》學之書法義例包括兩部分，一爲傳文論「凡」之例，爲傳文標示說明《春秋》書法者，今日仍可見於傳文。一則承自《左氏微》，漢儒師授之釋經義例者，如其所謂：

> 故《說苑》述吳氏之說「元年」，可以見《左氏》有愼始也；〈檀弓〉
> 述曾氏之說「喪禮」，可以見天子諸侯非卒哭除服也。〔註46〕

吳氏即吳起，爲《左氏》先師。隱公元年即位，傳文雖然未言及「愼始」之義，章太炎認爲就吳起說「元年」之義，可知《左傳》家說有「愼始」之義。

〔註43〕　在〈駁箴膏肓評・敍〉中，章太炎表示：「麟素以杜預《集解》多棄舊文，嘗作《左傳讀》，微引曾子申以來至于賈、服舊注。」（《章太炎全集》二），頁899。
〔註44〕　章太炎：〈春秋左傳讀・敍〉同前註，頁809。
〔註45〕　同前註，頁808。
〔註46〕　同前註。

換言之，章太炎認爲，除了《左傳》凡例之外，漢儒師說所傳的書法義例，更是《左傳》學的重要組成。因此，綴集秦漢學者書法義例之說，便成爲捍衛《左傳》眞實性，與闡發《左傳》學的主要方式。

當代與章太炎治《左》學相近的劉師培，在清代《左傳》學與其家學的脈絡下，推崇漢儒經說，基於與章太炎同樣預設，有志一同的系統綴引漢儒師注家說，推闡書法義例之說。

劉師培主張遵從漢儒的治經方式，並且指出以例治經是賈、服諸家重要治經方式。他在〈序師法〉中說道：

> 劉、賈、許、穎，銳精幽贊，以經爲作，大體概同。二鄭、彭、服亦名家，經傳相明，咸主義例。詮經之要，莫尚於斯。〔註47〕

認爲義例是最重要的詮釋經義方式。

劉師培認爲《春秋》書法透過義例標舉是非、善惡、襃貶，因此：

> 言有壇宇，文有坊表，例生于義，義炳于經。經無非例之條，傳以揭凡爲主。兩漢先師依例爲斷，是以辭無凌越，而言成文典。誦數以貫，思索以通，足以壹統類而綦文理。〔註48〕

指出傳文以揭示凡例要主，凡例來自於經文大義的條貫。蓋經文之示義有法，凡例就是顯明其法，進而解其義，是以詮釋經義必須透過義例。漢儒就是依例疏通經文文理，藉著統貫《春秋》書法，避免逾越經文文意，並尋求恰當的經義解釋。他將義例歸爲六類，視《春秋》行文文字的細微變化，爲書法所在，強調「經無非例之條」，隱含著《春秋》經文一字不苟的預設。〔註49〕此預設又根於以《春秋》爲孔子筆削的新構。這些環環相扣的觀點，構成以書法義例爲釋義途徑的意義系統。

劉師培梳理漢儒，疏通證明《左傳》有較二傳完整的義例系統，進一步揭示漢儒治經的基本立場。雖然，劉師培欲闡發之義例多未完成，僅爲一理論雛型，卻是總結了惠棟以來復漢之舊、以漢儒義例之法釋經的發展方向。

〔註47〕劉師培：《春秋左氏傳古例詮微‧序師法》，《劉申叔遺書》，頁400。
〔註48〕同前註。
〔註49〕劉師培分義例爲：一、時月日例，以月日詳略的記載爲書法所在。二，地例，以記地名或不記地名，爲書法所在。三、名例，以書人物之名、字、氏、爵，及稱號之變化，爲書法所在。四、事例，以傳有經無者，爲書法所在。五、詞例，以同詞則同旨，明其書法所在。六、禮例，經書者爲恆例，弗書爲變例。（同前註，頁393～399）尤其是劉師培所謂「詞例」，更可看到劉師培經文一字不苟，爲書法義例變化之所在。

在這個時期，章太炎對「春秋左傳」的理論預設，與劉師培相同，治經方向也與劉師培相近，皆在復漢儒之舊，肯定漢儒以書法義例為主要解經方法。

章、劉皆學承乾嘉，面臨晚清今文家質疑時，站在維護《左傳》學的立場，令二人見解相近，皆認同漢儒之素王改制與義例說，實是惠棟以來尊漢學風走向的必然發展。再者，在晚清今文經的刺激下，章、劉要面對的，不僅是《左傳》內部的衝突，還包括《公羊》學者的攻擊。因此，章、劉擴張漢儒經說的效力，致力於建構漢儒義例系統，主張《春秋》為孔子改制、新構，除抗衡杜預經說，更藉此表明《左傳》不僅有史料豐富的優勢，也具備解經之師法家說淵源，以求有力反駁《公羊》家之質疑。

然而章太炎逐漸意識到，其承漢儒之學，卻又依違於杜預學間，當中實有衝突，使其後來治經有了重大的轉變，與劉師培走向不同的治經方向。在「春秋左傳學」的理論與釋經方式上，從推崇漢儒說，到質疑漢儒說、傾向杜預說，成為章太炎重構「春秋左傳學」的契機。

第二節　從恪守漢學到轉尊杜預

一、懷疑漢儒書法義例說

繼《春秋左傳讀》，章太炎《左傳》學的主要著作，為 1902 年《春秋左傳讀敘錄》與《駁箴膏肓評》，多為反駁公羊家攻擊《左傳》真偽與經說而作。然而面對《公羊》家的質疑，章太炎除反駁《公羊》說之外，更從根本問題著手，梳理《左傳》學內部的分歧，定其主從，有意識的分別杜預說與漢儒說。章太炎尋求經說根本，層層上復，溯及秦、漢諸說，梳理《左傳》經說流脈後，他看到漢儒家法師說間的分歧，使其崇漢的態度出現重大轉變。

1903 年，章太炎致書與劉師培，論及漢儒經訓：

> 若乃《正義》之作，亮有數難，劉、許諸家，多義例而少訓故，然其例猶大體相似；仲師、子慎多訓故而少義例，其訓故又多乖異，侍中兼之，亦申己義。治經者既貴其通，亦貴其別，不容以仲師之言蔽子駿，以侍中之言蔽仲師。家有異義，不容唯阿兩可。至夫古義無徵，而新說未鑿者，無妨于疏中特下己意，乃不為家法所囿。〔註50〕

〔註50〕 章太炎：〈與劉師培〉（1903），《章太炎書信集》，頁 72、73。

指出劉歆、許淑多言義例，說例大體相似，卻與鄭玄、服虔多言訓故的釋經
方式大不相同。至於賈逵說經，兼言義例、訓故，又多申己義者。章太炎觀
察到東漢儒不同的釋經方式，主張對東漢諸說，當重新檢視，有所分別。顯
見此時，他對漢儒經說已趨保留，認爲「古義無徵，而新說未鑿」，主張應跳
脫家法，重新衡度，不當完全採信漢儒經說。

　　1906 年章太炎致劉師培的書信中，開始質疑賈、服說經之例。曾寫道：

　　來書所述《左氏》三例，第二條云：賈、服雖善說經，然于五十凡
　　例外，間有所補，或參用《公》、《穀》，不盡《左氏》家法，宜存而
　　弗論。僕懷斯疑久，始謂劉、賈諸儒，曾見《左氏》微言，或其大
　　義略同二傳，而杜征南不見，遂疑諸儒詭更師法。後復紬繹侍中所
　　奏，有云《左氏》同《公羊》者，什有七、八。乃知《左氏》初行，
　　學者不得其例，故傅會《公羊》，以就其說，亦猶釋典初興，學者多
　　以老、莊皮傳。征南生諸儒後，始專以五十凡例爲楬櫫，不復雜引
　　二傳，則後儒之勝于先師者也。〔註51〕

劉師培認爲賈、服說經不盡《左氏》家法，間有參用《公》、《穀》者，此應
置而不論。對此主張，章太炎表示贊同。再者，章氏先前認爲東漢諸儒見過
《左氏微》，故說經有與二傳同者，然而其後見賈逵自道《左氏》同於《公羊》
者十有七、八，遂悟劉歆、賈逵推重《左》學，乃比附《公羊》之說，並非
眞見過《左氏微》。

　　於是章太炎對杜預的態度，由疑轉信，認爲杜預質疑漢儒詭變師法並非
誣指，進而對杜預專以《左傳》五十凡例釋經，排除東漢諸儒援引二傳以說
經的方式，大爲稱許。

　　章太炎曾具體描述治《左傳》學，自尊漢轉而推崇杜說的轉折歷程：

　　僕治此經，近四十年，始雖知《公羊》之妄，乃于《左氏》大義，
　　猶宗劉、賈。後在日本東京，燕閒無事，仰屋以思，乃悟劉、賈諸
　　公，欲通其道，猶多附會《公羊》，心甚少之。亟尋杜氏《釋例》，
　　文直辭質，以爲六代以來，重杜氏而屏劉、賈，蓋亦有因。〔註52〕

表明他認爲漢儒《左傳》學者多引《公羊》說，乃爲達推廣之效，非學術相
通所致，又明杜預學興有其「文直辭質」的特點，因此轉而對漢儒《左傳》

<hr>

〔註51〕章太炎：〈與劉師培〉（1906），《章太炎書信集》，頁74。
〔註52〕章太炎：〈與吳承仕〉（1932），同前註，頁361。

學有所保留。當中值得注意的是，章太炎較前儒更清楚的掌握漢代經學的發展脈絡，令他得以不專信漢儒說，而爲其突破漢儒經說的關鍵。

回溯杜預〈春秋序〉，最早具體質疑漢儒書法條例的釋經效用。〔註53〕漢儒認爲《春秋》經文記述同一類的事件時，書法若有相異，即表示當中有孔子措意，而將經文書法視爲具有通則效用的寫作，也就是「例」。

例如莊二十五年經文書：「春，陳侯使女叔來聘。」記陳國大夫姓女，字叔，前來聘問。傳文：「陳女叔來，始結好也。嘉之，故不名。」指出《春秋》記此事之因，乃是陳國結好之始，爲嘉美此事，故書其字而不名。學者考春秋之世，命大夫來聘者共三十人，經不稱名者，獨此女叔一人，故聘使稱名，爲史之常例，不稱名則是嘉好之特書〔註54〕，而以經文書「叔」字爲褒。又如僖二十五年經書「正月丙什，衛侯燬滅邢」，《傳》云「衛侯燬滅邢，同姓也，故名。」衛侯之名「燬」，邢衛同姓，《春秋》罪衛侯之滅同姓，故書名以正其罪。是經書「燬」爲貶。以經文一字之變化，寓書法之深意。杜預將這樣的詮釋方式視爲所謂的「一字褒貶」說。〔註55〕

事實上，杜預並不完全反對漢儒「一字褒貶」之說，只是認爲記述有異，不代表當中必有含意，有沒有含意，必須依傳文爲斷，不可妄自臆說。換言之，經文有例與無例，當據傳以立說。

因此，杜預指出漢儒說例之誤，在於：

> 大體轉相祖述，進不成爲錯綜經文以盡其變，退不守丘明之傳，於丘
> 明之傳，有所不通，皆沒而不說，而更膚引《公羊》、《穀梁》。〔註56〕

以漢儒說例是轉相祖述而來，談不上是錯綜經文變化而來，也不是根據傳文釋經，實無可靠根據。首先質疑漢儒家說師法的可靠性。他還指出，漢儒於《左傳》有所未通，對於《左傳》的釋經無法有相應的理解時，便不說解，

〔註53〕 後世沿習以「義例」稱《春秋》書法，實際上「義例」之辭並未見於漢代，而始見於杜預的〈春秋序〉中漢代的釋經著作，有以「條例」見稱，而未見「義例」之稱。杜預在〈春秋序〉中云：「其無義例，因行事而言，則傳直言其歸趣而已，非例也。」首見「義例」之稱。說見程元敏：《春秋左氏經傳集解序疏證》，頁37～38。

〔註54〕 傅隸樸詳述此事始末指出，在莊公十九年時，魯公子結媵陳人之婦，其年冬，陳即隨宋齊來伐魯西鄙，可謂無禮於魯。此時陳侯主動使大夫來聘，補前之愆，脩舊之好，爲魯所歡迎，故嘉美此事。參氏撰：《春秋三傳比義》（北京：中國友誼出版社，1984）上冊，頁233。

〔註55〕 杜預：《左傳正義‧春秋序》，《十三經注疏》本，頁15。

〔註56〕 同前註。

又膚引《公》、《穀》二傳的釋經說例，乃爲漢儒釋經之重大缺失。

　　章太炎完全接受杜預的意見，指出：

　　　　今尋《左傳》凡例與書法，絕異於《公羊》，而言同者「十有七、八」，
　　　　蓋劉、賈諸公欲通其道，不得不以辭比傅，所作條例，遂多支離。

〔註57〕

認爲東漢諸儒欲廣通其學，故多比傅《公羊》，條例遂多支離。他肯定杜預批
判前說的貢獻，謂：

　　　　獨其謂：「《經》之條貫，必出於《傳》，《傳》之義例總歸諸凡，推
　　　　變例以正褒貶，簡二《傳》以去異端。」實非劉、賈、許、穎所逮。

〔註58〕

不僅推崇杜預去二《傳》異端之說的功勞，而且贊同杜預將去二《傳》說的
根據建立在傳文上。

　　章太炎認爲，杜預優於漢儒經說最主要特點，特別在據《傳》以說經。
如隱公十一年，隱公崩亡，經文不書「葬隱公」。賈逵主張，不書「葬」是因
爲未討殺隱公之賊，故經文不書。杜預則認爲因桓公弑隱篡位，所以喪禮不
成，喪禮不成，所以不書「葬」。傳文言不書「葬」，乃因「不成喪」，又述其
不成葬之因。概言之，賈逵認爲經文不書，是孔子有所措意者；杜預則據「不
成喪」之史實以成說。由此可知，杜預是專據傳文解釋傳文、經文書法。賈、
服則不全透過解釋《傳》文來闡釋經義。這樣的方式，日後成爲章太炎治《左
傳》的根本原則。

　　然而，杜預雖然指出漢儒釋例未據傳文之失，自己釋經時，卻未能避免
犯同樣缺失。如《春秋》外殺大夫，三傳與漢儒多置不論。惟杜預謂書名者
皆罪，深文鍛鍊。章太炎指出，《左傳》於外殺大夫，未嘗發凡言例，因此褒
貶本無成格，認爲死者書名爲常法，「何足以示罪哉？」若其有罪有責，《傳》
當明徵其事，事有不悉，則特爲申義，以明進退，不在其書之異同。顯然，
杜預也有超出傳文的釋例，爲章太炎所抨擊。〔註59〕

　　杜預雖有過，但因據《傳》立說爲其釋經根本立場，使其釋經有著一致
的根據，章太炎認爲漢儒說例未能據《傳》立說，更妄引二《傳》，過則更在

〔註57〕章太炎：《春秋左傳疑義答問》，《章太炎全集》六，頁258。
〔註58〕同前註。
〔註59〕同前註，頁286、287。

杜預之上。其謂：

> 《春秋》言《公羊》者不足道，清世說《左氏》必以賈、服爲極。
> 賈、服於《傳》義誠審，及賈氏治《春秋經》，例本劉子駿，既爲《杜
> 氏釋例》所破，質之丘明傳例，賈氏之不合者亦多矣。……杜氏所
> 得蓋什、七，而賈氏才一、二耳。〔註60〕

不僅批判漢儒之釋例，也表示不滿意清儒之本漢儒說以釋經，而認爲釋經當
多從杜預說。自此，章太炎專據《左傳》傳文釋經，跳出漢儒及清儒的師法
框架，排拒《公》、《穀》二傳經說，復檢視杜預說。〔註61〕

　　相較於劉師培持續肯定漢儒經說，章太炎中期著重在反省漢儒與清儒所
重的師法家說。在條辨縷析中，透過掌握《左傳》學在漢代發展的軌跡，他
認爲東漢《左傳》學之重書法義例，有取於今文家說者，乃出於推闡其學之
必要。由此，章太炎得以以不同的眼光重新審視杜預學的貢獻，認同杜預以
「據傳釋經」爲基本原則，並據以批判漢儒書法義例說。當章太炎質疑漢儒
與杜預的經解及解經方式時，重新檢視杜預和漢儒的《春秋》學理論，成爲
章太炎必須處理、抉擇的議題。

二、反對漢儒之素王改制說

　　章太炎很早就發現漢儒解經的重大缺失，卻遲遲無法突破漢儒《左傳》
學的解釋框架，其關鍵就在無法跳脫漢儒《春秋》學的預設。事實上，一旦
接受了漢儒以孔子爲素王，《春秋》爲素王之法，便不得不以尋求孔子旨意作
爲釋經目標，所操作的解經方法與釋義內容，便都趨向這個預設，形成一套
環環相扣的解釋體系。因此，章太炎雖然強烈的質疑漢儒的解經，卻始終受
制於漢儒素王改制所形成的解釋系統，直到中晚年，才有重大轉變。

　　在 1906 年與劉師培的信中，章太炎雖然表示不滿漢儒說經，但仍未能認
同杜預詮釋《春秋》的基本觀點。其云：

> 然以是爲周公舊典，抑又失其義趣。其問固有史官成法，如赴告諸

〔註60〕章太炎：〈漢學論〉下（1935），《章太炎全集》五，頁22。
〔註61〕章太炎不專信漢說，亦不專信杜預說，指出杜預說例之二大缺失。首先，爲
　　　　杜預審傳未諦，而誤歸書法義例者，如《傳》不言凡而亦凡之類，如《傳》
　　　　僖二十九年記「在禮，卿不會公侯，會伯子男可也」。其次，杜預爲正賈、服
　　　　之失，反取《公》、《穀》二傳，矯之過甚者。如《公羊》賢紀季，賈遠謂其
　　　　背兄歸讎，書以譏之，杜預反取《公羊》正之。（《春秋左傳疑義答問》，頁258）

> 例，是也。自茲而外，大抵素王新意，賓禮有會盟，而無宗覲，官
> 職汰孤卿，而存大夫，其非周、魯舊史，固已明白。〔註62〕

表明雖然接受《春秋》有魯史舊法之遺的觀點，卻仍堅持《春秋》乃超越魯
史之舊，寓有素王新意，批評杜預以《春秋》爲周公舊典的觀點。換言之，
章太炎雖不滿漢儒經說，卻也不能接受杜預的《春秋》理論，使得章太炎的
釋經，產生既批漢儒、《公》《穀》二傳，又引漢儒、二傳經說，既贊同杜預
釋例，又不滿其《春秋》觀的諸多混亂。直到41歲，章太炎著《劉子政左氏
說》時，仍持素王改制說，兼採今、古文說〔註63〕，無法解決見解上的紛亂
與衝突。

直至晚年，章太炎自省治「春秋左傳」的歷程，坦言前中期的觀點之滯
礙。云：

> 《春秋左傳讀》，乃僕少作。其時滯于漢學之見，堅守劉、賈、許、
> 穎舊義，以與杜氏立異。晚乃知其非。近作《春秋左傳疑義答問》，
> 惟及經傳可疑之說，其餘盡汰焉，先漢賈太傅、太史公所述《左氏》
> 古文舊說，間一及之，其《劉子政左氏說》先已刻行，亦牽摭《公
> 羊》於心，未盡於慊也。〔註64〕

自言中年所作《劉子政左氏說》，猶牽摭《公羊》說。在《春秋左傳疑義答問》
中亦曾說明「昔撰《劉子政左氏說》，猶從賈素王立法義，今悉不取」〔註65〕，
有意識的對先前贊同素王改制說的立論，一概捨棄。

自此，章太炎明確表示反對素王改制說，標幟著他脫離清代與漢代的基
本立場，得以不同的視野展開「春秋左傳學」。

其實在章太炎47歲所作《春秋故言》中，可見其說法轉變之端倪。文章
提到「《春秋》，往昔先王舊記也。」〔註66〕解釋孟子「其義則丘竊之矣」句
時，章太炎謂：

> 義者，《春秋》凡例，掌在史官，而仲尼以退吏私受其法，似若盜取，

〔註62〕 章太炎：〈與劉師培〉（1906），《章太炎書信集》，頁74。
〔註63〕 章太炎指出〈五行志〉中，董仲舒與劉向、劉歆，釋隱五年經「春，公矢魚
　　　　于棠」條，有共通之義，是三傳有相通者，應是劉向學於董生，劉歆學於其
　　　　父。氏撰：《劉子政左氏說》，《章氏叢書》（臺北：世界書局，1982），頁34。
〔註64〕 章太炎：〈與徐哲東〉（1936），《章太炎書信集》，頁920。
〔註65〕 章太炎：《春秋左傳疑義答問》，《章太炎全集》六，頁259。
〔註66〕 章太炎：《春秋故言》，《章太炎全集》三，頁407。

又亦疑于侵官。此其言「罪」言「竊」所由也。〔註67〕

將《春秋》視爲舊史，最特別的是將「義」解爲掌於史官的凡例筆法，以孔子罪在私受其法，竊之以作《春秋》。未言孔子改制，完全從史書的角度理解《春秋》。

章太炎此時釋孟子語的角度，與俞樾信從孔子改制說，有很大的不同。俞樾認爲孔子作《春秋》之說，當從孟子言。其謂：

> 何謂「義」？即素王之法也，若但執其文、其事以觀《春秋》而曰
> 「直書其事而義自見」，則後世良史優爲之？何足以爲聖人之經哉！
> 〔註68〕

認爲「義」乃素王之法，也就是孔子之意，是《春秋》之所以爲聖人之經的價值根源。「直書其事而義自見」，就是杜預所謂「直書其事，具文見意」，指經文承史官書法，經義也是透過史官書法而見「義」。俞樾認爲杜預之說，造成《春秋》之「義」下屬史官，也使得《春秋》價值下儕後世史書時，那麼聖人之義何見？《春秋》即失去之所以爲經的價值根源與思想高度。俞樾所論，實爲漢儒《春秋》學框架下的理路，爲歷來贊同素王改制說、反對杜預說的一貫思考。由此看來，章太炎此時的立場，相對其師，其實更貼近杜預的立場，故自謂「晚歲爲《春秋疑義答問》，頗右杜氏，而經義始條達矣。」
〔註69〕

事實上，章太炎不僅反對素王改制說，更徹底將素王改制對解經方法的影響，一併廓除。他反省素王改制說，指出：

> 自屬王流，天子失官，宣王中興，必多損益，其後桓、文迭伯，事
> 與古殊。《傳》所稱「禮」，自是時王新令爾。〔註70〕

認爲《左傳》之述禮，出於損益前代之時王新令。此番見解實與杜預說同出一轍。接著又指出「然素王改制，彼《傳》無明文，特仲舒輩傅會成之。」就傳文未見素王改制說，主張改制說當爲董仲舒及今文家增益。

章太炎認爲隱在改制說背後，實際上是《春秋》、《左傳》隨時損益之文，而非孔子特意改述。如論損益時令之況，《左傳》稱「凡祀，啓蟄而郊，龍見

〔註67〕同前註，頁408、409。
〔註68〕俞樾：〈春秋天子之事論〉，《詁經精舍自課文》卷二，《中國歷代書院志》，頁36。
〔註69〕章太炎：〈漢學論〉下（1935），《章太炎全集》五，頁23。
〔註70〕同註65，下引同，頁265。

而雩，始殺而嘗，閉蟄而烝，過則書」，然據〈大宗伯〉，祠、礿、嘗、烝爲
四時享，〈小雅〉亦云「礿、祠、烝、嘗」。經傳皆無祠、礿，疑爲素王新制。
章太炎援引〈楚語〉觀射父論祀牲，有烝嘗，無祠礿。《說文》謂祠「品物少，
多文辭也」，「仲春之月，祠不用犧牲」。《易》言「東鄰殺牛不如西鄰之礿祭」，
可見礿無祭牲。他認爲，春、夏萬寶未成，其禮爲殺，故史官舊例不書祠礿，
不可視之爲「素王新制」。又指出，關於侯國郊祀，獨魯有之，乃周太史獨頒
於魯，不通他國者，此即魯惠公請郊廟之禮，周天子使史角往之事。〔註71〕
通過考禮，明其禮意，章太炎以《春秋》、《左傳》之記禮，與其他典籍有異
之因，乃出於禮之損益，或是基於魯特殊國情，皆不從孔子改制新法的角度
釋經。

然而漢儒普遍接受素王改制說，東漢賈、服的《左傳》學也不例外，因
此漢儒解釋書法義例，形成一套以素王改制說爲中心的詮釋系統。章太炎既
反對素王改制說，也駁斥以此觀點所形成的經義解釋。如《春秋》經於諸侯
之始，皆書「元年」。漢儒特別重視《春秋》在君王即位之初，書「元年春王
正月」的意義。何休以其有五始之義，以元爲天地之始；春是四時之始；王
指文王，乃周受命之始；正月表政教之始；公即位表示一國之始。劉歆亦謂
「元者，善之長」，「於春三月，每月書王，元之三統也」。章太炎卻指出，書
「元年」，如《尚書》。《商書·伊訓》有「太甲元年」，固有以元年建首者，不
特《春秋》獨有，而以「元年」爲人君嗣服之常稱，無義可說，認爲何、劉
二家皆傅會之說。〔註72〕

其次，章太炎反對孔子改制之說，轉而贊同杜預的遺文說，以魯史舊文
爲《春秋》主要內容，隨之也接受了杜預以史的角度詮釋《春秋》的方式。
然而，杜預雖然不認同素王改制說，但是在漢代經學尊孔的影響下，乃不可
避免的常以「孔子新意」來解釋經義。他一方面強調《春秋》修自魯史，故
繼承有魯史之書法。所謂繼承魯史書法，不僅包括直接沿習魯史而來的凡例，
而且認爲魯史載事還具有凡例之外的書法，書法規則乃來自於「舊典禮經」，
爲「周公之遺制」、「周公之志」。〔註73〕一方面提出不書、不稱之類的變例，

〔註71〕同前註，頁 265、266。
〔註72〕同前註，頁 267、268。
〔註73〕這樣的觀點，杜預自述，是得自於《左傳》昭公二年的傳文，其「周禮」指
　　　　的是什麼，「舊典禮經」所指又爲何，如何與周公關聯起來？杜預在傳注中提
　　　　到：「『魯春秋』，史記之策書，『春秋』遵周公之典以序事故，故曰：『周禮盡

以爲是對照魯史書法而來孔子新意。﹝註74﹞換言之，杜預仍無法擺脫孔子以書法義例顯示大義的觀念，因此以孔子新意做爲解釋義例書法的基本立場。章太炎晚年，不僅不從素王改制之說，也反對杜預的孔子新意說，認爲「《春秋》除從赴諱惡外，皆存實錄，雖如璧假許田，亦必實有璧焉。即位，在國爲大禮，苟有其事，無容刊削。」﹝註75﹞完全將《春秋》歸爲魯史之舊，皆爲實錄，認爲果有其事者，不容孔子刊削。他完全捨去孔子創新書法與大義之功的立場，較杜預更徹底地，從史的立場詮釋《春秋》學。

　　總上所述，晚清《春秋》學之爭議，包含二個層面。就三傳而言，爲今、古文經之爭議；就《左傳》學而言，爲漢儒說與杜預說的抉擇。這兩個議題的交錯影響下，使得中歲以前的章太炎，和劉師培一樣，不僅深受乾嘉學風回歸漢儒經說的影響，更面臨今文家說威脅，而欲強調孔子制作新法的意涵，將解讀孔子的微言大義，視爲解經的主要目的。因此，他們特別關注漢儒家法義例之說，以期得到杜預著重歷史述事之外的聖人義理。劉師培堅持守漢宗經的路向，章太炎卻歷經轉折，突破前說。

　　在魯矣。』……『易象』、『春秋』，文王、周公之制，當此時儒道廢，諸國多闕。」所謂「周公之典」不一定指的是周公有具體的典籍，作爲史策書寫之依據。參以下文，杜預謂「文王周公之制」，是將「典」視爲「制」，視「魯春秋」記事是依據周公典制，並非周公典籍。換言之，韓宣子所稱「周禮」，指的應是禮之典制，「舊典禮經」，則是泛稱行周禮之「易象」與「魯春秋」，而非周公另有禮經典冊。

　　但是孔穎達《疏》引申杜說，認爲制禮作樂既爲周公所爲，則策書禮經亦周公所制，將禮經策書視爲周公所實作，並稱五十凡爲周公所制。這樣的說法引發後世極大的討論，直把孔《疏》意見，當作杜預視《春秋》有周公遺法與孔子制法。進而認爲杜預把魯史當作周公制法之遺，《春秋》既修史而成，故推《春秋》爲周公制法，是貶孔而尊周，將孔子置於述史之流。然而我們從杜預接下來敘說「當此時儒道廢，諸國多闕」之文可知，杜預是將文王、周公之制視爲儒學傳統的淵源。同時他在說明孔子制作之意時，也指出孔子作《春秋》是承文王禮樂之制而來。所以認爲杜預有尊周貶孔之嫌者，其實是未解杜預將孔子置於禮樂文明傳統的源流之中，而與文王周公德業並舉。杜預謂《春秋》「非聖人孰能脩之」，實非虛說。

﹝註74﹞杜預認爲，傳文釋經，諸「稱書、不書、先書、故書、不言、不稱、書曰之類」，都是《春秋》變例。這些是史策載事有所隱曲，不符合孔子作意，孔子改變史策的書寫方式而形成的經文，而成《春秋》新意。由於未承舊史之遺者，所以傳文不以凡稱之，而以這些方式曲暢經文意旨。這部分經文，必須透過傳文的解釋，才得以掌握孔子書法之不同舊史，進一步知經旨所在。

﹝註75﹞章太炎：《春秋左氏疑義答問》，頁283。第24、26條，皆述及此意。

　　章太炎反省久爲漢儒解經系統所籠罩的「春秋左傳學」，檢視漢儒與杜預解經方法與內容上的誤失，並審視漢儒與杜預的《春秋》學理論，一反清儒排杜的立場，接受杜預的觀點，去除漢儒素王改制說的制約，也進一步的反省「孔子改制」說這個命題的眞實性與實質內涵。從學術發展的角度，層層剝除、廓清，由漢儒、今文學、古文學、杜預，以及清儒，踵增意見而形成的「素王改制」說及解經方式，而將杜預學還杜預，漢儒說還漢儒，今文學還今文家，清儒學之還清儒。自此，章太炎脫離《左傳》學內部的衝突與糾葛，開出異於傳統《左傳》學的另一路向。

第三節　上復先秦「春秋左傳」經傳體系

　　青中年時的章太炎，倡議史學，推《春秋》爲中國史學之祖，晚年則從崇史回到清代漢學的主軸，推崇經學。經過這層轉折，令章太炎得以以學術發展的眼光，處理春秋《左傳》學繁複的詮釋統緒，包括漢代高度的崇孔尊經、杜預經史觀，以及清學宗漢意識，走出前儒「春秋左傳學」的影響。

　　從早年《春秋左傳讀》，到中年《劉子政左氏說》的論述中，章太炎即有意識的整理秦、漢儒者的《左傳》相關引述，一方面作爲《左傳》流傳於先秦的證明，一方面視秦漢儒者說，爲未染今古文之別時的純正《左氏》說，經追溯上復，其成果在晚年呈現。

　　這一時期，他根據先秦前漢文獻，上溯先秦《春秋》學，開展「春秋左傳學」在先秦的原始建構與學術意義。章太炎揚棄前說，不僅走出傳統《左傳》學，更嘗試建構以歷史爲導向的《春秋》經史學，經過不斷的重省與反思，將三十年精力所注的《左傳》學見解，鎔鑄在晚年最後這部專書著作，終成《春秋左氏疑義答問》（後逕稱《答問》）一書。

　　在《答問》的論述中，章太炎以歷史的眼光重省《春秋》經傳的構成，令他得以擺脫傳統經學的框限。章太炎在 1935 年國學講習會，講論《春秋》，亦根據這樣的看法，補述《答問》中的相關論點，收在《國學略說》中。他在《答問》與《國學略說》中講論的「春秋左傳學」，基本觀點在於：經傳皆採錄舊史，《春秋》爲魯史之遺，《左傳》爲孔子與左丘明共修之記；經傳爲二人同作俱修，《春秋》、《左傳》並爲一體，共同構成意義系統。以此觀點爲基礎，所建構的「春秋左傳學」論述，爲章太炎晚年定論。以下試述其義。

一、論《春秋》與《左傳》之成書

　　《春秋》、《左傳》如何成書？涉及作者、作意、內容體例及經傳關係，歷來說多從《公羊》家。然而《公羊》家說前無所據，猶多有疑義。〔註 76〕最早記錄《春秋》成書，在《公羊傳》哀公十四年春，《經》云「西狩獲麟」之傳注。何休據《傳》說，以「獲麟」乃孔子受命之瑞，認為是孔子樂見堯、舜之隆，有聖漢繼其末，故制《春秋》以為漢立法。劉歆、許慎、賈逵也皆曾立言，論「麟」或是「獲麟」的意義，贊同《公羊》說。即使是杜預，也遵從《公羊》，以《春秋》為感麟而作。長久以來，《左傳》學者無法提出不同於《公羊》學的論述，作為《左傳》學的理論基礎。

　　直到章太炎反對漢儒素王改制說、杜預孔子作新意說，不同意具有濃厚讖諱色彩的受命說，一改前儒對《春秋》的基本理解。他從歷史發展的角度，說明經傳之成書，重構《春秋》經傳的成書歷程，作為回應相關議題信而可徵的論據。以下分（一）「春秋」體的形成與性質，（二）孔子成《春秋》，（三）孔子與左丘明同作俱修《經》、《傳》，三方面說明其主張。

（一）「春秋」體的形成

　　章太炎認為孔子《春秋》的形成，有其沿革、統緒。主張在孔子以前，「春秋」有三：「周春秋」，「百國春秋」，以及「魯春秋」，三者俱為後來孔子《春秋》和《左傳》的文獻根據。他透過追溯「春秋」之統，詳述從周末「春秋」發展到孔子《春秋》，體裁出現與沿革的歷程，掌握「春秋」記史體裁的特殊內容和性質，以明孔子《春秋》之統。

　　首先，他主張「春秋」的體例淵源起於周代。見《周官》五史，未見紀年之書，所謂「歲會、月要、日成」，也只用以考群史，不及邦國。當時所謂外史「掌四方之志」，〈楚語〉所述，「故志」與「春秋」當為異類，故外史所掌非「春秋」。因此，成周當未有「春秋」之名。〔註 77〕他指出，今人理所當然的以為，古聖制禮作樂，必有紀年之理，然而從文獻記載可以觀察到，不但周公未知紀年之法，孔子更未有本紀、世家、列傳的觀點。他認為周秦以前的典籍不少，紀年各不同，曆又無可推，是周以前，當未有「春秋」類的

〔註 76〕參傅隸樸說，《春秋三傳比義》，頁 573～577。

〔註 77〕章太炎並指出〈藝文志〉云「太古以年紀二篇」，晉發汲冢亦有其書。他認為是周末所造，成周未有。《春秋左氏疑義答問》卷一，《章太炎全集》六，頁248。

編年體裁。

　　章太炎認爲「春秋」乃是周末新出的史書體裁，如《逸周書・柔武》稱「維王元祀」，〈大開武〉稱「維王一祀」，〈小開武〉稱「維王二祀」，〈寶典〉、〈酆謀〉皆稱「維王三祀」，可知兩元雜紀，記載紊亂。他表示：

　　　　「春秋」備紀年時月日，《尚書》往往有年有月有日而無時（惟「秋
　　　　大獲」一句紀時，其餘不見），其紀年月日，又無定例。如〈書序〉
　　　　「惟十有一年，武王伐殷」此所謂「十有一年」者，以文王受命起
　　　　數，非武王之紀元也。紀年之法，苟且如此，即爲未有《春秋》編
　　　　年之法之故。〔註78〕

《尚書》以上未有編年體例的出現，即使有記載年月日，也非完整而有意識的編纂編年體例。因此，《春秋》以元年建首，弟次排比紀年，以年繫事，是前所未有的新體裁。今所見周代的詳實紀年，爲〈十二諸侯年表〉，始於共和元年，諸侯卒與即位均書年，可見「春秋」編年之法在此時發明。「春秋」體的出現，當在共和之後，爲宣王即位，補記共和國時事，而有之。〔註79〕

　　章太炎又證以墨子歷舉周之「春秋」、燕之「春秋」、宋之「春秋」，齊之「春秋」，始於杜伯射宣王事，以「春秋」的出現當始於宣王，書作者爲宣王之史官，尹氏、辛氏、史籀之倫。〔註80〕又，《孟子》有謂「《詩》亡，然後《春秋》作」，《詩》亡，爲屬王之時，〈小雅〉盡廢，四夷交侵，中國式微。因此，「春秋」之出，當在宣王之時，政治出現亂象之際。〔註81〕

　　章太炎認爲，周末政亂，維繫政治秩序的倫理綱常被嚴重破壞，原先根

〔註78〕同前註。
〔註79〕同前註。章太炎認爲，所謂共和元年，乃因爲屬王出奔，宣王未立，故「春秋」書共和元年。但是他又表示，晉之《乘》、楚之《檮杌》，魯之《春秋》，皆在孔子之前。以《周官》「外史，掌四方之志」，據鄭玄注，即晉、楚、魯之史書，認爲周外史掌有「魯春秋」。顯然立說乃有游移，有所出入。（《國學略說》，頁134）
〔註80〕章太炎不僅據文獻立論，而且認爲宣王爲中興令主，不但武功昭著，改古文爲籀文，易紀事以編年，皆發明絕大者，不僅爲周代政治之重大轉折，爲建立不少新制度。同前註。
〔註81〕「春秋」不始於隱公，顧炎武亦有說。其謂：「『春秋』不始於隱公。晉韓宣子聘魯，觀書於太史氏，見『易象』與『魯春秋』，曰：『周禮盡在魯矣，吾乃今知周公之德與周之所以王也。』蓋必起自伯禽之封，以泊於中世。」（〈魯之春秋〉，《日知錄集釋》卷四，頁179）以爲「春秋」之作，不僅淵源甚早，且亦沿承自周。

據周代禮文寫就的記載方式,不足以載其亂,明其正,而使得述史方式有重大轉折,出現的記史體裁。新體裁的出現,意謂著歷史內容有不同於前的劇烈變化,記史的筆法不同於前,方能隨時應事,而形成新的書法體例,是以「春秋」記述的內容與筆法,有其不同於成周的特殊之處。章太炎引證《管子‧法法》云:「故『春秋』之記,臣有弒其君,子有弒其父者。」認為「春秋」記「弒君,君之過」的筆法,大不同於成周時的九伐之法,放弒其君則殘之者。〔註 82〕可見「春秋」記載的筆法與內容結合密切,出於政治的劇烈變化,形成不同於成周時的史書筆法。

其次,章太炎指出,列國有「春秋」,如墨子所謂「百國春秋」,不但典制有不同,出現的時間也不一樣。他說:

> 周室雖有「春秋」,布其法式,侯國殊絕,不能同時蒐錄。〈十二諸
> 侯年表〉所載,平王以上,列國之事甚稀,惟即位及卒為具,以周
> 有錫命、會葬之典,故得其詳。〔註83〕

章太炎指出,一、周王朝之「春秋」,有其法式,但周王朝與諸侯國,位階不同,取法不能相同。二、見〈十二諸侯年表〉載平王以上,因周有錫命、會葬的典制,故即位及卒皆詳具,他事甚少。可知,平王以上,列國「春秋」與周「春秋」法式不同,記錄也不完全。

章太炎考〈晉世家〉,記穆侯四年取齊女姜氏為夫人,當周宣王二十年,認為晉於是始有「春秋」。其餘各國,則皆在宣王之後,如〈秦本紀〉云:文公「十三年,初有史以紀事」。〈六國表〉亦稱《秦紀》「不載日月」,章太炎認為此乃秦猶未備「春秋」之體,故《春秋》載秦伯卒,鮮有書月日者。因此,列國「春秋」,記載之始時,多有不同。

章太炎究明各國始有「春秋」之時不同之因,認為「春秋」體裁,雖始於宣王,但列國因地理遠近,受周室之化有時程上的不同,使得列國以「春秋」體載史,也有先後的差別。其以晉居河東,與王畿夾河而治,受法最先,故晉之有「春秋」,為列國最先。鄭處本畿內,武公始與平王東徙,為周卿士,故受法即在有國之初。秦襄公自平王時始列諸侯,後十八年而有「春秋」,於始封亦近。宋開國雖先於秦、鄭,卻遠於西都,故後晉幾六十年,始作「春

〔註82〕章太炎釋論九伐之法,見《春秋左氏疑義答問》,《章太炎全集》六,頁 274
　　　　～275。
〔註83〕同前註。頁 248。

秋」。齊、魯封地之遠，甚於諸國，故其「春秋」始於平王之末。

而「魯春秋」的出現，當始於隱公，時值平王四十九年，上去共和元年歷 119 年。「魯春秋」之所以始於隱公，漢儒罕言其故，杜預則以平王乃東周之始王，隱公爲讓國賢君，故托始於此。章太炎據《呂氏・當染》：「魯惠公使宰讓請郊廟之禮于天子，桓王（當作平王）使史角往，惠公止之。其後在于魯，墨子學焉」所載，認爲魯惠公時法守浸失，故有請郊廟之禮於天子之舉，平王請史官史角往魯。史角傳周之法式於魯，墨子之學，即出於史角。是「魯春秋」當自史角始，始於隱公。〔註84〕

章太炎從「春秋」紀年體裁之興，列國先後出現「春秋」及記述詳略之因，又據秦漢文獻記述，具體省察「春秋」體裁與筆法的變化，作爲解釋孔子《春秋》成書的淵源與時代背景，舉證說明孔子《春秋》之統，當源據「周春秋」、「百國春秋」與「魯春秋」。

透過對周代「春秋」體的溯源，章太炎以不同於傳統視《春秋》爲經或史的進路，掌握孔子《春秋》體例的特質。接著，根據這樣的見解，他繼續探究孔子《春秋》的內涵。

（二）孔子成《春秋》

章太炎認爲，《春秋》成書有其淵源，意涵深遠，絕非「端門受命」讖緯之說所能概括。

從史實來看，《論語》記載著，公山不狃帥費人襲魯，孔子命申句須、樂頎下伐之，即表示惡季氏之深；而「佛肸以中牟叛」，「召，子欲往」，表示惡趙氏之深也；當獲麟之歲，又有陳恆弒君，孔子沐浴請討，即惡陳氏之深也。這三事的後續發展皆見於丘明之《傳》：續獲麟，以見陳恆有齊；終哀公之世，以見三桓之出君；附悼事，以見趙氏之分晉。章太炎指出《傳》載此三事乃所以終《春秋》者〔註85〕，而認爲《春秋》絕非因爲感麟而作，主張與其惑於感麟之說，不如信從孔子「鳳鳥不至，河不出圖，吾已矣夫！」之歎，以《春秋》實爲孔子「蓋就時人所信，誓以決絕之言」而作。根據這樣的動機，章太炎視孔子之《春秋》乃是參周史、百國「春秋」，據「魯春秋」以成。〔註86〕

〔註84〕見《答問》頁 248，以及《國學略說》（《章太炎國學講義》，頁 136）。
〔註85〕見章太炎評議「譏世卿」說，《答問》，頁 302。
〔註86〕同前註，頁 248～253。

　　當孔子之世，四夷交侵，諸夏失統，有左衽之禍。章太炎認爲，孔子作《春秋》有二個目的，一則立國不可無史，孔子欲藉史書，保存國性。特別是《尚書》紀事，略無年月，多有闕遺，僅爲片斷史料。當《春秋》始有編年之法，史法爲之一變。從這個角度來看，《孟子》謂因世衰道微邪說暴行，孔子懼而作《春秋》，《公羊傳》曰孔子作《春秋》爲「撥世亂，反諸正」，都忽略了《春秋》之爲史在文化上的重大價值。〔註87〕二則，當時「王綱絕紐，亂政亟行」，是以孔子透過《春秋》，明其行事，正其治亂。因此，章太炎指出，孔子之作《春秋》需考慮到：

　　必繩以宗周之法，則比屋可誅；欲就時俗之論，則彝倫攸斁；其稟
　　時王之新命，采桓、文之伯制，同列國之貫利，見行事之善敗，明
　　禍福之徵兆，然後可施於亂世，關及盛衰。〔註88〕

《春秋》若以據成周之法爲綱紀，因著政局的劇烈變化，反而過於嚴厲，人皆可誅，有其現實上的不相應。若就時俗之論，又無法明敍倫常。因此，他認爲孔子乃就時王新命，即當時周平王之王制，采齊桓、晉文之伯制，同列國之利害衝折，令《春秋》之作，切於時事實行，以見時人行事之善敗，禍福之先兆。以孔子修「魯春秋」以成《春秋》，不僅在保存國性，更是透過《春秋》編年記實體裁，就褒周室、尊方伯、攘夷狄、及諸朝會遣使等行事，對當時的政治提出具體意見。

　　章太炎主張，孔子爲呈顯時王之法、諸侯之制、列國之貫利，因而將「魯春秋」未加刪修，逕作《春秋》。他舉《左傳正義》引述南朝陳沈文阿言：「孔子將修《春秋》，與左丘明乘，如周，觀書於周史。」指出孔子曾觀書於周史，當據周史以修《春秋》，而且認爲，孔子觀周史，不代表孔子據周史修《春秋》。原因在於，孔子就魯國之史修《春秋》，不能包舉列國之「春秋」，而列國紀載皆須上呈周室，因此惟周之「春秋」備具列國大事，若孔子欲包舉列國之史，則「非修周之『春秋』不爲功」。然而周之「春秋」，孔子欲修而不可得，而魯爲孔子父母之邦，依其身分，故僅得修魯之「春秋」。〔註89〕

　　然則，何以孔子不能據周史修《春秋》？章太炎指出，魯史與周史有別，

〔註87〕章太炎：《國學略說》，《章太炎國學講義》，頁136、137。
〔註88〕章太炎：《答問》，頁249～250。
〔註89〕章太炎根據《史記·六國表》立論。他還認爲，秦之燒天下《詩》、《書》，尤其諸侯史記多有刺譏，焚之尤甚。《詩》、《書》多藏人家，後世得以復見，而史記獨藏周室，故滅。（同註88，頁137。）

孔子爲魯人，又非史官，魯非周室，孔子非天王左右之史，不得取魯史而刪定之，使同王室之史也。又因孔子不在其位，不能取周史作刪訂，也不當據周史之法刪魯史。

章太炎釋曰：

> 苟取周室所藏百國記注之事以竄魯史，是以「周春秋」之實蒙「魯春秋」之名，所謂《春秋》道名分者，不其反乎？〔註90〕

若孔子取「周春秋」，修作「魯春秋」，即違反《春秋》道名分的原則。以孔子自引爲罪者當在取魯史這一層，而終不敢變魯史，或者變周史爲魯史。因此，章太炎主張《春秋》當如魯史原貌。

其次的問題是，《春秋》如魯史原貌時，孔子何須西觀周史？《春秋》若錄舊文，孔子何以正之？正世之旨又如何得見呢？

章太炎認爲，魯之「春秋」，局於一國，對列國之事，或所受赴告之文不全，或有所隱諱，一則不能得其實事，一則魯史載筆又未必能無誤，孔子爲避免隨意褒貶，必取可信之史，方足以傳後世，故不得不觀書於周史，貫穿考核，然後才得托其意旨。〔註91〕

那麼孔子意旨如何可見呢？章太炎據《史記・十二諸侯年表》，司馬遷記云：

> （孔子）故西觀周室，論史記文，興於魯而次《春秋》……魯君子左丘明，懼弟子人人異端，各安其意，失其眞，故因孔子史記具論其語，成《左氏春秋》。

指出孔子西觀周室，論史記文，而次《春秋》，左丘明則記孔子之論史記文，成《左傳》。據此，章太炎認爲，孔子觀周室所得論史記文，實俱見於左丘明之《左傳》。〔註92〕

章太炎不僅追溯《春秋》的體制源流，更透過分析孔子的作書動機，指出孔子有「不在其位，不謀其政」的困難與限制，故不能透過直接修正「魯

〔註90〕 同前註，頁262。
〔註91〕 章太炎：《國學略説》，《章太炎國學講義》，頁137。
〔註92〕 《史記》載《春秋》之成書與作意，多有出入。章太炎表示，〈孔子世家〉和〈太史公自序〉中，述《春秋》之義多採《公羊》家説，乃司馬遷學董仲舒《春秋》，不免沾染今文家。但在記孔、《左》制作之狀，〈十二諸侯年表〉立説異於他篇。他認爲原因在於西漢當尚未分別今古文學，太史公所言，實爲當時學者看待《左傳》的方式。

春秋」表達對時局的意見。據此，章太炎斷論《春秋》據魯史舊文以成，孔子未加刪述，乃是將修魯史、觀周史的心得，透過《左傳》表達。相對而言，《左傳》立論根據，實來自孔子，是以經傳關係至爲密切。至此，章太炎論證《左傳》與《春秋》密切相關，且爲呈現孔子意旨之重要根據的根本原因。此實爲千古未發之論，然而單從《春秋》的著述論證兩者的關係，仍不足以服人，章太炎必須提出經傳共顯意旨的其他證據。

（三）孔子與丘明同作俱修《經》、《傳》

　　章太炎主張，《春秋》、《左傳》須一體視之，欲索孔子作《春秋》之意，必見諸《左傳》。他分析指出，當時孔子所教，先以《詩》、《書》，成以《禮》、《樂》，未及《春秋》，其七十後學於百國史記，素非嫻習，孔子必不猝然傳其意旨，不僅如此據《別錄》、《七略》所言，左丘明爲魯太史，其身份得以見百國寶書。又據《嚴氏春秋》引〈觀周篇〉，指稱「孔子將修《春秋》，與左丘明乘，如周，觀書於周史，歸而修《春秋》之經，丘明爲之《傳》，共爲表裏」。桓譚《新論》亦稱「《左氏傳》於《經》，猶經之表裏。《經》而無傳，使聖人閉門思之十年，不能知也」。皆指出左丘明作《左傳》對《春秋》的重要性。

　　章太炎認爲，孔子弟子沒有傳《春秋》的身份與條件，也沒有相關可靠的記載，指出孔子弟子傳《春秋》的記載，《春秋》既仰賴《左傳》得以知事明義，左丘明又具有與孔子共修經傳的條件與可能〔註93〕，因而推斷《左傳》當出於孔子與左氏「同修」。〔註94〕不但如此，他更從經傳形式與內容二方面說明，《春秋》與《左傳》的密切關係。

　　史書有簡繁二種形式，孔子採錄簡者作《春秋》，左丘明據繁者成《左傳》，作爲閱讀《春秋》必備的注記。此乃由於錄著「春秋」的質料，有竹書、帛書之異。章太炎指出：

> 《左氏》稱不書於策，名藏在諸侯之策，南史氏執簡以往，此大事
> 竹書者也。若一事而盡其本末，與夫小事叢碎者，自以帛書爲便。
> 而此二者，當時通謂之「春秋」。〔註95〕

若《左傳》稱「不書於策」、「諸侯之策」、南史執簡以往者，策、簡，即大事

〔註93〕章太炎謂：「夫以史事寶書，非他人所能窺視，以丘明爲魯太史，得與周史爲緣，故孔子因之而入」。引同前註，頁 254。
〔註94〕同前註，頁 252。
〔註95〕章太炎：〈與徐哲東〉（1936），《章太炎書信集》，頁 919。

書於竹書者，帛書則記小事叢碎，可盡一事之本末。〔註96〕又證之以荀子〈謝春申君書〉：

> 「春秋」戒之曰：楚王子圍聘於鄭，齊崔抒之妻美云云。二事皆見《左氏傳》，即當時帛書也。〔註97〕

認爲《左傳》摭取史文，皆據帛書本的「春秋」。也認爲墨子所引「四國春秋」亦同爲「春秋」記繁之帛書，非策書。

　　依經據簡、傳據繁，如此書寫史記的形態，章太炎認爲《左氏》傳文所謂「春秋」之稱，「微而顯，志而晦，婉而成章，盡而不污，懲惡而勸善，非聖人誰能修之？」即爲帛書之「春秋」。以《左傳》既然推崇「魯春秋」，表示「則『魯春秋』本已盡美，聖人修之，乃盡善耳，必非變更其體裁」。主張孔子《春秋》承「魯春秋」之策書，以其盡善，所以不變更「春秋」體裁，而加以繼承。他還認爲「《左氏》所續經文，當爲『魯春秋』，足明『魯春秋』非自簡約，非孔子創爲之矣」。主張《左傳》承帛書版的「魯春秋」。而由孔子卒以後的《左傳》續經，可知「魯春秋」不只有孔子《春秋》所據策書，亦具繁文之帛書。總言之，章太炎認爲孔子《春秋》所據，即簡文版竹書「春秋」，《左傳》所採錄的魯史，當爲繁文版帛書「春秋」。

　　再者，章太炎指出，從內容來看《春秋》與《左傳》的關係，有二點值得注意。其一，《嚴氏春秋》稱孔子與左丘明同觀書於周史，在於「魯春秋」之不足。蓋「魯春秋」爲諸侯國，又爲官書之體，須從各國赴告。各國赴告之文亦多諱惡之文，惟周室所藏列國之策書帛書皆備，故孔子與左丘明必參考周史，以爲記實考異。如同裴松之之注《三國志》，《左傳》當爲《春秋》之記注考異。〔註98〕其次，章太炎由理推之，如後人作史，尚不得有本紀而闕列傳，《經》、《傳》之作，豈不兼及後世作本紀與列傳之義？換言之，他認

〔註96〕章太炎認爲，杜預言小事書於簡牘，說有誤。當是牘與帛可相代，簡與策無異。（出處同前註）。早先，毛奇齡曾提出簡與策有別，認爲：「志簡而記煩。簡則書之于簡，謂之簡書。簡者，簡也，以竹爲之，但寫一行字者。」章太炎說亦同。然毛氏又謂「煩則書之于策，謂之策書。《聘禮》所云『百名書于策。謂百字以上皆書之，雖猶竹牒木版所爲，而單策爲簡，聯簡爲策。策者，冊也。』」（氏撰：《春秋毛氏傳·總論》，臺北：藝文印書館，1959）說與章太炎有異。二人論簡策之名實有所出入，然皆以古書當有簡繁二種版本。毛奇齡提出：「然而不考經文，不能讀傳，不深核簡書，則不能檢校策書之，凡釋《春秋》，必當以經文爲主，而以傳佐之。」（同前）意與章氏有同。

〔註97〕同註95。

〔註98〕同前註。

爲孔子作《春秋》，而與左氏同修《左傳》，在於以《春秋》舉其事，《左傳》詳其實，如同以《春秋》主其幹，《左傳》陳其枝葉，以明當世實事實行，動靜觀瞻。因此，《左傳》所錄，不僅有孔子史記，還包括魯國史記，以及他國史記，備全史料，成爲對照各方說法，以解釋《春秋》的重要注記。

　　《左傳》採錄的史記論文，對解《春秋》如此重要，是以章太炎甚至主張：

> 使《左氏》不因孔子史記以作傳，孔子亦自爲之矣。麟經甫就，泰
> 山其頹，是以作傳賴于《左氏》也。〔註99〕

假使沒有左丘明，孔子亦勢必自成《左傳》之作。蓋以《春秋》之作，固孔子親炙，要解釋《春秋》與其旨意，決不能捨《左傳》而行；相對的，《左傳》之作既爲解經，傳達孔子意旨，固當配經而行。

　　其二，孔子修《春秋》，必有諸多顧慮。一則正名爲孔子政治主張的基礎，因而礙於名分，孔子不能隨意刪修魯史，章太炎表示：「夫名分不可越，故仍其舊記；事狀不可誣，故以付之丘明。」〔註100〕孔子所能從事的，僅自魯史取錄《春秋》，另將實事委之《左傳》。因此，又謂：

> 嗚乎！使孔子見許於周室之史官，得修「周春秋」，則《經》與事實
> 相應，其《傳》財如箋注而（已）。以周史不許而魯史許之，是以有
> 此表裏也。〔註101〕

假設孔子修「周春秋」，則《春秋》記其實，《左傳》的重要僅如箋注。事實卻不然，孔子未修周史，修的是魯史，所記錄的是偏於一方的官方說法，益發需要《左傳》補足與彰顯官方說法的虛飾與不合理。

　　再則，就史官書史的兩難立場來看；章太炎分析，列國史官，基本上皆出於周太史陪屬，於其國不爲純臣。換言之，董狐、齊史不爲其國之純臣，而得以秉公直書「趙盾弒其君」、「崔杼弒其君」。〔註102〕然而當代列國史官不見得有董狐、齊史之品，又多有弒君代立，因以得權者，當時必自營脫罪，隱匿不赴之事。

　　當中魯國情況又更特別。如魯爲太宰周公之後，其祝宗卜史皆周公寮屬，其後多爲魯臣，文、宣間之太史克，對於他事，陳義忼慨，自云以死奮筆，

〔註99〕同前註。
〔註100〕章太炎：《答問》，頁262。
〔註101〕同前註。
〔註102〕同前註，頁259。

然對於文公薨後，宣公弒其太子「惡」得以立這件事，太史克亦未能直書其事。太史克自言臣違君命不可不殺，既爲之臣，書弒其君則不可，僅書「子卒」，以諱宣公之惡。在這裏《春秋》承魯史，亦記「子卒」，當中原委，則必須透過《左傳》發其實，明其究竟。〔註103〕

　　換言之，孔子《春秋》不改魯史舊文，有傷史筆之直，若從各國赴告、諱國惡之文，不將實事付之於《左傳》，同樣也傷史筆之直。另一方面，若《春秋》改赴告忌諱，以從周室史記之法，非「魯春秋」之原貌，既傷孔子正名原則，又無法呈顯諸國史官諱惡的實況。因此，《左傳》載錄的史記論文益顯重要，《春秋》必須與之共成表裏、相持成義。是以章太炎強調：

>　　故存其舊文於《經》，而付其實事於丘明以爲《傳》，錯行代明，使官法與事狀不相害，所謂《經》、《傳》表裏者此也。〔註104〕

　　進一步，章太炎指出《左傳》承孔子史記論文而作，《春秋》中也有左丘明之筆，更見得兩人同作俱修《經》《傳》之功。他說：

>　　舊史之事狀審核而義法或失者，則施特筆以定之……若其事狀未核者，固不能變也。夫以夏五闕文，推例易知，猶不敢直增其字，況事之異同耶？〔註105〕

從經文具「郭公夏五」，不知其義的闕文，可知《春秋》存實錄，不敢增字的原則，何況是存錄史事，更當據史以書，始符合孟子「其文則史」的評價。

　　當時魯史秉周法，史官卻失其守，令魯史失法，產生兩種情況。一是記載事狀雖審核如實，卻義法失據，一是事狀未如實者。章太炎認爲，即使魯史錯失若此，《春秋》還是具錄魯史舊文，而仰賴《左傳》加以記注。對於後者，透過《左傳》委曲事狀，對於前者，則有孔子施特筆以定之，由《左傳》詳述其況。

　　如《經》書「天王狩于河陽」，《傳》文稱：「仲尼曰：以臣召臣，不可以訓，故書曰『天王狩于河陽』。」狩是冬獵之名，河陽爲周王境外之地。《左傳》指陳當時晉侯欲率領九國諸侯諸王，但恐師眾驚王，不便，故會於溫。請王至溫，然後率諸侯朝王，魯史遂據實書「晉侯召王以諸侯見」。「召」乃

〔註103〕然而，魯史與各國赴告皆多作諱惡之文，那麼《春秋》和《左傳》如何取得事實，成爲《左傳》的文獻根據呢？章太炎認爲，各國官方記錄雖未能全錄事實，魯史與各國史記者則不然，其因有五。詳見《答問》。
〔註104〕同前註，頁261。
〔註105〕同前註，頁262。

上對下之辭，今「以臣召君」，違反倫常，故孔子謂「不可以訓」，無法垂訓後世，改書「天王狩於河陽」，言天王出境狩獵，有非地而獵之嫌，寓有隱意。這一層隱意透過《左傳》明其原由，謂「非其地也」、「明其德也」，則指出魯史的錯誤。《經》文修史之因，一方面表達晉侯率諸侯朝天子於狩獵之地，見其尊王的功德，又表現其召君之過失。因此，章太炎認為，孔子《春秋》多從「魯春秋」，惟重大逆倫之事，施以特筆正之，而透過《左傳》表達其寓意。〔註106〕還指出，《傳》文有所謂「先書」、「不言」者，如「宋督弒其君與夷」經文，《傳》曰：「君子以督為有無君之心，而後動於惡，故先書弒其君。」有「先書」之記；〈十二諸侯年表〉引《左傳》文公六年文：「秦繆公薨。葬殉以人，從死者百七十人，君子譏之，故不言卒。」所謂「不言」等，皆是而且即如司馬遷也認為這些是出於左丘明新意，為孔子所斟酌採取。〔註107〕

　　由章太炎分析看來，魯國史官礙於其為君之臣的身份，有不得不諱之書，孔子又為魯司寇，同為臣屬，又不得不遵行、採錄之。因此，《春秋》與《左傳》呈現兩個層面的實況：《春秋》從官方史記的立場來說，如實傳載魯史，雖不盡符合史實，卻也呈顯了因列國史官、魯國史官不得已而諱文矯造的魯史，這一層面的事實；《左傳》則傳達隱匿在魯史當中的實事真象，這一層面的事實。兩相對照之下，得以全面而完整呈顯當代繁雜交錯的實事實象。因此，章太炎主張《經》、《傳》相持成書，事義始備。〔註108〕

　　據此，章太炎批評後代捨傳求經的主張，乃是未能掌握《經》、《傳》特性：

> 自唐以降，惑《經》棄《傳》，背道而馳，未知《經》、《傳》異能，
> 其實一體，《經》據魯以守官，《傳》依周以閱實，苦心作述，正在
> 於斯。〔註109〕

〔註106〕對於孔子特筆所施之處，章太炎說法尚有游移，在〈與黃侃〉（1930），謂：「唯天王狩河陽、僑如逆女、齊豹三叛四事（筆者按：當為「三」事），為孔子所書，傳有明文。」（《章太炎書信集》，頁203。）以孔子特筆，全書僅施三處。在《國學略說》中則指出：「惟〈趙世家〉云：『孔子聞趙簡子不請晉君而執邯鄲午，保晉陽，故書《春秋》曰：趙鞅以晉陽叛。』此當為孔子特筆。又《左傳》具論《春秋》非聖人不能修，蓋以書齊豹曰盜、三叛人名為孔子特筆。外此，則孔子特筆治定者殆無幾焉。」可參看。

〔註107〕章太炎：《答問》，頁252。

〔註108〕同前註。

〔註109〕同前註，頁262、263。

認爲孔子取官方記錄作《春秋》，左丘明將官方未能記顯的委曲史實、史論記文，形諸《左傳》，就此強調《經》、《傳》實爲表裏，俱爲一體。

尤其能顯示《春秋》與《左傳》俱爲一體，有始有終的呈顯當代實事實象，莫過於《左傳》續經之文。章太炎認爲，《春秋》貫穿「百國春秋」，引事說《經》，欲兼明義例，「非程功十餘年，固弗能就」。〔註110〕因此，《傳》文須延及哀公之末，將經文止於獲麟之後的十餘年事，亦附而書，引策書以終孔子，寫其餘意。尤其《左傳》續經與《經》相呼應：

> 他《經》皆起於數百年之上，其《傳》成於數百年之下，獨《春秋》
> 經、傳爲同時觀周論史者所錄，《經》無《傳》，則實而非用，《經》
> 合於《傳》，則備而非名，故知二者相需，有不能踦舉者矣。〔註111〕

《經》文書事，起自數百年前，《傳》文記注，成於數百年之後。如《春秋》經文終於獲麟，已具書季氏、趙氏、陳恆禍國之兆，而由《傳》文載述後事，明《春秋》載事之不妄。《經》與《傳》俱爲一體，不僅《經》必須有《傳》相配，方得以見用，更見《經》、《傳》首尾一貫，成就完整通篇。

綜上所言，章太炎主張《春秋》當如本紀，《左傳》如史記列傳，兩者相持並成。《春秋》實錄魯史，《左傳》採錄「百國春秋」，爲委曲事狀的史實文獻；一方呈現官方史記，一方呈現後人所不易知悉的曲折史實。更由於《春秋》代表官方史記，得以呈現魯史據周法，與義法失據的複雜情狀，透過《左傳》豐富詳實的記注，則能表明正面的周法，與負面官失其守的時代亂象，並從中對照出孔子正其義的各項旨意。

章太炎立論本於秦、漢文獻，據春秋時現實情狀，就《春秋》、《左傳》的內容特性，分析周史、魯史與《春秋》的相承關係，進而對《經》、《傳》的配套結合，所表現制度義法與史實之間紛然複雜的情況，作層次而系統的說明，相當能展現《春秋》、《左傳》的特質。

再者，章太炎論述《春秋》經傳一體的特性，從其形成與形式內容理解《春秋》經傳，不僅不同於漢儒，也不同於杜預。他從歷史的角度看《春秋》，提出孔子與丘明共修《左傳》，作爲《春秋》記注，使得《左傳》不僅是史書記注，也是掌握孔子意旨的唯一憑藉。從另一個角度來看，有《春秋》的對照，《左傳》才有說明的必要，《春秋》與《左傳》的意義也就不同於一般史

〔註110〕同前註，頁252。
〔註111〕同前註，頁262。

記，它們的價值並不在記述史實，且在於呈顯孔子義法。章太炎經傳一體之說，緊密結合《春秋》與《左傳》的形式與內容特性，他對書法義例的解讀，也有著不同於前人的方式。

二、論《經》、《傳》體例

　　《春秋》之經傳一體，其纂述體例不同於單書成義者，有其特殊的組織形式。前儒解釋《春秋》，特別重視書法。書法，即史官修史，對材料處理、史事評論、人物褒貶的原則與體例。〔註112〕它包括兩個層面，一是評價原則，二是記事規則。這些原則與方式，無法顯示在簡煉的《經》文上，必須透過《傳》文來說明，而有所謂的「凡例」與「義例」。《春秋》透過書法暗示有所寓意，《傳》文透過「例」，得以釋其顯義與隱義。因而歷來解經，特別重視義例的闡發。

　　章太炎《答問》共五卷，其中卷二到卷四，共三卷，多討論義例書法的問題；包括書法義例的來源、性質與解釋原則，以及分析評議漢儒和杜預解讀上的缺失。

　　後期章太炎則明確反對傳統的書法義例說，認爲「本不可學」，又以《春秋》筆削之意，更非所宜。他採納宋人葉適的說法，將《春秋》書法視爲史官舊文：

> 又謂《春秋》因諸侯之史，錄史變，述霸政，所謂其事則齊桓、晉文者，此《春秋》之楨幹也。至于凡例條章，或常或變，區區眾人之所事者，乃史家之常、《春秋》之細爾。其謂與鄙見甚合。〔註113〕

主張史書記錄史實變遷，本有其書法凡例，乃史家之常，雖關涉經文意旨的解釋，非解讀《春秋》主要根據。

　　這與前儒視書法凡例爲解讀《春秋》之關鍵的態度迥異，卻與劉文淇以《左傳》凡例爲史官書法，不足以顯示經義的主張，有若干契合。〔註114〕其

〔註112〕書法爲史官編寫史書時的原則與體例。如《左傳》宣公二年：「董狐，古之良史也，書法不隱。」唐劉知幾《史通・惑經》：「故知當時史臣各懷直筆，斯則有犯必死，書法無捨者矣。」董狐依其評價原則書「趙盾弒其君」，之所以被稱爲「直筆」，在於其評價原則與權勢有衝突，他選擇依史官的評價原則表達與書寫，形成其寫作史書的體例。

〔註113〕章太炎：〈與黃侃〉（1930），《章太炎書信集》頁203。

〔註114〕劉文淇並不滿意漢儒與杜預對於例的處理，卻也無從明其規則，於是述其《春

次，章太炎反對漢儒素王改制之說，與杜預之孔子新意說，認爲《春秋》全
錄魯史，那麼所論書法義例，必然全據《左傳》立說。這個堅定的立場，令
章太炎得以排拒《公》、《穀》二傳之說。在書法凡例非主要根據、釋書法必
據《左傳》二個基本認知下，章太炎從經傳體例談起，建立「春秋左傳學」
之新說。

（一）《經》、《傳》結合周法與魯法、史法與義法

《春秋》錄自「魯春秋」，「魯春秋」承「周春秋」之書法體例，包括評
價原則與記事規則。當「魯春秋」以「周春秋」爲法式時，其評價原則基本
上同樣根據周代禮文，記事方式亦然。然而，一則「周春秋」所據爲天子之
法，與「魯春秋」爲諸侯之法不同，再則東周政局丕變，所謂的周代禮文亦
與時俱變，令《春秋》之書法體例有了不同於前的變化。這樣的變化，亦可
從評價原則與記事表現方式二方面來看。

首先，章太炎主張，東周時的價值倫常雖有巨大變動，但《春秋》書法
評價原則的價值根源，還是來自於周代禮文。尤其，章太炎認爲禮與《春秋》，
如車與輔；禮如法令之條文，《春秋》則如理官之判詞〔註115〕，禮是《春秋》
評價的核心標準。當《春秋》承魯史，書法亦承魯史，魯史書法基礎在周禮，
故當考周禮，以爲釋經的根據。因此，孔子《春秋》以周禮爲基礎，因侯國
之處，動亂之境，損益其法，作爲評價當世的標準。換言之，解釋《春秋》，
當重視其於周禮的因革損益。

如《春秋》書周天子，或書「王」、「天子」，或「天王」，稱號不一。莊
元年「王使榮叔來錫桓公命」，在魯桓公薨後十八個月，周天子遣使追賜諸侯
命。文五年「王使榮叔歸含，且賵」，及「王使召伯來會葬」，爲周天子遣使
處理僖公妾母殤葬之禮。兩者皆稱周天子爲「王」。成八年「天子使召伯來賜

秋左氏傳舊注疏證》之作：「文淇所爲疏，專釋訓詁名物典章，而不言例。其
《左氏》凡例，另爲一表，皆以《左氏》之例釋《左氏》其不知者。概從闕
如。」（〈劉文淇致沈欽韓書〉，《春秋左氏傳舊注疏證·附錄》，北京：科學出
版社，1959，頁 1）指出《舊注疏證》專釋訓詁名物典章，不欲論例，關於
《左傳》凡例，本欲另爲一表，特別以《左氏》之例釋《左氏》其不知者，
卻沒有完成。劉文淇欲就凡例尋索「《左氏》其不知者」的《春秋》書法，認
爲五十凡只是《左氏》略示凡例，並沒有窮盡《春秋》書法。顯示劉文淇認
爲《左傳》所示之例，並沒有了無餘義的展現《春秋》微言大義。
〔註115〕章太炎：〈與李源澄〉（1935），《章太炎書信集》，頁 949。

公命」，則稱周天子爲「天子」。何休認爲莊元年書「王」，以魯桓公爲惡，周天子追賜乃悖天道，故貶周天子而不言「天王」。胡安國亦認爲文五年僖公母成風，以妾僭適，周天子不能正，故不稱「天」以謹之，以不書「天」，在貶周天子，寓有深意。章太炎則認爲「天子於諸夏稱『天王』，亦稱『天子』，畿內曰『王』」，實爲周制，沒有特別深意。〔註116〕

他指出，僖公二十八年，周天子命晉文公爲侯伯，《左傳》記周天子謂「王謂叔父」。晉文公爲踐土之盟，書稱「王若曰」。踐土在鄭，鄭伯爲周卿士，故鄭猶同畿內之國，故周天子自稱爲「王」，書亦稱周天子爲「王」。另一種，爲周天子之令行畿外，則稱「天子」。如王使宰孔賜齊侯胙，宰孔稱「天子有事於文武」；請城成周於晉，則稱「天子曰」。同樣的，諸侯於王，多稱「天王」或「天子」，如成八年「天子使召伯來賜公命」。書「王」與「天子」，分別若此。〔註117〕

然而，何以文公五年的二個事件，不在于畿內，書也稱天子之「王」？章太炎認爲二者皆有其故。他贊同賈逵說成風之事，乃周天子「加禮妾母，恩同畿內」，也認爲魯桓公薨已十八月，猶加命服，亦待之以畿內之禮，卻主張：

> 畿內稱「王」，周室常法，行畿內之法於諸夏，則文告亦以「王」稱，《春秋》書之，何貶之有？〔註118〕

天子行畿內之法於諸夏，稱「王」，爲周典固然，文告書「王」，《春秋》承之，並無貶意。況且，魯爲陪臣，何休與胡安國，以陪臣貶大君，實自麗刑辟。因此，章太炎批評之謂：

> 儒者不上稽周典，見稱謂小殊，不云貶，即以爲諱，使司契大名可以隨情增損，愚繆乃至是耶？〔註119〕

前人釋經，見書法有殊，即以爲有所貶刺避諱，隨情增損司契名位，皆失於未據周禮以釋經。

其次，釋經固然據以周禮，更要考慮《春秋》書法乃隨時而損益。當成周之時，有九伐之法，不問君之失道與否，放弒其君者皆殘之。《春秋》則不

〔註116〕章太炎：《答問》，頁273。
〔註117〕同前註。
〔註118〕同前註。
〔註119〕同前註，頁274。

同，《左傳》有「弒君稱君，君無道」之責；《穀梁》亦云：稱國以弒其君，君惡甚矣；《公羊》何氏《解詁》謂：一人弒君，國中人人盡善，故舉國以明失眾，當坐絕也，皆有罪君之說。

《春秋》何以與周典不同？章太炎認爲，成周之時，綱紀未泯，「六軍所過，猶從竈上埽除」，安有敢放弒其君者？而共和以後，周室漸殫，勢不足討賊。春秋時，齊、晉踵伯，桓公和文公亦身有篡弒之惡。管仲歿，尊王之義盡失，遇有放弒，諸侯陽以師討，卻多得賂而免。因此，九伐之法已不足恃，只能繫於諸侯自律。〔註 120〕宣王太史早見其端，見《管子‧法法》明垂其戒，記有：「故『春秋』之記，臣有弒其君，子有弒其父者。」〔註 121〕孔子承此，明其罪責分屬，章太炎說：

> 於弒尚君臣分罪，於放則專斥其君，顯指失御之過，以示泛駕之由，使知蹈道循理，則永終福祿如彼；行離軌物，則舉委棄如此；邦君讀其書而履其義，則放弒之原自絕。〔註 122〕

於弒君大事，分清君臣之責，明其委曲事狀，善敗勸戒，使知蹈道循理。是乃春秋之世，亂已成局，周典未足以綱紀，《春秋》必與時俱變，損益其法。

而且章太炎也注意到，身處侯國之異的魯法，與周法不同，《左傳》說明《春秋》書法，也表現出兩者的差異。其云：

> 《傳》稱五十凡者，亦宣王之史所遺，書法政度悉依時制，非周公舊籍也。其閒尚有魯史所增，如文公《傳》稱：「凡諸侯會，公不與不書，諱君惡也。」若周史之法，必不爲邦君諱矣。〔註 123〕

《傳》文書「凡」之書法，爲「周春秋」之書法，有其依時損益者，符合時王新法，不能說是周公舊典，或是舊典所遺。在此基礎上，魯國因其爲諸侯，亦有損益，如《經》有諱魯君之惡的凡例，不會是周史之法，而屬於魯史新增之法。

其次，從記事表現方式這一層來看，《春秋》爲魯史記，爲官方說法，記錄方式必須遵守國家制度，有一定的記事規則。

〔註 120〕同前註，頁 275。
〔註 121〕章太炎引〈法法〉一段長文，多與今校釋本不同。他認爲「春秋」之記始於宣王太史，引〈法法〉文，旨在說明宣王太史時已注意政治變化，預知變局，使「春秋」有記弒君，君之過的筆法，已大不同於九伐之法。
〔註 122〕同前註，頁 275、276。
〔註 123〕同前註，頁 249。

　　見襄公二十七年，宋向戌於五月召開弭兵之會，列國諸侯盟於七月。魯遣大夫叔孫豹參與會盟，五月會時，經文且書其族名「叔孫豹」，七月盟時，《經》文則不書族名，只書「豹」。《左傳》解釋經文書法，指出當時掌權的季氏，恐既屬晉又屬楚，需貢獻兩國，非國力所勝，故派人以魯襄公的名義，令叔孫豹將魯國比為邾、滕小國。叔孫豹違其命，以魯當與宋、衛相匹，不能如邾、滕之私屬他國。是以《傳》云：「不書其族，言違命也。」賈逵認同叔孫豹之義，深非魯史之疾叔孫豹。服虔則云，叔孫豹雖以違命見貶，卻得尊國之義，認同叔孫豹之舉，卻也認為《春秋》不書族名，為貶叔孫豹。孔穎達則批評賈、服違背《經》、《傳》，認為不書族名，即為貶義。賈逵不敢非《春秋》而非魯史，事實上是不同意《春秋》貶叔孫豹。《正義》則完全接受《春秋》、《左傳》貶叔孫豹的說法，反對賈、服贊揚叔孫豹。另一方面，服虔公允的評議了此事曲折，卻不能解釋何以《春秋》貶叔孫豹。凡此，顯見前儒對《春秋》記事與義理的權衡，無法取得一致的標準。

　　章太炎基本上同意服虔說，認為叔孫豹以身見貶，成尊國之義〔註124〕，然而叔孫豹既有義，《春秋》不書族以貶之，又如何解釋呢？他說：

　　《春秋》，官書也；違君命則貶之以正國常，于是非或不暇論，是史
　　官執憲之道也。〔註125〕

魯史紀錄為官方說法，叔孫豹違抗君命為事實，史官之責，必書其抗命以正國法。事實雖有是非曲直，有多重面向，《春秋》性質既為官史，不暇明其是非。因而《左傳》陳述不書族名之因，足令後人明其原委，又知叔孫豹抗君命，違反國法。這當中，史官不書族，為記事成法；叔孫豹有尊國之義，是為義法。《春秋》為官書，採國法，而將叔孫豹尊國義法，形諸《傳》文。史法與義法各據立場，兩者的衝突，透過史官書法與《傳》之解釋書法，方得以呈顯。

　　總上言，章太炎認為《春秋》係官史性質，其評價原則乃承周代禮文制度而來，記事表現方式實為遵守國家常制的史官記錄之法。由「周春秋」、「魯春秋」到孔子《春秋》，因時空換轉、身分上的不同，其評價原則與記事表現

〔註124〕章太炎謂：「人臣謀國，殺其身有益于國則為之，況于其身以衛其國乎？魯不下替而身自受貶，固豹之所願也。苟善處豹事者，有司奉法以彈罪，人君寢奏以屬忠，固不相妨也。」其實是同意服說。同前，頁327。
〔註125〕同前註。

方式有所因革損益。「周春秋」非周公之遺，已轉換成時王新法；「魯春秋」不僅具時王新法，也有著因侯國身分而損益的書法。《春秋》則沿承「魯春秋」種種變革，原本就包括了周禮本身的損益，以及魯承周禮時的損益變異後的書法，而必須透過《傳》文凡例解釋《春秋》書法，才得掌握當世史官的書法體例。

是以章太炎解釋孟子「其義則丘竊之」之「義」，不從義理的角度解釋孟子所謂「義」，而將之指為史官凡例。〔註126〕然而透過《左傳》了解《春秋》書法體例，也還不能掌握孔子的意旨，因為它僅是當世史官評價原則與記事規則的呈顯而已。要完整的理解孔子《春秋》大義，章太炎認為，還有更重要的條件。

（二）《經》、《傳》同釋以成義

1. 《經》、《傳》皆據史官成法

章太炎認為，不能僅就《春秋》（以下稱《經》）書法，釋其褒貶譏刺，就此定其意旨。當重視《左傳》（以下稱《傳》）釋凡例書法之外，特別兼述的事由，以及《傳》文評述《經》文書法之緣由，方得以完整掌握《春秋》隱含是非曲直與義法。原因在於，孔子與當時魯史的分歧與衝突，並不在於書法的記事規則，而是評價原則上的巨大差異。

史官書史基本上是根據同樣一套記事規則在運作，然而當其進行對人物史事的評價時，無所堅持，沒有標準，有所偏頗隱諱，便形成失守、諱惡、矯造的「魯春秋」。因此，不僅《春秋》遵守史官的記事規則，《左傳》取錄史記論文，也必須遵守同樣的記事規則；《經》、《傳》透過一定而一致的記事規則，方能呈顯官方記錄與孔子評價原則上的差異。據此，章太炎認為必須透過《傳》文之委曲事狀與述評，進一步對比《經》、《傳》文之用詞，明其是非曲折，方能理解官方紀錄與孔子意旨間的張力與衝突，全盤掌握隱寓於《經》、《傳》書法凡例中的意旨。

如魯僖公九年，晉獻公卒，大夫里克殺死將立之君奚齊。《經》書：「晉里克殺其君之子奚齊。」大夫荀息葬獻公，立公子卓為君。不數日，里克又殺卓。《經》書：「弒其君卓。」《經》文書「殺」與書「弒」，意有不同；《傳》

〔註126〕章太炎：《春秋故言》，傅杰編校：《章太炎學術史論集》（北京：中國社會科學出版社，1997），頁113。

文解釋里克殺奚齊，謂：「書曰『殺其君之子』，未葬也。」清楚指陳《經》文書「殺」，乃因未葬獻公，奚齊未能登位，尙不成君，故經文書「殺」；里克弒卓，卓已即位，故謂「弒」。宣公十八年秋《傳》文書：「凡自內虐其君曰弒。」虐，殺也，明殺君之書法爲「弒」。這個書法，《左傳》本身卻不遵守，云：「里克殺公子卓于朝。」不僅將「弒」書爲「殺」，明顯違背自述之書法，又稱卓爲「公子」，與自述史實不合。何以《經》《傳》書法不同，《傳》既違背史實，又不遵守自述之書法呢？

章太炎指出，《傳》稱奚齊母驪姬爲妾，卻被立爲夫人，是禮所不許，又驪姬譖殺太子申生，欲立奚齊，後獻公不誓於王，不告於大臣，私囑欲立奚齊，故奚齊乃不正之立。卓爲驪姬娣之子，不當序立，特爲大夫荀息私樹之，更爲不正。故《春秋》記「君之子」，章太炎認爲：

> 《春秋》之法，襃刺可定於素懷，名位必稟之王道，故書「其君之子」、「其君」以尊王伯之權。〔註127〕

奚齊雖爲不正之君，其立尙承君命，故《春秋》尊其名位，而書「君之子」，以尊獻公。至於卓，既立爲君，《春秋》乃從晉國赴告之文〔註128〕，稱其爲君而書「弒」。這二個書法，符合國法禮制，也符合史官記事規則，然書里克弒君之實，卻不能展現當中卓爲不正之君的隱意，無法呈現當中的是非曲直。章太炎所謂「襃刺可定於素懷」，就展現在《傳》文當中。就里克而言，他殺不正之君，並非不義之事。先前獻公時，里克身爲大夫，於獻公立君大事，稱疾不朝，坐觀其敗，無以爲誠，固爲里克之過，然而後來里克亡羊補牢，殺不正之君，一改前過，實不至於蒙「弒君」之大罪。因此，《傳》文載「里克殺公子卓于朝」，明示不以公子卓爲君，暗指其爲不正之君，故稱「公子卓」，

〔註127〕同註116，頁279。章太炎這裏還舉〈坊記〉稱：「『魯春秋』記晉喪曰：殺其君之子奚齊，及其君卓。」以當中言「及」，則卓本當書「殺」。認爲今本《左傳》中經文書「弒其君卓」，原本在《左傳》所傳的《春秋》古經中當書「殺」，與《公羊》所記之《經》書「弒」，是不同的。章太炎認爲是漢儒改《左傳》之古字以就二家。這恐怕是章太炎誤說。他以《春秋》、「魯春秋」爲官書，載晉國之事當從赴告之文，晉惠公視卓爲君（參後註），故赴告之文當以卓爲君，以掩國惡。若如章太炎所論，《春秋》全錄魯史，當從赴告，不以己意改文。

〔註128〕《左傳》僖十年，載繼卓位的晉惠公語於里克：「子殺二君與一大夫」。認爲里克殺奚齊與卓二君，以及立卓之大夫荀息。奚齊未登位，固不稱君，《春秋》稱「君之子」。卓已登位，晉惠公視稱之爲君，魯史承晉赴告之文，《春秋》當同此。

也不定里克「弒君」之罪，故謂「殺」，將《春秋》書法未能呈現的褒貶旨意，做恰如其分的呈現，而可見《傳》文呈事狀，間以明事理的效用。

因此，根據章太炎《經》、《傳》一體的原則釋經，意謂《經》、《傳》亦當遵守一致的史官書記成法，當《經》、《傳》書法有明顯的不同，啓人疑竇，追索此疑，隨之理清史實，及其各個面向的顧慮，便得以掌握完整的意旨，不會拘於片面的褒貶譏刺。在《經》同官說、《傳》顯義法，遵從一致書法規則的架構下，得以全面性的觀察到當代的歷史變遷，評價標準的變異，時人的評述，孔子的關懷與時代見解，使得《傳》文所陳述的史記論文，皆是解釋孔子評價原則的重要根據了。

然而《經》、《傳》書法遵守一定的記事規則，是否可就此書法論定當中意旨呢？章太炎認爲，書法是基本解釋原則，固然顯示孔子意旨，而實事的陳述與事理委曲所顯示的意義，其包攝的內涵與意旨更在這之上。

2. 事理有殊，書法隨而委曲

當《春秋》所遵守之國家典制，透過史官書法與《傳》文釋義，顯示出官書失去義理，徒有其法的那一面。《左傳》之注記事狀，就在開展表面上與官書相衝突的孔子義法。因此，章太炎主張，《左傳》豐富的史記論文，不是僅視爲史實的陳述，當爲解讀書法義例，掌握《春秋》意旨，藉以省察多方的重要憑藉。

章太炎認爲《春秋》承史記書法，即藉史官之道，以明其意旨。對所謂史官之道，他指出：

> 蓋史官之道，貴以善敗勸戒，其於亂世尤要焉。世之儒者聞孔子作
> 《春秋》而亂臣賊子懼，億以爲明法底罪之書，何其淺歟！〔註129〕

以旌善明敗，當爲《春秋》之兩面，旨在勸戒。認爲威嚇亂臣賊子是消極的行爲，旌善則起著積極的示範作用，而主張《春秋》非伐惡之書。章太炎所言，其實有如宋王晳曰：「若專爲誅亂臣賊子使知懼，刑尊賢旌善之旨闕矣。」〔註130〕而以《春秋》呈現多重意旨，不當限於片面的褒貶譏刺。單詞示貶，或示褒，皆流於疏陋。尤其官書與孔子義法間的拉扯與張力，更需要委曲事實，以明其隱微事理。

章太炎主張《經》文書法相同，或不同者，皆需憑《傳》釋其意旨，索

〔註129〕章太炎：《答問》，頁276。
〔註130〕王晳：〈孔子修春秋篇〉，《春秋皇綱論》卷一（臺北：臺灣商務印書館，1983）〉，

其微旨。例如《左傳》云「弒君稱君，君無道也；稱臣，臣之罪也」，對弒君之罪責，依情狀，有不同的分判。此五例弒君條文，經文皆稱君：

（1）文公十八年，《經》書「莒弒其君庶其」。《傳》指為太子僕弒其父。

（2）成公十七年，《經》書「晉弒其君州蒲」。《傳》指為大夫欒書弒其君。

（3）文公十六年，《經》書「宋人弒其君杵臼」。《傳》指為「夫人王姬使帥甸攻而殺之」。

（4）宣公十年，《經》書「陳夏徵舒弒其君平國」。《傳》指為大夫夏徵舒弒其君。

（5）文公元年，《經》書「楚世子商臣弒其君頵」。《傳》指為太子商臣弒其父。

表示皆無道之君。《傳》文述君之無道又分二種。前三例，《傳》文皆提及被弒之君禍國之行，後二例卻無暇論君之惡。章太炎指出，第四例弒君之夏徵舒，終於見討，為書賊名，明討賊之本，故《傳》文無暇論君之惡。第五例，則是因商臣依制當為嗣立者，故不箸其弒父之罪，後既嗣位為君，亦不暇論君頵之惡。〔註131〕

其次，稱臣名與不稱臣名的分別。稱臣名，固罪臣；不稱臣，卻不代表臣無罪。如第一例，庶其禍國，太子僕弒君庶其後，攜寶玉奔魯，《傳》文透過史克明之言，屬斥僕為賊。表示即使罪不全在臣，或者說君之罪責更甚於臣，也不代表臣能免罪。

由上例可知，《經》文書法雖有同，《傳》文記述有異；書法有同，義法仍有所差異。故章太炎主張：

> 凡是數者，事理有殊，書法隨而委曲，不得以其君之惡銖兩稱量也。然則箸之凡例、載之策書者，無過示其大齊。君無道者，不謂臣無罪也；臣之罪者，不謂君悉有道也。主書之意有緩亟，制事之宜有屈伸，以是成《春秋》之志而（已）矣。〔註132〕

事理各有不同，解釋書法也有所曲折及差異，不當就書法衡量君惡；凡例書法，不能被過度視為相同罪責的指示。因此，君無道，不代表臣無罪，如庶

〔註131〕章太炎分辨「無暇論君之惡」的差異，兩例各有其因。然筆者又以為，與另一類《傳》文述被弒之君，具禍國之行者，比較起來的差異還有：「無暇論君之惡」者二例，弒皆出於行弒者與君王之間的私人隙怨，非出於公義。

〔註132〕章太炎：《答問》，頁 276。

其之例；臣有罪，也不表示君全無責，如夏徵舒及商臣例。此皆顯示《經》文表現書法意旨有主從緩急，《傳》文裁剪事類則不拘於此，呈現不同面向之事義，藉此共同成就《春秋》之旨。

　　章太炎的主張其實在表明，罪行的構成通常非單一因素，也非個人獨力促成，不能單憑書法凡例，斷其褒貶譏刺。而《春秋》之旨，所重不在歸責於人，在明其義法。換言之，書法標示犯行，尚須根據《傳》文這樣的釋經方式，明其事實委曲，呈其因果，才能完整的掌握義理與微旨。

　　因此，章太炎認爲《穀梁》、《公羊》家及賈逵、服虔所服膺的「時月日例」，以書歲、時、月、日之詳略，隱有寓意之說，難以成立。他從歷史的角度出發，認爲書歲、時、月、日之詳略，定之於當時政事之繁簡。《春秋》在文公以前，政令尚簡，故書「日」尚略。然而當魯文公逝世，東門遂殺嫡立庶，繼位宣公便失政權，一方面「內則政出多門，故教令煩數」，另一方面楚力方盛，與晉狎主齊盟，於是「外則二伯並立，故會盟、征伐亦頻至」。須詳核期會，審述事之序。是以自魯宣公後，「國史於日致謹，非前此簡畢蠹蝕文有脫落也」。〔註133〕以文獻詳略的不同解釋時月日記載的差異，而反對「時月日例」之說。

　　綜上辯析，章太炎之釋《經》、《傳》其實是貫徹杜預之言「經之條貫，必出於傳」、「《春秋》雖以一字爲褒貶，然皆須數句以成言；非如八卦之爻可錯綜爲六十六也，固當依《傳》以爲斷」〔註134〕的詮釋原則，以凡例釋書法，視書法有褒貶，不是唯一憑藉，詮釋書法仍須依《傳》文爲斷。

　　章太炎後出轉精，更周全指出，《經》、《傳》一體，書法出於《經》，《傳》文凡例釋書法，僅是史官記事體例的呈現。就同一事件而言，透過《傳》文委曲事狀，明其義法。就相同書法的不同事件而言，則隨事理的不同而有不同的義法微旨，皆不能單就書法凡例定褒貶。是以章太炎有云：「大抵《左氏》以事托義，故說經之處，鮮下己意，而多借他處之義以釋之，故其義最爲難知，而其功亦如集腋穀材，非二百四十年之遺語，不足以回旋其意也。」〔註135〕視《左傳》大篇幅的史事述評爲解釋《春秋》、孔子意旨的基礎根據。由此可知，章太炎相當重視《春秋》經之爲「史」的意義與價值，也特別突出

〔註133〕同前註，頁 310。
〔註134〕杜預：《左傳正義‧春秋序》，頁 15。
〔註135〕章太炎：〈今古文辨義〉（1899），《革故鼎新的哲理──章太炎文選》，頁 31。

《左傳》史記論文的重要性。

因此，透過《經》、《傳》一體、對照《經》、《傳》，《春秋》不僅是官史，也承載著周禮與東周損益後的禮文；《左傳》亦不僅是記述史記論文，成爲映見孔子義法、經世意旨的典籍。其論述「春秋左傳學」的性質與內涵，亦正呼應孟子以來解讀《春秋》的根本思考，而在思想觀念與詮釋方法上有著細緻而深入的體系建構。

三、建立《春秋》經史學

章太炎從《春秋》體裁的形成與源流、書法體例的沿革，論證《春秋》其實就是魯史，孔子幾乎未加修改，從這個意義而言，《春秋》的本質爲史。他主張，當《春秋》與《左傳》俱成一體，兩者俱爲經的性質與內涵，方得以展現。所謂孔子「作」《春秋》的意義，當就此處理解。事實上，此番求其本源的方法，實乃章太炎承自清儒，其結果卻有別於清儒。

劉文淇專據周禮以釋經的方向，固然無誤，卻未能關注周禮有變遷異，及魯史於周禮的因革損益。再者，他雖然理解到書法義例爲史官成法，不足以釋《春秋》，卻還不能將《春秋》的解釋回歸到春秋時代，在求取古義的時代趨向下，專信漢儒說解，而限於漢儒以孔子當新王、作新法的解釋框架中。劉師培雖然接受因革損益的道理，亦無法貫徹，復限於孔子當素王的傳統觀念，認爲《春秋》乃孔子新構，而將解釋《春秋》導向書法凡例的解讀中。他重視書法義例的解經價值，過度推崇《春秋》經傳作爲「經」的恆常意義，卻失《春秋》、《左傳》俱爲史記之義，遂無法透徹地掌握其因革損益的特性。

章太炎則突破了清儒釋經的二層框架。一，清儒求其本源，將視角置於禮制的辨究中。章太炎也透過考辨禮制掌握經義，但是特別注意到「若徒舉當時典禮，則秦、漢以還，浸已變易，豈獨不用於今也」。〔註136〕主張禮制因時因地制宜，有所變易，掌握了周禮、春秋時禮，亦不足爲今日法。推重釋經的重心，在明其因革損益之理。二，清儒釋經專信漢儒說，以《春秋》爲孔子素王改制之法，迴避《春秋》爲史的性質，強分經史。章太炎從懷疑漢儒的治經方法開始，到不信素王改制說，掌握《春秋》之爲史的本質，終得以突破前說。

〔註136〕章太炎：《答問》，頁247。

　　去除經必爲孔子所創作的預設框架，章太炎據周禮釋《春秋》，重新掌握《春秋》出自魯史，具有歷史因革損益的特性，將《春秋》、《左傳》置於歷史情境當中，以變遷爲視角，探析《經》義與《傳》載所錄情狀，則《經》、《傳》因革損益之理，便成爲意義所在，成爲後人的取法殷鑑。

　　他指出，後世國體雖有變異，臣弒其君，典刑已絕，然《春秋》經傳綱紀上下之理，仍有所同。有云：

> 君臣之與長屬，名號少殊，典禮有隆殺焉爾，之綱之紀，亦何差池？
>
> 作亂犯上之誅，於今仍未替也。〔註137〕

今日雖無君臣之別，卻仍有上下之分，就此而言，雖禮制有所損益，但是內在於禮制的綱紀意義與價值，還是一樣的。換言之，外在的禮文法制雖與時俱進，有所因革損益，然其因革損益所根據的內在禮意與義理價值，是不會改變的。

　　因此，章太炎認爲《春秋》經傳的價值，還在於：

> 且《左氏》謂《春秋》之稱，懲惡而勸善；賈子謂《春秋》者，守往事之合德之理之與不合而紀其成敗，以爲來事師法。……今舉其舉舉大者，如戎狄不稱「人」，所以分北異族；以地叛必書，所以嚴爲國防；王人必尊於諸侯，列國不得相役屬，誘執有誅，失地示貶，並於時務爲要。其餘推極成敗，表箸賢佞，《經》、《傳》具有其文，斯之法戒，百代同之，安得至今而廢哉？〔註138〕

認爲《春秋》所重者，在明合德之理和與之不合者，以作爲將來師法。《春秋》經傳所錄，包括別異族、嚴國防，表箸賢佞，皆於時務爲要，推極成敗，可知百代所同之法戒。從這個層面來看，章太炎認爲讀《春秋》可知百代之法戒，和傳統視「經典」爲「天下之公理」，似無不同。

　　自漢儒以來，推《春秋》爲萬世之法，歸功於孔子。視《春秋》爲孔子損益周制而作，而將釋經的重心放在孔子的微言大義上。正如章太炎所言：

> 此因前世說《春秋》者，非過尊孔子以爲聖不可知，即拘牽一字異同，以爲必有精義，支離破碎，卒令人墮入雲霧。〔註139〕

而認爲《春秋》經傳所重者，當爲禮制之所以因革損益者；故其釋《春秋》，

〔註137〕同前註。
〔註138〕同前註。
〔註139〕章太炎：〈與吳承仕〉（1932），《章太炎書信集》，頁360。

重在知其因革損益所據之理。其理又必須透過歷史因革，方可掌握。換言之，透過變遷的史，方能掌握存在於經中不變的義理。

　　章太炎將《春秋》視爲魯史因革損益周禮的記錄，藉由《左傳》委曲實事情狀，令禮文制度之變遷得以呈顯，以明其因革損益之理。因此，他將歷史記注視爲掌握經義的充要條件。他視《春秋》爲魯史，《左傳》爲廣事狀的歷史記注，充分具有記錄制度變遷的歷史價值。然而，《春秋》和《左傳》不僅記錄制度的因革損益，更在於其詳述因革損益之由、所據之理，而爲展現義理常法的載體。即孔子之謂「我欲載之空言，不如見之於行事之深切著明也。」以託於行事，方致其深切著明者，即展現在欲掌《春秋》、《左傳》之義，必明其實事，明其實事者，實爲明其義，兩者既史且經的本質上。分視其事義，便無法成其義，事亦無所主。換言之，視《春秋》爲經或爲史，經史兩分，皆無法呈現「春秋左傳學」深廣的內涵。章太炎視《春秋》爲史之祖，又以《春秋》經傳之作具百代之常法，主張經史兩合以成其義，以「春秋左傳」爲具有歷史與義理價值的經史學，打破自漢代以來的奉孔尊經的觀念，以及由此發展而來的別分經史、尊經抑史的觀點。

小　結

　　本章藉由分析清代《左》學發展脈絡，掌握章太炎經學思想變化的內在因素。說明清代《左傳》學以存古義、考古禮爲治學主軸，目的在明其本據，主要以文字訓詁，名物典章的考釋，建立釋經的根據。然而當清代《左傳》學以回歸漢儒古義爲釋經的主要走向時，便同意了漢儒對《春秋》——以孔子爲素王、《春秋》爲新法——的預設，並且以義例爲解釋微言大義的主要方法。專治《左傳》學的儀徵四世，至劉師培便是以義例做爲主要的釋經方法。因此，可以說清代《左傳》學實則是漢代《左傳》學的再現，而終未能突破漢代《左傳》學的視界。然而在章太炎，不僅不滿漢學，同樣也不滿清學，認爲其「又念論述古義，學者或不能得其本」〔註140〕，而以清學的根柢皆在注疏，曾謂「故無清人經說無害也」〔註141〕，指出清世說《左傳》必以賈、

〔註140〕章太炎：〈國學會會刊宣言〉（1933），《革故鼎新的哲理——章太炎文選》，頁557。
〔註141〕章太炎：〈漢學論〉下（1935），同前註，頁22。

服說爲極的困境。這使得章太炎有意識的破除漢儒及清儒經學窠臼，上溯經傳流脈，重新將《春秋》經傳置入歷史時空中，回歸其原始面貌。

由於他對《春秋》與《左傳》體例的建構與掌握，論述證明了《經》、《傳》一體，共文成義的特殊性。也因著這樣的特殊性，主張事出多因，經文意旨不當執定於傳統所謂書法凡例、一字褒貶之說，而當詳明《傳》文史事述評的各項成因觀點，方能明其事理。再者，他深入分析《經》、《傳》糾結於國法、史法、史官與義法當中的複雜性，不僅顯現《春秋》之爲史的特質，而且充分展現《春秋》作爲孔子「述而不作」的典籍時的豐富內涵，及其蘊藏的高度與深度。

章太炎對《春秋》、《左傳》在形式、體例與事義共構的論述，說明了：一，《左傳》爲解讀《春秋》事與義的必要典籍。二，呼應了孟子對《春秋》「其文則史，其義則丘竊取之」的述評。三，廓清漢代以來籠罩在經學中崇孔與萬世常法的觀念。更重要的是，從學術發展的層面來看，章太炎根據先秦文獻，從史官制度、史法解釋《春秋》、《左傳》的形成與內涵，從因革損益之理，論其所以爲經典的價值，使得詮釋《春秋》不再框限於漢儒的經學意識當中，不僅開創研究「春秋左傳學」的新思維，更建構了近代經學轉向經史學的論述基礎。

從晚清民國的經學發展來看，當章太炎跳脫傳統的《春秋》學框架，溯本舉證的說明《春秋》與《左傳》的成書及體例，亦令他得以據堅實的文獻基礎，排拒晚清《公羊》家之疑經，以及承其餘緒之疑史風潮。因此，當他有意識的疏理《左傳》學的內部衝突，上復周、秦，提出一套「春秋左傳學」的理論與解經方法，其價值與貢獻，不僅在推進《左傳》學的研究，更是從根本上釐清《春秋》經傳在今古文經學上的差異，從而對當代《公羊》學者提出有力的反駁與詰難。

漢代自董仲舒以來，今文經學的思想觀念成爲中國經學思想主要基礎，清代今文經學思想其實是漢代今文經學的複製與再發展。與清代《公羊》學者的論戰，代表著章太炎對傳統經學思維的論難與挑戰。

第三章 章太炎與晚清公羊學學界：
　　　　從修正到駁斥

　　章太炎一直注意著乾嘉以來《公羊》學獨尚之況〔註1〕，而《公羊》學家對《左傳》不間斷的攻伐，終令他起而捍衛《左傳》學。起初，章太炎治經，本「獨求通訓故知典禮而已」〔註2〕，爲傳統性格濃厚的經生。直至1891年康有爲《新學僞經考》出，刺激其「始分別古今文師說」。自此，章太炎有意識抉發《左傳》學，積極提出主張，與《公羊》學相抗。

　　康有爲攻擊《左傳》，視群經爲劉歆所僞造的說法，實承自劉逢祿、宋翔鳳等《公羊》家建構的古文經僞作說。劉逢祿遙承漢儒對《左傳》非解經書的質疑，從《左傳》解經語爲劉歆僞作，與《左傳》是史非經兩方面，主張《左傳》不傳經，發動晚清《公羊》學者對古文經學的攻勢。繼之，劉氏又疑壁中本《尚書》十六篇爲劉歆僞造。龔自珍懷疑《漢書‧藝文志》中所說「劉向以中古文校歐陽、大、小夏侯三家經文」，所謂「中古文」爲劉歆僞托，認爲根本沒有以中古文校三家經事。魏源則主張《毛詩》、馬融、鄭玄所注古文《尚書》、及東漢初年杜林所有漆書古文《尚書》，皆爲僞古文經。邵懿辰以「逸禮」爲僞古文經。廖平承劉逢祿，雖然未質疑《左傳》內容眞假，卻也懷疑古文經有劉歆僞作的成分。最後由康有爲總結《公羊》學者對古文經學的批評，提出「新學僞經」說，作出劉歆遍僞群經的結論。

〔註1〕　章太炎：〈與譚獻〉（1896）：「然自乾嘉逮今，《公羊》獨尚，原其風流遐播，固將有以焉爾。」《章太炎書信集》（石家莊：河北人民出版社，2003），頁1。
〔註2〕　章太炎：《太炎先生自定年譜》（香港：龍門書局，1965）頁4～5。下引同。

　　章太炎認爲，劉逢祿的立場與觀點，完全爲晚清《公羊》學者吸收，特別是康有爲透過建構《左傳》僞作說、《左傳》不解經的論述，貶抑《左傳》，開展古文經僞作說，又進一步的將乾嘉漢學，皆視爲王莽新學之遺，藉以拉抬《公羊》學及今文經學的聲勢，而對所承之漢學傳統根基形成重大威脅。康有爲僞經說的效應，激發章太炎以《左傳》學爲中心，扞衛古文經學，以至於乾嘉漢學的堅定立場。

　　然而，章太炎雖然有意識的分別今古文經學，試圖爲《左傳》辯護，但由於前期未能跳脫清儒《左傳》學的治學框架，仍沿習清儒今古說兼採的釋經取向，主張《左傳》經說與《公羊》學相通，對提出僞傳說的《公羊》學者，猶持「求同存異」之姿，溫和以對。但 1900 年義和團之變後，八國直驅首都，進逼中國，一再顯現統治者的顢頇頹態，激動章氏斷髮，以示決絕。隨之對支持皇權的《公羊》學，態度轉向強硬，公開反駁《公羊》學者對《左傳》和古文經學的凌厲攻勢。

　　章太炎以實事求是的態度，求其本源與根據，不僅駁斥《公羊》家對左傳學質疑，而且也展開對《公羊》學的批評。《公羊》學家透過比較《公羊》和《左傳》解經方式，重經義輕史傳，不僅強調《公羊》學的價值，更由此確立《春秋》的性質，建構以孔子爲中心的經學觀點與學術體系。章太炎反對《公羊》家的經學觀，提出對《公羊》學的批評，也提出以古文經學爲主的經學觀，與之相衡。本章首先說明章太炎前期會通《左傳》與《公羊》的背景及思想脈絡。其次說明章太炎轉向後，對晚清《公羊》學家的反駁，以及對《公羊》學的批評。在章太炎轉變脈絡與反駁、批評的論述中，可以觀察到，對於世變中的晚清民國經學，章太炎有了不同於前的視角與思考。

第一節　早期的會通思想

　　1900 年以前，在章太炎寫與今文家譚獻、古文家孫詒讓的書信，以及〈翼教叢編書後〉（1899）爲康有爲辯駁、〈今古文辨義〉（1899），以及對廖平學說的評論中，可察知他早期對今文學的立場與觀點。從章太炎致書譚獻的信中又可知，早在 1891 年他就意識到康說的威脅，卻遲至 1896 年，才完成其聲張左傳學的專著——《春秋左傳讀》。蓋康有爲《新學僞經考》出，章太炎不滿其批評古文經學，高倡孔教，自視爲南海聖人，曾作駁《新學僞經考》

數十條，卻因孫詒讓言，收起批駁，未曾刊行。〔註3〕

　　爾後，他追溯康有爲說，本於劉逢祿、宋翔鳳，遂將劉逢祿作爲反駁的主要對象，力斥其說。劉逢祿批評《左傳》，立說根本在劉歆僞纂說，因此章太炎透過考求流傳在秦、漢間的《左傳》學，以明《左傳》立說之有本有據。另一方面，這一時期章太炎主張調和三傳，認爲三傳同出一源，不僅援引《穀梁》、《公羊》說義，贊同《公羊》經說，也附和素王改制、黜周王魯、三統說等源自《公羊》學系統的經說主張。

一、反對劉逢祿對《左傳》的攻擊

　　章太炎指出，劉逢祿之《公羊》學實爲清代《公羊》學一大轉折。〔註4〕清代《公羊》學先師莊存與猶採《左傳》經說，孔廣森實事求是，猶明何休公羊學之無據。雖然章太炎不認同莊、孔之《公羊》學，仍推贊二者治《公羊》不排異說，不吝自省的立場，和劉逢祿以來堅守《公羊》學，透過打擊異說，擴張《公羊》學的方式，有很大的不同。他注意到，二傳各自代表的經說立場，自劉逢祿始成對立，指出：「清初諸人講經治漢學，尙無今古文之爭。自今文家以今文排斥古文，遂有古文家以古文排斥今文來相對抗。」〔註5〕

　　乾嘉前期，惠棟之存古、治《左傳》，猶兼今古文說。嘉道時，學者不滿魏、晉以後新注掩蓋漢儒古注，於是採漢、魏古義，抉擇疏通，漸分今古。如孫星衍《尙書今古文注疏》，意在網羅放失舊聞，錄漢、魏人佚說爲多；陳奐《毛詩傳疏》，以鄭玄、許愼兩家善承毛氏，採毛氏舊說；劉寶楠《論語正義》及劉文淇的《春秋左氏傳舊注疏證》蒐輯東漢學者舊注，爲之疏通證明等。他們看重漢代古文經說於典有據，實事求是，治學方式以文字訓詁考究經典。因此，清代漢學發展初期，今、古文兼採的治經方式，到中晚期則以治古文經注爲重心，高舉恢復東漢古文經學的旗幟。但研治《左傳》或宗主古文經學的學者，並非採攻擊異說的手段，擴大其學說影響力。

　　劉逢祿、宋翔鳳、龔自珍、魏源、廖平、康有爲等《公羊》學家則不同。他們試圖重建對《春秋》和《公羊》的解釋，標舉回復西漢今文經學家法。

〔註3〕章太炎：〈瑞安孫先生傷辭〉，《章太炎全集》四（上海：上海人民出版社，1982），頁224。

〔註4〕章太炎謂：「申受綸詭，莊氏幽精上通，墨守既堅，遂爲雄伯。」（同註1）。

〔註5〕章太炎：〈清代學術之系統〉(1932)，《章太炎講演集》（石家莊：河北人民出版社，2004），頁104。

其重建今文經學，不僅在恢復漢代《公羊》學，而且是在爭取學術主導權的企圖下，重蹈何休攻《左》之轍，對古文經學展開持續的批評。劉逢祿以後，堅守《公羊》學、排拒他說，成爲《公羊》學家一貫抱持的立場。〔註6〕

這一時期，出於調和的立場，章太炎對劉逢祿之「諸所駁難，散在《讀》中」〔註7〕，未成系統。直接駁斥劉逢祿說者，共9條，數量並不多。其中隱公篇「攝也」、「天子七月而葬同軌畢至」、桓公篇「祭公逆王后于紀」、「乙亥嘗書不害也」、成公篇「負芻殺其大子而自立也」、襄公篇「書先晉，晉有信也」、昭公篇「大雨雹」等條文，是章太炎針對劉逢祿批評《左傳》說義有疑者，提出辨駁。除此之外，對劉逢祿的批評，多就其質疑《左傳》的傳授、作者、書名及形式等問題，間接的提出說明與辨駁。

首先，針對劉逢祿質疑《左傳》授受源流，章太炎根據劉向《別錄》，在《春秋左傳讀‧序》中，指出《左傳》的授受系譜：

> 曾、吳、鐸、虞、荀、賈、三張之言，時有可見（謂張北平、張子
> 高、張長子），皆能理董疑義，閭閻雅言。〔註8〕

他透過檢視秦、漢典籍，比對這些授受者與《左傳》中相同的引文說義，以文獻實據，證明此傳授譜系之不妄，包括先秦五家：

（一）曾子。《春秋左傳讀》桓公篇「曹大子來朝，賓之以上卿」條，論曹太子代病父攝君位，於魯受上卿之禮一事。章太炎認爲，《荀子‧正論》謂

〔註6〕劉逢祿提出《左傳》並非與孔子同時之左丘明所作。並認爲，《左傳》在劉歆以前，當如《呂氏春秋》類典籍，記注史事，不爲傳經之作，稱「左氏春秋」。《史記》引《左傳》文，即屬這些的文獻資料。經劉歆襲《公羊》經說大義，將經說、條例摻進《左傳》述史的內容中，遂使《左傳》成爲傳經之作。他提出三個形式上的問題，一、《左傳》經文十二篇，與《公》、《穀》二傳不合；二、經有文，傳未釋；三、《左傳》續經，以及《左傳》說經內容上有失經意者等問題，斷定劉歆僞作《左傳》說經之文。其次，劉逢祿針對文獻上記載《左傳》授受原委者，自《史記》、《漢書》、《後漢書》、《說文解字敘》、《別錄》、《經典釋文》、《春秋正義》等，一一辨駁，指爲皆劉歆僞篡。由此建立劉歆僞作《左傳》的論述。換言之，他接受《左傳》中與秦、漢文獻資料相同的史事記注，這部分的內容爲真，屬於解經之說義與書法凡例者，則爲僞作。他切斷《春秋》與《左傳》的關係，同時指出劉歆僞作《左傳》經說，多襲自《公羊》說，試圖將《公羊傳》推上獨釋《春秋》的地位。參考林慶彰先生：〈劉逢祿左氏春秋考證的辨僞方法〉，《清代經學研究論集》（臺北：中央研究院文哲所，2002），頁403～430。

〔註7〕章太炎：《春秋左傳讀‧序》，《章太炎全集》二，頁809。

〔註8〕同前註，頁808。

「故曰：諸侯有老，天子無老，有擅（即禪）國，無擅天下。古今一也」之
道理同。其中「故曰」、「古今一也」，當是《春秋》大義，爲曾子申等傳之。
〔註9〕

　　（二）吳起。章太炎證之有四。一，襄公篇「璽書追而予之」條，言及
魯大夫用璽之事。《呂覽・執一》引吳起言，語及大夫用璽。章太炎認爲此即
「吳氏傳《左傳》，此語即大夫有璽之切證」。〔註10〕二，昭公篇「不聞其務
險」條。《左傳》昭四年記司馬侯勸晉侯「務德不務險」，〈孫子吳起列傳〉亦
載吳起言君王在德不在險。章太炎認爲，「吳氏傳《左傳》，其論與此文適合，
錄爲古注」〔註11〕。三，昭公篇「『魯文』至『假人』」，言魯政漸入季氏。章
太炎指出，《韓非子・說林上》記季孫新弒其君，吳起仕之。人謂起：季孫之
行，其後未可知。恐爲季孫所累，起因去之晉。章太炎認爲，吳起說本之孔
子。《大戴禮・少間》記孔子言，與《傳》文這段意旨相當。可知，孔子之義，
由《左氏》傳之，吳起本之。〔註12〕四，定公篇「半濟而後可擊也」。章太炎
指出，吳子曰「敵若絕水，半渡而擊之」，即此《傳》之詁。可證。〔註13〕

　　（三）鐸椒、虞卿。襄公篇「我以不貪爲寶」。章太炎指出，《呂覽・異
寶》作「我以不受爲寶」，下有釋之之論，當是「鐸、虞書中所記論《左氏》
之說，諸儒作《呂覽》時采之」。〔註14〕隱公篇「胙之土」。章太炎指出，胙
土之禮，見褚先生〈續三王世家〉云：「《春秋大傳》曰：……」考〈藝文志〉
之《春秋》家，無《大傳》，以「大」當爲「虞」字之脫誤。一乃「虞」字從
「吳」，「吳」從「矢」，「矢」從「大」，故上脫而譌「大」矣。又以石經《左
傳》古文「虞」作「𡠗」，亦與「大」相似，故誤爲「大」。《春秋家》有《虞
氏微傳》二篇，即此《虞傳》。〔註15〕哀公篇「今君無疾而死」。章太炎指出，
《韓非子・備內》謂「故《桃左春秋》曰：『人主之疾死者不能處半……』」中
「桃」借爲「趙」〔註16〕，當爲「趙左春秋」。他認爲傳《左氏》者，虞卿、

〔註9〕　章太炎：《春秋左傳讀》，《章太炎全集》二，頁159。
〔註10〕　同前註，頁554。
〔註11〕　同前註，頁596。
〔註12〕　同前註，頁726。
〔註13〕　同前註，頁737。
〔註14〕　同前註，頁501。此當爲章氏臆詞，雖不明《呂覽》的文獻根據爲何，然猶可
　　　　　視爲《左傳》論經義者，已見於先秦之證。
〔註15〕　同前註，頁109、110。
〔註16〕　章太炎又證之以《方言》、《廣雅・釋器》之說桃、趙通。同前註，頁802。

荀子皆趙人，二家所傳之《左氏春秋》，謂之《趙左春秋》。〔註17〕以《左氏》傳授，鐸椒後惟虞、荀，必以趙別之，猶《公羊》有嚴氏、顏氏以為別。韓非學于荀子，故得見之。

（四）荀子。如定公篇「羈弗敢知」。章太炎指出《荀子·大略》云：「子謂子家駒續然大夫」，是指稱同一件事。蓋子家駒本意立昭公之後以續，故以「羈弗敢知」拒叔孫之欲立公子宋。他認為，荀子引孔子以子家駒為「續然大夫」言，若《春秋》存陳之志，為孔子「括其一生心迹」，為「聖人論《春秋》之微言，而曾、吳、鐸、虞遞傳至荀子者也。」〔註18〕而且章太炎大量的引用《荀子》說義之文獻，比對《左傳》內容，多達百條，以明荀子傳《左傳》之有其實據。

至於西漢傳授者，章太炎則多引賈誼《新書》、劉向《說苑》、《論衡》、《史記》、《列女傳》及其傳注中與《傳》文相似之說明，以證《左傳》在西漢傳授的事實。

章太炎特別將劉歆以前的秦、漢典籍，與《左傳》說經之義有同者，一一檢出。〈序〉中自謂「極引周、秦、西漢先師之說」，考求《左傳》古義，以明《左傳》說經者之立說源本，其實也是針對劉逢祿以《左傳》釋經之文為劉歆偽作之論。他認為《左傳》本有《左氏微》，乃說明義例的專書，雖然亡逸，卻可以在《左傳》傳授者的說義上，見其古義。換言之，章太炎這番搜集秦、漢舊說，除了證明《左傳》說經義的內容，早見於先秦，不可能是劉歆偽作，也在證明《左傳》之授受譜系，信然有徵。

章太炎《春秋左傳讀》之陳說，多上溯秦、漢間的《左傳》經說大義，直接反對或明顯評批劉逢祿者不多，卻是透過具體的證據，力證《左傳》經說大義在秦、漢間即已成說，正面反駁劉逢祿的說法。

其次，《左傳》作者、《左傳》書名與經傳不合的質疑。唐中葉後，左丘明的身份與《左傳》孔子的關係開始受到懷疑，到劉逢祿歸總問題提出質疑。《春秋左傳讀》第一條，首先論證《左傳》作者及《左氏春秋》之得名由來。

章太炎認為，如劉歆〈移太常博士書〉言「《春秋》左氏丘明所修者」，丘明其氏與名，左氏其官。氏丘名明，有如〈龜策列傳〉言武帝時有卜者丘子明，

〔註17〕章太炎又證之，猶〈藝文志〉《易》有《淮南道訓》、《論語》有《燕傳說》，《異義》引〈易下邳傳〉、〈甘容〉，以其地目其書者。同前註。
〔註18〕同前註，頁728。

爲氏丘名明之例證。「左」爲官名，左氏即左史氏，猶言大史氏。傳《左傳》之
吳起，據《韓非‧外儲說右上》指爲「衛左氏中人也」。左氏，爲衛邑名。《左
氏春秋》，固然以左氏爲名，或亦因吳起傳其學，故名《左氏春秋》。如《毛詩》
因小毛公而題，或猶《齊詩》、《魯詩》因地而名者。換言之，章太炎認爲劉逢
祿以《左氏春秋》之名不傳經，乃不察典籍命名之例而妄說之。據此，他主張
《左氏春秋》即《春秋左氏傳》，爲左氏——太史丘明所作。〔註19〕

　　再者，《春秋》與《左傳》中，有許多經有書、傳無解的現象，引發劉逢
祿質疑，以爲此乃當初《左傳》取舊史，相錯編年，「不必比坿夫子之經，故
往往比年闕事」〔註20〕之跡，而將經有書、傳無解者，視爲劉歆爲強以之傳
《春秋》，增纂傳文之疏漏不足處。章太炎駁之，在隱公篇「夏公及宋公遇于
清」，談到經有傳無的問題。

　　他指出，古人傳經有空舉經文之例，不當爲《左氏》不傳《春秋》之證。
如《易‧比》：「初六，有它，吉。」〈象〉曰：「比之初六，有它，吉也。」〈大
有〉：「初九，無交害。」〈象〉曰：「大有初九，無交害也。」以及〈无妄〉、
〈遯〉、〈大壯〉、〈豐〉篇中等皆有空舉之文。還進一步指出，《左傳》多有空
舉經文而以諡字易名者，爲古傳文之體例。如《易‧訟》：「九二，不克訟，歸
而逋。」〈象〉曰「不克訟，歸逋竄」，以竄訓逋，以〈艮〉二例等，皆於義
無所發明，正如《左傳》之體例。因此，經有傳無的現象，並不能成爲《左
傳》不傳《春秋》的證明。

　　章太炎作《春秋左傳讀》，全書多達九百條釋文，雖起於對《公羊》家批
評《左傳》的不滿，但是其中直接批評董仲舒、何休及劉逢祿之非者，實不
及 20 條。章太炎針對劉逢祿提出系統而全面的辨駁，有待於下一階段。顯見
這一時期，他雖然不滿《公羊》家說《左傳》，卻不欲與之針鋒相對，僅透過
實事實據，表明《左傳》說經之義與授受流傳有本有據、非劉歆僞作，對僞
作說未作積極的反駁。

二、主張《左傳》學與《公羊》學相通

　　章太炎作《春秋左傳讀》，目的不在反駁《公羊》及《公羊》學，主要在
駁《左傳》僞作說之外，還透過分析《傳》文說義，證明三傳相通，《公羊》

〔註19〕同前註，頁 57～59。
〔註20〕劉逢祿：《左氏春秋考證》，（臺北：藝文印書館，1959），卷 1294。

學與《左傳》學主張相同，不必截然相對。

他首先指出，《穀梁》和《左傳》同屬魯學，爲荀子所治：

> 經術之事，鬠亂嗜菁，泛濫六籍，銳志陽秋，湛思《左氏》，驟爲起
> 廢《穀梁》，辭旨雅懿，魯學是同。大儒荀卿，照鄰殆庶，并受二傳，
> 疆場無分。秉此説經，庶慰悒悔。〔註21〕

指出荀子共治《左傳》和《穀梁》，無分疆場，是二傳必有其通者。其《春秋
左傳讀》之作亦以這樣的立場釋經。

他試圖接引《公羊》學與《左傳》學，有云：

> 然《左氏》篇首以攝詁經，天下爲宦，故具微旨，索大同于〈禮運〉，
> 籀遜讓于〈書序〉，齊、魯二轉，同入環內，苟暢斯解，則何、鄭同
> 室釋甲勢冰矣。〔註22〕

認爲隱元年《左傳》釋公不書即位，謂「攝也」，即總括經旨在「攝」；以天
下爲宦，同於大同、堯舜遜讓之意，亦可索於〈禮運〉與〈書序〉中。主張
《公羊》屬齊學，雖與《左氏》講學系統不同，仍可共通意旨，以《公羊》、
《左傳》乃「同入環內」，而試作調和之論。明其《春秋左傳讀》之作意，在
令「何、鄭同室釋甲勢冰」。

當章太炎疏理《左傳》傳授譜系，看到自荀子至劉向，稱說《左傳》，往
往與二傳出入，認爲主要原因在於孔子七十弟子多有異言，違離本事，以空
例相推，而二傳承之，復增益其說。指出：

> 《穀梁》善自節制，《公羊》始縱恣，以其論言佞諛暴君，舊義或什
> 存一。……總之，荀、賈所見近是，若夫《公羊》所說，或剽竊《左
> 氏》，而失其眞。……故知《左氏》之義，或似二家，由後襲前，非
> 前之取後也。今第錄曾、吳、荀、賈、司馬、張、翟、劉說，委細
> 證明，爲如干卷。〔註23〕

以《左傳》義有同於二傳者，乃《公》、《穀》二傳襲取《左傳》。如此一來，
二傳之義，可作爲《左傳》釋義之佐。

他論列先秦諸子與西漢儒者說義，將同於《公》、《穀》二傳者，不排斥
的採用。如論隱公「元年，春王正月」的解釋，章太炎認爲，書「元」有「慎

〔註21〕章太炎：〈與譚獻〉（1896），《章太炎書信集》，頁1。
〔註22〕同前註，頁2。
〔註23〕章太炎：《春秋左傳讀敘錄‧後序》，《章太炎全集》二，頁866。

始」之義。見《說苑・建本》引吳起之語有此意，《賈子・貽教》亦見此意，《漢書・賈鄒枚路傳》載路溫舒亦申《左氏》「愼始」之意，皆與《公羊》同。其次，《漢書・律曆志》中載劉歆論「春秋」取名之意爲「故春爲陽中，萬物以生；秋爲陰中，萬物以成」，以陰陽論之，賈逵亦同；又以三統論《春秋》，劉歆、賈逵皆同。章太炎指出，劉歆三統之論，出自劉向，見《漢書・楚元王傳》載劉向持三統論，劉向善《穀梁》，是《左傳》與《穀梁》亦無異義。《春秋左傳讀》搜求西漢儒者的《左氏》古義，多同於此。因此，透過兩漢儒者持論相同的說義，章太炎得以引《公》、《穀》二家說支援《左傳》經說。

章太炎《春秋左傳讀》調和三傳的論述，可分爲三類：（一）會通三傳，（二）與《公羊》學思想主張相同，（三）存異說。試述如下。

（一）會通三傳

章太炎會通三傳，分爲三種情形：三傳相通，《左傳》、《穀梁》相通，《左傳》《公羊》相通。他主要又以二種方式說明三傳相通。

其一，三傳皆有說，會通之。如莊公篇「單伯」。「單伯」何以不名？其身份如何？見三傳：

《左傳》莊十四年：「諸侯伐宋，齊請師于周。夏，單伯會之。」

《公羊》文十四年：「不稱行人而執，以已執也。單伯之罪何？」

《穀梁》莊元年：「命大夫，故不名。」

說似不同。《公羊》、《穀梁》所指皆爲魯臣，文十五年經書「單伯至自齊」，明單伯爲魯臣；《左傳》謂齊國請成周出兵，率由單伯領兵與諸侯相會，單伯似爲周臣。《公羊》莊元年又云「單伯者何？吾大夫之命乎天子者也。」又與《左傳》意通。那麼，單伯如何既爲周臣又爲魯臣？三傳之說如何會通？

章太炎指出，古制周天子使大夫監於方伯之國，爲監，於方作之國不純臣。單伯爲單子之支裔，世爲天子大夫，亦世爲魯監，故書字曰伯，而不名。相對而言，魯卿雖命於天子者，亦名，不得書伯。單伯之得名由此。章太炎謂「知此則三傳之結可解也」。〔註24〕

其二，《左傳》無說，以二傳比對《左傳》師說，會通之。如成公篇「新宮災」。《公羊》、《穀梁》皆以爲宣公之宮，若董仲舒以爲宣王弑君而立，不

〔註24〕章太炎：《春秋左傳讀》，《章太炎全集》二，頁173。

當列於群祖之徵。《左傳》無說。章太炎卻指出，《左傳》意旨當同二傳，若董仲舒說。他舉〈魯語〉展禽語：「犯鬼道二，犯人道二，能無殃乎？」意同於《左傳》「有生不及刑戮者，死則焚之」。又，劉向言「宣公得免於禍，天猶惡之，生則不饗其祀，死則災燔其廟」，歆當從父言。章太炎見《左傳》先師所言誼同二傳，而謂「此三傳之通誼也」。〔註25〕

再者，《左傳》、《穀梁》相通者。章太炎主張，荀子兼治《左》、《穀》，故二傳多通說，多以《穀梁》說《左傳》。如桓公篇「取郜大鼎」。《穀梁》云：「孔子曰：『名從主人，物從中國，故曰：郜大鼎也。』」《左傳》未言此意。章太炎見《荀子‧正名》：「散名之加於萬物者，則從諸夏之成俗曲期。」認爲荀子兼治二傳，所云「散名」義，必爲二家之通誼，而接受《穀梁》之釋義，以作《左傳》義。〔註26〕

至於《左傳》、《公羊》相通者。章太炎或以《左傳》師說通《公羊傳》，或以《公羊》師說通《左傳》。前如僖公篇「公及」至「首止」，言諸侯與王世子會盟事。《經》僖五年「公及齊侯、宋公……會王世子于首止。」《公羊傳》主張：「爲殊會王世子？世子貴也。」意謂《經》書「會王世子」，不與諸侯同序，乃因世子身份尊貴。《左傳》未述此意，章太炎以《左氏》、《公羊》同義。他指出賈誼《賈子‧立後義》：「夫勢明則民定而出於一道，故人皆爭爲宰相而不姦爲世子，非宰相尊而世子卑，不可以智求，不可以力爭也。」之意，爲《左氏》訓詁義，與《公羊》通。〔註27〕

章太炎會通三傳之主張，因於秦、漢之際師法未密，學者因此多有兼習。如荀子兼習《左》、《穀》，董仲舒大量引用《左傳》情事，而且當時學者即使學有專經，亦不排它說。如襄公十九年「士匄侵齊」事，《左傳》記士匄聞喪而還，對他有「禮也」的佳評。〈蕭望之傳〉稱蕭氏言此事，遣詞同《公羊》，意旨與《左傳》相應。《穀梁》反而批評士匄，說異二傳。〈儒林〉記蕭望之「平《公羊》、《穀梁》同異，多從《穀梁》」，當宗主《穀梁》。然而蕭望之獨不取《穀梁》義，章太炎認爲此當蕭氏兼讀三傳，因而「豈不以《公羊》、《左氏》義同，三占從二，故棄彼而取此哉」？〔註28〕

〔註25〕同前註，頁 432。
〔註26〕同前註，頁 119。
〔註27〕同前註，頁 239。
〔註28〕同前註，頁 510。

（二）與《公羊》學思想主張相同

　　不僅三傳多有相通之義，章太炎認為，三傳之師法家說，亦多能會通，特別是《左傳》學與《公羊》學。這時期，章太炎頗能認同《公羊》學的思想主張，不但引《公羊》家說解釋《左傳》，也援用《公羊》學說解釋《左傳》經說。

　　他曾引莊存與說解釋文公十八年「莒弒其君庶其」之義〔註29〕，也引宋翔鳳說解釋隱公十一年「太岳之胤」文。這時期，章太炎還推崇董仲舒釋經方法，如謂：

> 董生云：「辭不能及，皆在於指。見其指者，不任其辭。不任其辭，
> 然後可與適道矣。」此治《公羊》、《左氏》者，皆所當知也。〔註30〕

將董氏說經原則，視為二傳共法。他還聲稱，董仲舒之謂「無達詁」，當本《左氏》先師荀卿〔註31〕，又認同董仲舒經說大義，為公貼詮釋《左傳》意旨者。如釋襄公二十六年《左傳》「賞以春夏，刑以秋冬」文時，章太炎贊許董氏之謂「賞刑以時」的道理，以其「最得此《傳》之意」。〔註32〕

　　更重要的是，章太炎也接受董仲舒的釋經理論。其云：

> 《繁露》云：「《春秋》作新王之事，變周之制，當正黑統。而殷、
> 周為王者之後，絀夏改號禹謂之帝，錄其後以小國。」然則《春秋》
> 當推黃帝為九皇……此皆《春秋》之新法也。〔註33〕

雖然不贊同董仲舒對於五帝繼統的安排，卻是認同董仲舒以《春秋》當新法的立論。

　　再者，《春秋左傳讀》中，多處可見章太炎援引《公羊》學思想作為釋義的理論基礎。他在書中談論《左傳》作者後，隨即總括《春秋》作者之旨，曰：

> 賈侍中〈春秋序〉：「孔子覽史記，就是非之說，立素王之法。」麟
> 案：侍中之說，本於太傅。〈過秦下〉云：「諸侯起於匹夫，以利會，
> 非有素王之行也。」是說匹夫而有聖德者為素王也。董膠西〈對策〉

〔註29〕引莊氏說，頁351。引宋氏說，頁114。

〔註30〕同前註，頁384。

〔註31〕章太炎謂：「『詩無達詁』云云，亦本《荀子·大略》『善為《詩》者不說，善為《易》者不占，善為《禮》者不相』之意。」同前註，頁250。

〔註32〕同前註，頁539。

〔註33〕同前註，頁133。

云：「孔子作《春秋》，先正王而繫以萬事，見素王之文焉。」是《公
羊》說亦同。〔註34〕

指出賈逵謂孔子立素王之法的觀點，當得自於西漢賈誼，而與西漢《公羊》
學觀點相同。

既以《春秋》爲孔子素王之法，章太炎也認同《公羊》學黜周改制之說：

「元年春王，正月。」《公羊》以隱公爲受命王，黜周爲二王後。《長
義》曰：「名不正則言不順，言不順則事不成。今隱公人臣，而虛稱
以王，周天子見在上，而黜公侯，是非正名而言順也。」……《公
羊疏》駁之云：「《春秋》藉位於魯，以託王義，隱公之爵不進稱王，
周王之號不退爲公，何以爲不正名順言乎？」麟案：終以《公羊》
爲長。……周道，謂餘五經也；一家，謂《春秋》也。則《春秋》
非周道……且自號素王，則託王復何嫌乎？〔註35〕

文中《長義》反對隱公爲「受命王」的說法，與《公羊》說適成對反。《左傳》
學者賈逵、鄭玄、服虔皆有名爲「長義」之作。章太炎卻認爲此《長義》不
題著者，說與他所認同的《公羊》主張不同，當非《左傳》先師之言。顯然
相當重視受命改制之說，而將之視爲解讀孔子《春秋》的基本主張。

此外，在隱元年「鄭伯克段」條，章太炎云：

烏乎！吾觀《春秋》首書此事于開端建始之時，而知《公羊》家爲
漢制法之說非無據也。……《春秋》爲萬王準則，固非專爲漢作，
而于漢事固有獨切者，猶之《易》道彌綸千古，而《臨卦》著八月
之象，則因文王之時，紂爲無道，故爲殷家箸與衰之戒，以見周改
殷正之數（見鄭氏《易注》）。然則殷末作《易》則以開周，周末作
《春秋》，則以開漢，無足怪也。玄聖制法，斯不疑矣。〔註36〕

知其在素王改制的架構下，不僅認同改制之說，也接受《公羊》家以《春秋》
制萬世法，且獨切於漢事的主張。

如釋論名物，襄公篇「王追賜之大路」，論天子、諸侯車乘。章太炎云：

若夫《春秋》改制，則又有異名……是天子之車則曰乘輿，諸侯稱
乘輿則爲僭，故知諸侯曰乘車也。太傅《左氏》說與子政所述正同，

〔註34〕同前註，頁 59。
〔註35〕同前註，頁 64。
〔註36〕同前註，頁 66～68。

是知乘輿之名非周所有，而亦非起於秦、漢，乃孔子改制之名也。
〔註37〕

認爲孔子改制，涉及名物之改易，將西周、春秋與秦、漢之間，名物更迭之況，視爲孔子改制之迹。禮儀變異之例，章氏復作此解。其云：

先商，而周，而禮，則禮非商、周之禮，必爲《春秋》所制之禮矣。
《公羊》有改制之說，實即《左氏》之說也。〔註38〕

認爲先王禮法，亦爲孔子《春秋》所改。

總上言，章太炎尋求荀子、賈誼與劉向、歆等《左傳》學家，相關於素王說、黜周王魯之說、改制說、及爲萬世制法說的文獻資料，證明《左傳》學與《公羊》學有相同的主張，作爲二傳相通之證。

（三）存異說

《左傳》與二傳，確實存在許多不同的經說，面對見解差異的三傳經解，章太炎也未強爲之說引，反而多指陳當中的差異，主張治《左傳》，當有取於《公羊》學，亦有棄於《公羊》學者。〔註39〕

如僖公篇「衞侯燬滅邢」，衞、邢同姓，故書衞侯名燬。《左傳》「同姓，故名也」，章太炎認爲此乃經文「譏二名」之意，如同《公羊》有「譏二名」。《公羊》譏二名，出現在定公六年與哀公十三年，意在諷刺二個字的名字，主張二個字的名字不合禮法。《左傳》之「譏二名」，則是以更名者爲二名。對於二傳經說有同名實異的主張，章太炎僅謂：「特與《公羊》所指異耳。」
〔註40〕

除了解說經義不同，章太炎也認爲《左傳》和《公羊》本有不同主張，不當依從《公羊》。如關於三統說，同上事，文中，章太炎指出：

《春秋》辭約指博，一簡之中，兼具滅同姓與二名兩義，不于定、
哀世譏之，而于僖世譏者，《左氏》不張三世也。〔註41〕

雖接受《公羊》學三統說，卻又認爲《左傳》未有三世說的主張，表示不贊

〔註37〕同前註，頁 511。
〔註38〕同前註，頁 784。章太炎以爲改制爲《左傳》本有之義，根於《荀子‧正名》：「後王之成名，刑名從商，爵名從周，文名從禮。……」以《春秋》爲後王法，視荀子論爲《左氏》家說。
〔註39〕同前註，頁 724。
〔註40〕同前註，章氏引《白虎通‧姓名》爲證，明《左傳》譏二名意。頁 281。
〔註41〕同前註。

同三世說。

再者，不同於《公羊》家強調褒貶，章太炎主張《春秋》不特重褒貶，而重垂教。如定公篇「從祀先公」事。魯閔公無子，庶兄僖公代位，僖公子文公遂躋僖於閔上。定公時，陽虎欲代三桓而立，透過正王序，取於人。對此事，《左傳》僅述陽虎叛亂經過，未加批評。章太炎指出：

> 《春秋》借事垂教，而事之作于陽虎，有所不論也。此所以殊于褒
>
> 貶人物、議論利害之書。〔註42〕

《左傳》對陽虎有所不論，意在借事垂教。所指說經有殊者，即《公羊傳》貶抑陽虎爲「盜竊者」，以及議論事件中的利害關係。

又如僖公篇「震夷伯之廟」事。夷伯爲展氏之祖，章太炎指出《左傳》主張雷擊夷伯廟，在譴責展氏有隱慝之過。蓋展氏雖賢，其弟盜跖則橫行天下，故經文有震廟之書。《公羊傳》義有不同。以夷伯爲季氏親信，主張天降雷作爲警戒，表示注重夷伯，以經文書此事，在「記異」。章太炎引〈五行志〉劉歆說申《左傳》意，以「人道所不及，則天震之」。他認爲孔子治盜跖，「不見盜字于《經》，而託震廟之微文以見之。」與《公羊》說「天戒之，故大之」的意思截然不同。〔註43〕

在《春秋左傳讀》中，雖也對《公羊傳》及何休《公羊》說提出批評，但爲數不多。〔註44〕與今文經學者相較，宗古文經的學者，通常並不強烈的表示家派門戶之別。如阮元《皇清經解》收劉逢祿攻擊《左傳》的文章，俞樾猶尚《公羊》學，章太炎猶問學於今文家譚獻，皆秉有「有宗主而無門戶」之風，在求是的前提下，進行學問的討論。而據張舜徽研究鄭玄學，以鄭玄今古兼收，實秉古文經家法，指出鄭玄對於異說，若黃以周之言：「漢儒注書，循經立訓，意達而止。於去取異同之故，不自深剖，令讀者自領之，此引而不發之道也。」又如毛公詁《詩》引高子、孟仲子、仲梁子，其明例也。〔註45〕換言之，章太炎並不排斥異說，有著漢代治古文經學者所持異說同存的治學態度。

〔註42〕 同前註，頁745。

〔註43〕 同前註，頁258。

〔註44〕 如定公篇「仲孫忌」，引證反對《公羊》之譏二名，爲《春秋》書法。以爲二名常言，無義例。（同前註，頁742）。反對何休的說法，主要在援鄭，如莊公篇「噬齊」（頁179）、文公「公子如齊納幣」（頁322）、以及「來含且賵」（頁330）。

〔註45〕 張舜徽：〈鄭氏校讎學發微〉，《鄭學叢著》（濟南：齊魯書社，1984）頁61。

　　從另一方面看，對於劉逢祿主張《左傳》學襲取《公羊》學，章太炎固然反對此說，卻未將二傳學說，做涇渭之別，反而舉證加強二傳的關聯。原因在於，章太炎主張《公羊》、《穀梁》二傳，乃襲取《左傳》而成，是以三傳有相通之言，乃理所當然，不必強作分別。

　　如宣公篇「郤子登婦人笑于房」事，晉使郤克至齊，齊頃公母見郤子貌，笑之於房。許桂林批評《左傳》，前後未言郤克跛眇之文，如何有可笑之論？認為乃《左傳》「用《公》、《穀》之說而失為照應者也」。章太炎說明：

> 《左氏》據國史而書，當時郤克跛眇之疾（《公羊》以為跛，《穀梁》以為眇，未審何者為實），近在人耳目間，故國史不必推原其故，蓋古國史所書，猶後世起居注，本非欲傳之千古，故祗就當時共曉者言之。《左氏》則以細故，未及致詳，《公》、《穀》乃從後實注之耳，非《左氏》用《公》、《穀》也。〔註46〕

蓋《左傳》據國史而書，或因在人耳目間，或因細故，不及書郤克之貌。後起的《公》、《穀》二傳實為補述之文，主張《左傳》著作在前，《公》、《穀》在後，非《左》襲用二傳之說。

　　他強調《左傳》更早於《公羊》，乃是根據春秋國史而書。證謂：

> 試觀《左氏》于人名字諡號，隨便錯出，若如後世史法，則必先言某人字某，後言卒，諡某，否則于錯出處自注明白，如《史記》「亞父者，范增也」之例，而《傳》皆無之，豈非國史據人人共習者書之，而《左氏》仍之乎？〔註47〕

《左傳》記事用筆，有如《史記》記述當朝史，熟悉時人字、諡，隨便錯出，此即據時人嫻熟國史而書之之證。

　　此外，章太炎也指出，《公羊》有傳聞《左傳》義而誤者。見桓公篇「名賤之也」，七年《經》書「穀伯、鄧侯來朝。」《左傳》指出《春秋》書名，乃賤之之意，然未明言賤之之因。《公》、《穀》二傳則以為二君失國，故書名賤之。章太炎指出，隱元年經書「公及邾儀父盟于蔑」，《左傳》謂「『曰儀父』，貴之也」，乃由於邾儀父親賢君，有道，故賢之，可見書名不必定為賤之之意。其次，桓二年時「滕子來朝」，《經》文書法同，《傳》未言賤稱名，而於七年始言。稱名來朝者，不必定賤之。他又據服虔注，指穀、鄧親善楚國，最後

〔註46〕章太炎：《春秋左傳讀》，《章太炎全集》二，頁417、418。
〔註47〕同前註。

爲楚所滅之事，以《經》文書二人之名，蓋當時穀、鄧親惡人，昧勢聚利合之情，卒滅其國。然鄧國在莊十六年爲楚文王所滅，何以《公羊傳》可以在桓七年時，即書三十年後鄧侯失地之過以釋經？章太炎指出，《公羊傳》謂已失地之君，乃是傳聞《左氏》義而誤。〔註48〕

總上述，章太炎主張《公》、《左》相通，多援引《公羊》家說解釋《左傳》，其根本原因在於，認爲《左傳》著作在前，《公羊》後起，乃參用《左傳》而成。而《左傳》語意有未明者，則透過後起《公羊》或漢代《公羊》家，爲之補述。因此，這一時期，求其同，存其異，成爲他的基本立場。再者，章太炎不僅接受漢代《公羊》家說，視孔子爲素王，《春秋》爲其改制之法，以《春秋》寓有聖人、經世大法，因而在解經方法上，也主張《春秋》精簡的經文，必定透過「微言」，展現大義。〔註49〕而且認爲微言大義，雖不備載於《左傳》內文中，卻是透過《左傳》學的傳授流傳下來。這樣的釋經立場，其實和劉逢祿發揮何休《公羊》學、康有爲推重董仲舒《春秋》學一般，重視漢儒先師之說，勝於《傳》文本身。

這一時期，他的釋經觀點，其實和清儒、《公羊》學家一樣，深受漢儒影響，在漢儒的釋經系統中進行經典詮釋。所不滿於《公羊》家，唯有他們對《左傳》學的攻擊。

第二節　轉向批評《公羊》學

1897 年，章太炎自述「然康門亦或儳言革命，逾四年始判殊」〔註50〕，標明在四年後與康梁學派在政治上的分途，也在此後有意識的批評《公羊》學者的論述。1900 年後，章太炎在政治上的立場，轉向激進；在學術上，重編《訄書》，作〈訂孔〉，開始對康有爲學說公開提出批評。

〔註48〕同前註，頁 154。

〔註49〕如定公篇「羈弗敢知」言子駒立公衍、公爲以續昭公之後，荀子稱子駒爲「續然」大夫。章太炎認爲「續然」二字，爲聖人論《春秋》之微言，而曾、吳、鐸、虞遞傳至荀子者。或如文公編「爲殉」，《左傳》記秦伯薨，以子車氏三子「爲殉」。章太炎指出，服虔注謂「殺人以葬，琁環其左右，曰殉」，本之鄭玄「環人主，令殉環守之」。皆以殉爲琁環死者之名。然〈十二諸侯年表〉云：「繆公薨，殉以人，從死者百七十人，君子譏之，故不言卒。」章云：此乃《左氏》說《經》之微旨，太史公獨得之，不知者則以爲赴不及魯而已。認爲《左傳》別有解釋經文之微旨，由太史公得知。

〔註50〕章太炎：《太炎先生自定年譜》，頁 6。

　　章太炎力駁《公羊》說，主要針對康有爲的《新學僞經考》。《新學僞經考》擴大劉逢祿的僞傳說，主要在成其三世、改制與尊孔等經學主張。因此，反駁劉說，便動搖了康說，劉逢祿遂成爲章太炎批駁《公羊》學的主要對象。

　　1902 年，章太炎作《春秋左傳讀敍錄》，原名《後證砭》，係針對劉逢祿《左氏春秋考證》之卷二之「後證」，疑史書文獻遭劉歆篡改的部分，作全面而系統的駁證。同年又作《駁箴膏肓評》，批評劉逢祿《箴膏肓評》。1907 年作《劉子政左氏說》，欲透過證明劉向通《左傳》學，有效反駁劉逢祿的劉歆僞作說。

　　其次，章太炎沒有針對當代《公羊》學者提出系統的批評，對他們的批評，散見於各篇文章的評議中，雖不成系統，卻有其一貫之學術見解與理念在其中。特別是皮錫瑞與廖平，透過討論孔子與《春秋》、《春秋》的性質，以及分別今、古文經學，建構今文經學的經學主張。他們分別今、古文學，對所認知的古文經學進行批判，引起章太炎不滿，試圖澄清並積極地提出古文經學的主張。晚清民國今、古文之爭，便在章太炎對《公羊》學者們的反駁批評中展開。

　　本節論述一、章太炎針對劉逢祿主導的《左傳》不傳《春秋》論述，所提出系統的批評與駁斥。二、以《公羊》學家質疑《左傳》學的方式，章太炎在傳授與經說議題上，反質《公羊》學。三、說明章太炎對晚清《公羊》學家經學主張的批評。四、最後說明除了對《公羊》學的批評，章太炎更積極開展古文經學的經學主張，以「春秋左傳」爲核心，提出經學觀點與發展脈絡的見解。

一、駁斥《左傳》不傳《春秋》說

　　章太炎考察清代不傳《春秋》說與僞作說的起點，在劉逢祿。當他轉變對《公羊》家的態度之後，即針對劉逢祿考證，提出系統的批評，作有《敍錄》。自謂：「《敍錄》一篇，專駁申受。」〔註51〕專門針對劉逢祿《左傳》不傳《春秋》的論述，提出反駁，試圖從根本澄清《公羊》學者對《左傳》與劉歆的誤說。

　　劉逢祿爲證明傳《春秋》者惟《公羊》，不僅從經學史，也從經傳內容上，

〔註51〕章太炎對《敍錄》中對劉逢祿說的辨駁，十分有信心，認爲足以令其「匍匐却走耳」。見氏撰：〈與劉師培〉（1906），《章太炎書信集》，頁 77。

全面質疑《左傳》的傳經性質。他指出《左傳》解經內容爲劉歆坿益外，更透過考查漢代文獻，證明《左傳》傳解《春秋》的相關記載多爲劉歆篡改。對此，章太炎皆一一辨駁，從二方面來談劉逢祿的質疑：一、孔子、左丘明至東漢儒者的傳承授受譜系，二、《左傳》性質與解經方式。

（一）孔子、左丘明至東漢儒者的授受譜系

劉逢祿質疑《史記》、《漢書》中提到孔子與左丘明，左丘明與《左傳》關係，而且對《後漢書》所載錄《左傳》在西漢的授受譜系，表示不可信。針對劉逢祿的質疑，章太炎重新整理漢代典籍中關於《左傳》傳承的文獻，可分爲三部分。

首先關於孔子、左丘明與《左傳》的關係，包括左丘明的身分、孔子與左丘明的關係，左丘明何以作《左傳》等問題。章太炎指出，學者懷疑《論語》之左丘明非失明之左丘明，始自唐啖助、趙匡。然而啖、趙「所據何書，而執此異解」呢？〔註52〕又經宋儒祖述、劉逢祿張大其說，然皆未有明據。章太炎反駁啖、趙、劉的質疑，以「異人同名，未有相沿不辨之事」，並認爲若左丘明果有二人，何以自漢至唐皆「茫不訾省」？〔註53〕

章太炎推算左丘明年齡，當與曾子相若。主張孔子言「與左同恥」，指明孔子與左丘明是朋友，而非弟子，故《史記》謂「魯君子左丘明」，非「弟子左丘明」。〔註54〕

又從經傳的內容來看，章太炎認爲《春秋》經的特殊表現方式，必具其事，方得見義。他說：

> 若《春秋》則孔子自作，異於古書，欲求其義，非親炙則無所受，
> 欲詳其事，非史官則不與知。……既有左氏，具論本事，爲之作《傳》，
> 後世乃得聞而知之。〔註55〕

《春秋》爲孔子自作，與他經不同，欲求《春秋》之義，必親炙孔子，欲詳《春秋》之事，非史官不與知。他認爲孔子與左丘明、左丘明作《左傳》之

〔註52〕章太炎：《春秋左傳讀》，《章太炎全集》二，頁828。
〔註53〕章太炎謂：「京兆尹張敞，人知其非造字之張敞，與爲公孫康收集遺民之張敞也；侍御史張禹，人知其非成帝師張禹……然而名氏雖同，終無相溷之事。」（同前註，頁829）
〔註54〕同前註，頁57～59。
〔註55〕同前註，頁829、830。

間的關聯，當信從《史記》所言：「魯君子左丘明懼弟子人人異端，各安其意，失其眞，故因孔子史記，具論其語，成《左氏春秋》。」指明《左傳》乃左丘明親炙孔子，爲達其義，以詳其事的《春秋》傳注。〔註56〕

　　其次，劉向《別錄》中記載左丘明至漢初張蒼的傳授譜系，爲左丘明－曾申吳起－起子子期－楚人鐸椒作《抄撮》－虞卿作《抄撮》－荀卿－張蒼。劉逢祿指出，吳起有「謹始」之言，本《公羊》、《穀梁》言，而鐸椒、虞卿所作《抄撮》之體當爲《檮杌》、《呂覽》之例，故《漢書・藝文志》作《鐸氏微》、《虞氏微》等，皆非傳《左氏》者，而認爲《別錄》所言授受，皆爲劉歆假托。章太炎駁之，指出二點：

　　1. 吳起去魯哀公之季，不及百年。據桓譚言：「《左氏》傳世後百餘年，《穀梁》始作，《公羊》成書復在其後。」是吳起時，《穀梁》、《公羊》皆未作。故當言二傳采自吳起，不得云吳起采自二傳。〔註57〕

　　2. 《荀子》書中多有本《左傳》者，如「賞不僭，刑不濫」等語，全本《左傳》。又〈報春申君書〉引《春秋》楚圍齊、崔杼二事，亦與《左傳》合。復以《韓非子・備內篇》云「桃左春秋」，即同爲趙人虞卿、荀子所傳《左氏春秋》。

　　再者，關於《左傳》在秦、漢間至兩漢的授受譜系，可見於〈儒林傳〉、《別錄》及《經典釋文》。劉逢祿斷定二書的內容爲劉歆僞摻，後書則兼採前二書而爲之，並指出文獻並沒有記錄張蒼、賈誼修《左傳》之學，即使賈書偶有同《左傳》者，當採自《國語》，非傳《左傳》。章太炎反駁其說，指出文獻未錄，或有其脫漏，當就史文得以互見者，以明其實，因而大量舉賈書述《左傳》之事、義者，以明賈誼通《左傳》。〔註58〕繼之，〈儒林傳〉稱賈誼作《左氏傳訓故》，章太炎據賈書〈道術篇〉、〈六術篇〉、〈道德說篇〉等正是訓故之學，而認爲賈誼作有《左氏傳訓故》，不應無據而妄疑。又據《論衡・

〔註56〕章太炎又引《嚴氏春秋》引〈觀周篇〉云：「孔子將修《春秋》、與左丘明如周，觀書於周史。歸而修《春秋》之經，丘明爲之傳，共爲表裏。」指出，嚴彭祖雖爲《公羊》先師，當兼通《左傳》。他據《隋書・經籍志》：「《春秋左氏圖》十卷，漢太子太傅嚴彭祖撰。」知嚴氏固兼通《左傳》。又據〈儒林傳〉論嚴氏「彭祖廉直，不事權貴。曰：『凡通經術，固當修行先王之道，何可委曲從俗苟求富乎？』」明嚴氏不當如劉逢祿言，爲祿利之途作妄言孔子與左丘明、《左傳》的關係。（同前註，頁858）

〔註57〕同前註，855。

〔註58〕同前註，頁842。

佚文篇》提到張霸「以《左氏訓故》，造作百二篇」，認爲張霸雖作僞，當取
於眞，此《左氏訓故》當爲賈誼書。〔註59〕

　　至於劉向兼習《左傳》之證，章太炎亦一一爬梳《說苑》、《新序》、《列
女傳》，載《左氏》者六、七十條，義多有相會者，〈五行志〉載子政說《左
傳》者，近十條。又據《論衡》言：「子政玩弄《左氏》，童僕皆呻吟之。」
桓譚《新論》曰：「劉子政、子駿、伯玉三人，尤珍重《左氏》，下至婦女，
無不讀誦者。」證之。〔註60〕

　　針對劉逢祿將僞作《左傳》授受之過皆歸於劉歆，章太炎指出，劉歆在
〈移讓太常博士書〉中，嘗舉賈生、貫公等《左傳》先師，詳《左傳》授受，
並未受到當時反對者的質疑。他認爲，若當時有儒者質疑授受問題，當「猶
〈鹽鐵論〉蔚然成篇，而《漢書》不錄其語也。鹽鐵之論，其書尚存，陳、
范之辯，其書道絕，寧得從後臆測，謂其不舉傳授爲證乎」？〔註61〕可見《左
傳》之授受，固非當時所疑。

　　章太炎舉出許多證據，認爲劉逢祿以傳授問題質疑《左傳》，乃「焦明已
翔乎寥廓，而弋者猶視乎藪澤」。〔註62〕「焦明」，一種似鳳之鳥；寥廓，指
深遠空曠之境。弋者，狩獵者。意以謂早在漢代，《公羊》和《左傳》的論爭，
就聚焦在左氏「親見」孔子與公羊氏「傳聞」孔說，孰優孰劣的問題上，而
劉逢祿如同狩獵者，猶如在焦明遠離的水草沼澤間巡守，質疑《左傳》的授
受問題。章太炎認爲當從《左傳》是否傳《春秋》？又如何解《春秋》的實
質問題上，進行討論。

（二）《左傳》的性質與解經方式

　　章太炎徵理劉逢祿《左傳》非傳經說，不僅上溯劉說之本，駁其不實，

〔註59〕又，劉逢祿提出〈賈逵傳〉謂：「九世祖誼，……父徽，從劉歆受《左氏春秋》，
　　　　作《左氏條例》二十一篇。逵悉傳父業。」指出賈誼若作《左氏訓故》，不應
　　　　至徽始從歆受也；認爲是劉歆因徽而誣誼。章太炎駁之，《經典釋文》言賈誼
　　　　作訓故，傳至孫嘉。又徵之《史記・屈原賈生列傳》云：「賈嘉最好學，世其
　　　　家，與余通書。」知嘉實傳訓故，而太史公《左氏》之學亦自嘉得之。（同前
　　　　註，頁847。）此外，劉逢祿亦疑〈儒林傳〉言《左傳》有傳問民間者，有魯
　　　　國桓公、趙國貫公、膠東庸生等。章太炎駁之，以民間如張霸亦嘗受之，不
　　　　當無故懷疑。（頁834）
〔註60〕同前註，頁855。
〔註61〕同前註，頁860。
〔註62〕同前註。

並從經傳的形式、體例反駁《左傳》不傳《春秋》之說。

《論衡‧案書篇》曾云：「《左氏》言多怪，頗與孔子不語怪力相違反也，《呂氏春秋》亦如此焉。」章太炎認爲劉逢祿以《春秋左氏傳》當爲《左氏春秋》，而同《呂氏春秋》之論當本此。又指出，王充並非眞以《左傳》與《呂氏春秋》同類。其謂：

> 然仲任固云：「《春秋左氏傳》者，蓋出孔子壁中。」又云：「公羊高、穀梁寘、胡母氏皆傳《春秋》，各門異戶，獨《左氏傳》爲近得實。」又云：「《國語》，左氏之《外傳》也。《左氏》傳《經》，辭語尚略，故復選錄《國語》之辭以實。然則《左氏》、《國語》，世儒之實書也。」據此諸言，仲任固以《左氏》爲傳，且謂勝彼二家，則其與《呂氏春秋》並論者，特吐言之疵謬耳。〔註63〕

指出王充實明言《左傳》爲最佳的《春秋》傳本，其以《左傳》爲《呂氏春秋》之倫，爲吐言之疵謬，非指《左傳》不傳《春秋》。

其次，章太炎指出漢盧植、晉王接即謂《左傳》囊括古今，成一家之言，不主爲《經》發，說與劉同。他批評王接本治《公羊》，所言爲家派之別。至於盧植，尚有其他言論，明其非支持《左傳》不傳經之論。據〈盧植傳〉，章太炎指出：

> 植上書曰：「今《毛詩》、《左氏》、《周禮》各有傳記，其與《春秋》共相表裏（此句專指《左氏》），宜置博士，爲立學官。」則所謂傳記者，非謂一家箸述不通于經者，明矣。何者？《毛詩傳》與《周官傳》（〈藝文志〉有《周官經》六篇，《周官傳》四篇）皆據經發義者也，彼亦謂之傳記，則豈謂《左氏》之爲傳記，獨異彼二書乎？且非說經之書，而何爲欲置博士、立學官乎？……至夫「囊括古今」云云，蓋以《左氏》書中有說天官、律、歷、禮、樂、政、教等事，非爲一事而發。然彼此互明，不專於篇章之下，其實總爲釋《經》。乃其所謂經者，時時旁及六藝，非局於《春秋》一家，則有之矣。
> 〔註64〕

這一段話，包括三點說明。其一，盧植曾建議《左傳》置博士、立學官，便是認同《左傳》爲說經之書。其次，盧植以《左傳》「囊括古今」，即在指出

〔註63〕同前註，頁813。
〔註64〕同前註，頁812。

《左傳》內容豐富，不專爲一事而發的行文方式，多有旁及六藝者，然而總旨仍在釋《春秋》。最重要的是，盧植將《左傳》與《毛詩》、《周禮》並列，後二者據經發義，稱之爲「傳記」，因此盧植實將《左傳》視爲《春秋》之傳記。這一點，特別是針對劉逢祿對《左傳》解經方式的質疑而說。

劉逢祿認爲《左傳》爲《春秋》的史傳記注，不解經義，解經義的「凡例」、「君子曰」，或是其他說明《春秋》經義的內容，都是劉歆僞篡。換言之，劉逢祿認爲，史傳記注並不能呈顯經義，非傳經之體。

這樣的說法促使章太炎重釋「傳」之體例。經傳體例又涉及對《春秋》經性質的詮釋，而產生的經體、史體的爭議。是以以下分：史傳記注爲傳體、經史無別、以及解經語非劉歆所篡三點，說明章太炎的反駁。

首先，史傳記注爲傳體。章太炎指出，如孔子作《十翼》，各傳之體各不相同，然皆爲《易》之傳，故主張秦、漢傳體多異，不專作《公羊》「主人習其讀而問其傳」之傳注體例。並指出，只有《穀梁》、《禮喪服傳》、《夏小正傳》與《公羊》同體，其他如《毛公》作《詩傳》，訓故多而說義少，體稍殊。伏生《尚書大傳》，敘事八而說義二，體更殊。〔註65〕

他指出，傳，有傳記，有傳注。從物質形式來講，「傳」當作「專」，爲六寸簿〔註66〕，而經緯以繩編竹簡得名。後世隨文生義，以經緯爲經天緯地，而以專爲傳述經義。實經、傳初無此二義。

章太炎認爲《左傳》作「左專」，體例當如裴松之注《三國志》，多撰集事實，見其異同，當中有論事情得失、訂舊史之雖非，無過百分之一。〔註67〕然而，《左傳》所述史實，多未見《經》載，解經作用如何發生？章太炎指出：

> 且逢祿獨不讀《繁露》乎？〈玉英篇〉曰：「《經》曰：『宋督弒其君夷。』《傳》言：『莊公馮殺之。』不可及於《經》何也？曰：非不可及於《經》，其及之端眇不足以類鉤之，故難知也。」……案：《經》無有，豈不微哉！不書其往，而有避也。今此《傳》言莊公馮，而於《經》不書，亦以有避也。」（以上《繁露》）據此，則《經》無

〔註65〕同前註，頁 821。

〔註66〕其云：「《論語》：『傳不習乎』魯（筆者按：當爲《魯論語》）讀傳爲專。《說文》：『專，六寸薄也。』鄭君〈論語序〉云：『《春秋》，二尺四寸書之。《孝經》一尺二寸書之；《論語》，八寸。』《春秋》二尺四寸，六經同之。《孝經》、《論語》，愈謙愈短。然則釋經之書，宜更短於《論語》八寸。」（同前註）

〔註67〕同前註，頁 822。

而《傳》有者，悉皆《經》之微言。仲舒之論《公羊》如此，使仲
舒治《左氏》，則當謂處處皆微言矣。逢祿專治《公羊》，何乃背其
大師之說？〔註68〕

翻查董仲舒之釋經，多據《左傳》史實，甚而將傳有經無的諸多史實記載，
視爲大義微言所在。據此，章太炎詰問，如何劉逢祿能將傳文述史視爲不傳
經之證呢？

　　章太炎又舉證如《史記・儒林傳》云：「申公獨以《詩經》爲訓以教。」
顏師古以申公口說其指，「不爲解說之傳」。《漢書・楚元王傳》云「申公始爲
《詩傳》」，以申公自有《詩傳》。《漢書・藝文志》則未記有申公之《魯詩》有
傳。可見當時學官所習，博士所誦，尚有有傳無傳之異說。〔註69〕如何劉逢
祿可以肯定《左傳》這樣的傳記體例，不得爲傳經之體呢？〔註70〕

　　其次，從周、漢之世，經史尚無分別的角度來看。

　　劉氏所謂：「此謂夫子《春秋》之義，惟胡毋生、董生於《公羊》師得之。
『不務綜其終始』，以《經》自有始元終麟，非記事之史也。」章太炎指劉氏
但說其義，未詳其事，說有未據，不當信從。〔註71〕

　　他批評劉逢祿所指稱「《左氏》所載事實，本非從聖門出，猶《周官》未
經夫子論定，則游、夏之徒不傳也。」乃臆論，主張釋經當據誠諦有徵之事，
方足以置信，當如孔子對史著實事的嚴謹要求。其云：

孔子於夏、殷諸禮亦有耳聞，而文獻無徵，則不敢纂次其事，此其
所以爲史學之宗。〔註72〕

見孔子於文獻無徵者，不敢纂次其事，可知其重視史記文獻的立場。

　　繼之，他認爲有鑑於孔子對史實的重視，知《春秋》乃非常教，是「游、
夏不言，復何多責」者，其謂：

《詩》、《書》、《禮》、《樂》以及《周易》，傳自周初，義訓既詳，事
實亦具，孔子刪定，但有校訂編次之勞，後人聞知，自非難事。……

〔註68〕同前註。
〔註69〕同前註，頁836。
〔註70〕在《敘錄》中，章太炎針對劉逢祿提出，關《左傳》不傳經的形式問題，包
　　　　括傳有經無，續經以及經文篇數的問題，這部分處理了傳有經無的問題。另
　　　　外在頁820，針對劉氏對《左傳》篇數與《公羊傳》十二篇不同、《左傳》續
　　　　經的質疑，章太炎皆加以駁斥。
〔註71〕同前註，頁816。
〔註72〕同前註，頁826、827。

> 若《春秋》則孔子自作，異於古書，欲求其義，非親炙則無所受，
> 欲詳其事，非史官則不與知。……蓋有觀其事而不知其義者矣，倚
> 相、史儋之屬是也。若未觀其事而求解義，猶未鞫獄而先處斷，斯
> 誠曠古之所未聞也。……既有左氏，具論本事，爲之作《傳》，後世
> 乃得聞而知之。舍此而欲聞知，雖有眇義，亦所謂郢書燕說者爾。
> 〔註73〕

五經傳自周初，備事與義。《春秋》乃孔子自作，異於五經，事見而義未備。
章太炎主張，欲明其《春秋》之義，必詳其事。親事是解義的基礎，否則有
如案未審而先斷，或有所解義，亦如郢書燕說。左氏之作《傳》，令解釋《春
秋》在詳事的基礎上，具備掌握經義的可能。他又認爲，欲求《春秋》之義，
必親炙孔子，欲詳《春秋》之事，非史官則不與知，而《春秋》惟能由左氏
作傳，乃因左氏本爲史官，詳其實事，符合孔子明史實的要求。他說明：

> 左氏本是史官（〈藝文志〉云：「左丘明，魯大史。」），受學不需師
> 保，〈藝文志〉所謂「據行事，仍人道，因興以立功，就敗以成罰，
> 假日月以定歷數，藉朝聘以正禮樂」者，親聞聖恂，自能瞭如。至
> 如游、夏之徒，玩習經文，人人異端，豈以聖門之資望，遂能強人
> 信受？言之不從，斷可知矣。〔註74〕

認爲左氏爲史官的職能，具備解釋經義的要件，因《春秋》有別於他經的書
寫背景，因而對傳其經義者，有其特殊要求，決不能如劉氏所言，惟因游、
夏爲孔子弟子，強人信受其義。

　　章太炎強調，釋義的基礎必在於事，對於劉逢祿聲稱：「《春秋》非史文，
言《左氏》者以史文視《春秋》，宜其失義也。」重事則失其義的說法，舉證
反駁之。他指出，如孟子議《春秋》謂「其文則史」，〈十二諸侯年表〉云「論
史記舊聞，興於魯而次《春秋》」，俱以《春秋》爲史記，可知孟子與司馬遷
皆重《春秋》之義，既視爲經，又都正視其爲史記的性質。因此，他接著論
述，經史在秦、漢本無分別。

　　見〈藝文志〉將《史記》列於《春秋》家，顯見當時經史本非異業。他
指出，經史分途，出於荀勖四部。其謂：

> 唐、宋以來，《春秋》爲經、《左氏》爲史之説，強以經史分涂，不

〔註73〕同前註，頁829、830。
〔註74〕同前註，827、828。

悟荀勖以前，未有此別。自劉子駿爲《七略》，而東漢校書東觀仁壽
閣者，如班固、傅毅之徒，皆依《七略》分次，此《隋·經籍志》
之明文。今以經別于史，自俗儒言之可也。既欲上窮周法，下采漢
師，曾謂嚴、顏博士亦豫知四部之分乎？〔註75〕

劉歆將古代知識分類時，經史不別二家，後世承此。唐、宋以後，據荀勖之
圖書分類，乃始分經史。章太炎認爲，據後世之經史分別論《春秋》，實未明
周漢以來，知識發展的源流脈絡，因此主張從源流看《春秋》的特質，乃「義
經而體史」，不當重義輕事，否認《春秋》爲史的本質。

　　劉逢祿分別經史，將《左傳》歸入史學，去除《左傳》釋經性質，舉〈班
彪傳〉：「魯君子左丘明論集其文，作《左氏傳》三十篇，又撰異同，號曰《國
語》，二十篇。由是《乘》、《檮杌》之事遂闇，而《左氏》、《國語》獨章。」
以爲班氏以史視《左》之證。章太炎明其分別經史，入《左》於史，實欲透
過尊經抑史的觀念，置《左》之價值於《公羊》之下。因此，先辨《左傳》、
《國語》的關係，然後指正劉說之病。

　　章太炎基本上同意劉逢祿將《左傳》和《國語》歸爲同類，甚至認爲《國
語》如《史記》所記，又名《春秋國語》，將之視爲《春秋》之外傳，《左傳》
爲內傳。他指出，兩者皆爲左丘明採集之史料，而有所不同。其謂：

又考《國語》本有朝廷語與里閈語，二者不同。《墨子·公孟篇》曰：
「子亦聞夫《魯語》乎？魯有昆弟五人，其父死，其長子嗜酒而不
葬……」此所引《魯語》，是名與左氏之《魯語》同，而所說，家人
細故，蓋當時各國自有稗官采民俗爲一書，如臣壽《周紀》、虞初《周
說》，皆是類也。然則左氏之作《國語》，刪汰亦甚謹嚴。然里閈所
說，容亦兼涉國事，所記不同，史公過而存之。故〈年表〉有異於
《傳》，非爲無因。〔註76〕

指出東周本有採集野史之專書，分朝廷語與里巷街談，左丘明將里巷街談視
爲史料，經過刪汰，存錄涉及國事者，作爲參照的文獻。雖然《左傳》所錄
之事，與《國語》或太史公〈年表〉多有不同，章太炎認爲此如當班史所稱：
「遷作《史記》，本《左氏》、《國語》、《楚漢春秋》。」所見漢事，或與《楚
漢春秋》不同。史書存錄多異，本有其事。劉逢祿不當據此差異，疑太史公

〔註75〕同前註，頁845。
〔註76〕同前註，頁819。

所見《左傳》，與今本不同。

繼之，章太炎指出，除了《左傳》、《國語》俱爲《春秋》傳記，爲左丘明所作，《世本》亦然。主張：

> 《世本》出於左氏，而間及戰國時人之世系及秦、漢地名者，則荀、張諸君所增修耳。……有《春秋》而無《世本》，則本經不過一代之書，穿穴三世，比於畫指爲文，乃不得不託文起義，若是，則《春秋》方爲史官之大蠹，與街談巷語何別？故知《經》、《傳》相依，共爲表裏。《傳》非一書，《內傳》、《國語》、《世本》三者，皆《春秋》之傳也。不知《世本》而言《春秋》，猶摛埴而索塗也。〔註77〕

《世本》貫串上古歷史，昌明世系代變。又因《世本》得以探知三世世系，繫聯東周，令《春秋》引說三世，言符其實，不致成爲脫離史實、託文起義之虛說。因此，《世本》與《內傳》、《國語》，三者皆《春秋》之傳，而傳記之於經的價值，更由此顯見。章太炎認爲傳記不只是附記經文之義，透過傳記的補充，還在具實經文書寫，使《春秋》得以超越其作爲斷代史記的侷限，展現更高的價值。

章太炎如此重視傳記的價值，與劉逢祿正好相反。劉逢祿認爲劉歆重視傳記事實，甚於夫子之義，又認爲國家典禮，重其意，不尙其儀，非禮樂之精。〔註78〕章太炎駁斥其說，批評《公羊》家語必聖人，恪守師法之病，在於：

> 蓋雖本師之說，亦未能分別矣。呂步舒見仲舒言災異草槀，不知其師書，以爲大愚。誠使精承師說，豈待知名而後定其然否哉？求物于肆，不能辨物，但計市門榜題，以定美惡，不爲知物。主人烹猴以饗客，先言犬羹，則客飽食，及聞猴羹，則客大吐，不爲知味。《公羊》學者，有似於此。〔註79〕

如董仲舒弟子呂步舒見董災異之言，不知董所書而批評之事，表現了公羊學

〔註77〕 同前註，頁818。關於《世本》，章太炎釋謂：「《隋·經籍志》有《世本王侯大夫譜》二卷，又有《世本》二卷，劉向撰；又有《世本》四卷，宋衷撰。宋固注《世本》者，則大劉可以例推。因知戰國世系、漢世地名，亦或出於大劉注中，不得疑其爲誣。

〔註78〕 其謂：「聖人文約而旨博，歆畏其難于精究，欲以傳記事實易口說，則百家小說，賢於夫子《春秋》。辟雍封禪巡守之儀，《左氏》亦不具。或《逸禮》及他傳記有之，要非聖人治天下之本。務貴其意，不尙其儀，玉帛鐘鼓，非禮樂之精也。」（同前註，頁835）

〔註79〕 同前註。

－140－

不明究裏的那一面。章太炎認爲公羊家之過，在以其名定其是非，不知其然的承受師說，而嚴厲批評其「恣爲誣罔以欺承學，使槁項黃馘，疲瘵於塵曀之中而不一寤，其害甚於毀瓦畫墁」。〔註80〕

　　相對的，章太炎表明古文經學的立場，治經態度正好與《公羊》家相反。他推崇劉歆參考百家傳記的必要與價值。其謂：

> 乃若百家小説，誠非君子所尚，然舉宋鈃、尹文之言，比於《公羊》，則一使人智，一使人愚。百家雖短，必勝于博士決科之書明矣。子駿所言傳記，固非此輩，大抵《曲臺禮記》、《司馬法》、《周官傳》、《周政》、《周法》、《河間周制》之屬，此之爲益，豈若《公羊》賣餅之流邪？大事諸儀，如《外傳·周語》，載周之秩官，王巡守之禮，其佗當在《逸禮》中。若云玉帛鐘鼓非禮樂者，則《士禮》十七篇，悉可覆瓿，豈獨《逸禮》而已！〔註81〕

這段話分二部分來看。他認爲百家傳記所呈現的豐富知識資源，可使人智，必然勝於漢代博士受制於《公羊》決斷之詞。換言之，章太炎認同劉歆〈移讓太常博士書〉指責當時位居士流的《公羊》家「信口說而背傳記……猶欲保殘守缺，挾恐見破之私意，而無從善服義之公心」的批評，也認爲《公羊》家不能接納傳記史文所提供的異說，反而墨守師說的作爲，不足以開人心智。其次，章太炎指出，劉歆重視百家傳記，從中獲得國家大禮之儀與規模，當優於《公羊》學者保殘守缺，對國家禮儀「幽冥而莫知其原」。他詰問劉逢祿，當其重禮意甚於禮儀，那麼《儀禮》、《逸禮》等記載儀節的典籍，不就毫無價值了嗎？

　　因此，章太炎主張釋《春秋》當繫之傳記，而且指出二者在先秦時關係密切，至西漢分爲二，遂失去了《春秋》之爲史的價值與意義，直到東漢，傳記重新受到重視，方復其爲史之內涵與價值。〔註82〕他認爲，稱《春秋》爲史，無害孔子之尊嚴，學者必謂《春秋》非史，實非平議之論。〔註83〕他反駁劉逢祿分別經史之論，云：

〔註80〕同前註。

〔註81〕同前註，頁 835、836。

〔註82〕章太炎謂：孔子《春秋》，丘明作《傳》，復有《國語》、《世本》。……漢初遭秦滅學，書籍散亡，重以董生專固，廢斥諸子，學官既立，所見惟有六藝……然經與傳記，亦不竟分爲二。至於成、哀，長夜向明，固知《春秋》之書猶夫史耳。（同前註，頁 845）

〔註83〕同前註。

　　班固作《漢書》，而追本於《左氏》，亦猶揚雄作《太玄》，追本於《易》。

　　班固作〈兩都賦〉，追本於成、康頌聲。原流相因，自難強生分別。

　　彼謂經自爲經，史自爲史者，尚有是非之心邪？〔註84〕

後世典籍的著作，追本溯源，始自先秦。先秦典籍爲原創之體，後世文體的發展皆沿承其流，當中又有其相陳之因。《左傳》、《易》或是成、康之頌聲，實爲後世撰述各體之原型，當不能就後世經史之分，強爲區別，遂因此貶抑傳記史文的內涵與價值。

　　第三，解經語非劉歆所纂。劉逢祿認爲，《左傳》中與解經相關的內容，大量的「君子曰」、凡例等，皆爲劉歆坿益。尤其是直接解經文書法的凡例，劉逢祿指出〈劉歆傳〉謂「引傳解經，章句義理備」者，爲劉歆依《經》飾《左》、緣《左》、增《左》之明證。針對這些質疑，章太炎一一提出辨駁。

　　劉逢祿以哀帝時議論，作爲漢代普遍以《左傳》不傳《春秋》之證。章太炎指出，不傳《春秋》之說，起於哀帝時博士語，然而成帝之前未見此說。他引證〈梅福傳〉中談到，梅福倡議封孔子後以奉湯祀，其推迹古文，以《左氏》、《穀梁》、《世本》相明，在綏和元年，成帝遂下詔封孔子後世爲殷紹嘉公。又據《華陽國志》引〈春秋穀梁傳序〉，謂成帝時議立三傳，博士巴邵胥安君獨駁《左傳》不祖聖人，惟胥君安獨駁，可見成帝時普遍以《左傳》爲傳經之作。章太炎認爲，《左傳》不傳《春秋》，乃後起之論；在哀帝前，並沒有不傳經的質疑，不當以哀帝時的博士議論，作爲《左傳》不傳《春秋》之證。〔註85〕

　　其次，劉逢祿以劉歆「引傳以解經」，令《左傳》學備全章句義理，爲僞纂之跡者。章太炎指出，此乃劉氏之誤解。他說明道：

　　　〈歆傳〉云「引傳解經，章句義理備」者，言《傳》之凡例，始由子駿發揮，非謂自有所造，亦猶費氏說《易》，引《十翼》以解經，若其自造，何引之有？且杜預《釋例》所載子駿說《經》之大義尚數十條，此固出自匈臆，亦或旁采《公羊》者，而與《傳》例不合。若傳例爲子駿自造，何不并此數十條入之《傳》文，顧留此以遺後人指摘乎？〔註86〕

────────────

〔註84〕同前註，頁 852。
〔註85〕同前註，頁 832。
〔註86〕同前註，頁 828。

所指有二，一、所謂「引《傳》解《經》」，言《左傳》中的凡例，乃始由劉歆發揮，非劉歆自造解經語。二，杜預指出劉歆曾作釋經大義數十條，有援引《公羊》，亦有自造者。若《傳》文中的凡例皆爲劉歆假造，劉歆何不并此數十條於《傳》中？

劉逢祿甚至將埤益說之構作者，擴及東漢《左傳》學者，認爲《後漢書·鄭興傳》載鄭興作《春秋難記條例》，是「今《左氏》書法凡例之屬，興亦有所埤益矣」。章太炎駁之曰：「若有埤益，何須更撰《條例》？」指出漢儒如意在埤益，當逕入《傳》內，又何須另著一書。他又舉〈鄭興傳〉之注駁劉氏，謂：

> 注引《東觀記》曰：「興從博士金子嚴爲《左氏春秋》。」其下正文
> 乃云：「天鳳中，將門人從劉歆講正大義，歆美興材，使撰《條例、
> 章句、訓詁》，及校《三統曆》。」若使少贛埤益凡例，是與金子嚴
> 所授之本立異，何門人無泄漏其事者，而待逢祿證明之邪？〔註87〕

指鄭興從金子嚴學《左傳》，又從劉歆講大義，若兩師立本有異，何以未有攻其埤益事者？

進一步，章太炎指出秦、漢時說經之書的取名與傳授，批評劉逢祿對《左傳》之不實指控：

> 《左氏春秋》之名，猶《毛詩》、《齊詩》、《魯詩》、《韓詩》、《孟氏
> 易》、《費氏易》、《京氏易》、《歐陽尚書》、《夏侯尚書》、《慶氏禮》、
> 《戴氏禮》，舉經以包傳也。以爲不傳孔書而自作《春秋》者，則諸
> 家亦自作《詩》、《書》、《易》、《禮》乎？《左氏》傳授之徵不見《史
> 記》者，猶《詩》家不言毛公，於申公雖嘗入錄，而又不舉其出于
> 浮丘伯以上溯荀卿之傳，於瑕丘江生言爲《穀梁春秋》，然不言穀梁
> 子授荀卿、荀卿授申公、申公授瑕丘江生也。謂《左氏》傳授爲誣，
> 則《魯詩》、《穀梁》之傳授亦皆不可信乎？〔註88〕

《左氏春秋》既有「春秋」之名，當同秦漢間各家經書的稱名與內容，乃是舉經包傳，而爲傳經的著作。其次，傳授未見載於文獻，《詩》家、《穀梁》家皆如此，不當成爲質疑《左傳》的有效證據。

章太炎舉《公羊傳》說，抨擊劉逢祿之說爲妄語。其謂：

〔註87〕 同前註，頁 844。
〔註88〕 同前註，頁 863。

復證《公羊》家，如定元年《傳》曰：「定、哀多微辭，主人習其讀
而問其傳，則未知己之有罪焉爾。」此爲假設之詞。然何氏《解詁》
亦云：「孔子畏時君，上以尊諱隆恩，下以辟害容身。」夫哀公時，《經》
始成立，主人即時君，時君即哀公，此時若無《左氏傳》，所謂《傳》
者何書？若謂口授義惜，此可言說，不可以言《傳》矣。〔註89〕

在《公羊傳》中有稱「主人習其讀而問其傳」，「傳」者何指？章太炎指出，《春
秋》於哀公始立，何休又以主人爲時君哀公，那麼若「傳」爲口授義惜，只
可說「習其讀而問其說」。之所以「傳」，當有所指，而以哀公時之「傳」當
爲《左傳》。據此，章太炎認爲《公羊傳》亦以《春秋》始作即有傳文，即爲
《左傳》。劉逢祿以《左傳》不傳《春秋》，亦有背《公羊》之明文。

　　總上述，對劉逢祿藉由考據文獻，指稱不傳《春秋》與劉歆僞造說，章
太炎亦皆查考文獻，詳盡檢別其說，重新詮釋劉氏所聲稱被僞造的歷史文獻，
一一駁斥，明其誤說及妄說。並深入秦、漢學術脈絡，明劉說之片面、無稽，
有力的反駁劉氏坿益說。他批評劉氏的考證方法，因未見史書載有賈誼傳授
《左傳》，便以此傳授爲假造，以未見即不存在，作爲疑傳的主要證呈方式，
開後世疑經、疑古之法式。

　　爲反駁劉氏，章太炎亦仿其法，同樣考駁《公羊》的傳授，指出《公羊》
傳授之說更爲可疑。〔註90〕不但如此，爲反證《公羊》學之謬誤，章太炎更
全面批駁《公羊》學的經說主張。

二、反詰《公羊》學之傳授與經說

　　以子之矛，攻子之盾，章太炎用《公羊》家批評《左傳》學的手法，同
樣的檢驗《公羊》學。在中期所做的《春秋左傳讀敘錄》與晚年所做的《春
秋左氏疑義答問》中，不僅考對《公羊》學的傳授譜系，也推溯其經說之根
由，證其經說之誤謬。

（一）傳授之妄

　　章太炎懷疑徐彥《公羊疏》所謂：「子夏傳與公羊高，傳與其子平……，
至漢景帝時，壽乃共弟子齊人胡毋子都箸於竹帛，與董仲舒皆見於圖讖。」

〔註89〕同前註，頁837。
〔註90〕同前註，頁830。

將公羊學淵源上推至子夏的說法。於是一方面考察文獻，檢視《公羊》傳授譜系，一方面從《公羊》的行文方式與內容事迹，推求《公羊》成書的時代。

首先，章太炎發現，徐彥說引自桓、靈時的戴宏，在這之前，《史記》、《別錄》、《七略》、《漢書》，皆不見子夏傳《公羊》的說法。〔註91〕在《孔子世家》與《太史公》提到《公羊》學說，多採後師說法，亦乏授受之迹。〔註92〕僅在緯書中，見《公羊》授受之迹，而將之歸宗子夏。章太炎指出，戴宏〈解疑論〉稱「使子夏等求周史記，得百二十國寶書，修爲《春秋》」的說法，未見於西漢。並進一步考究子夏的相關文獻，見《呂覽》載子夏辨三豕渡河，猶問晉史而定之，而此事距孔子作《經》時又遠甚，後事未能詳，又況前事之實呢？又，《公羊》言子沈子、子司馬子、子女子、子北宮子、高子、魯子，未嘗有引子夏者。〈董仲舒傳〉論師友淵源，也未及子夏。凡此，不僅史書未載，就時間與相關的文獻考辨，亦無法證明子夏與《公羊》的關聯，是劉氏以子夏傳《公羊》，乃無徵之論。

章太炎指出，桓譚《新論》有謂：「《左氏》傳世後百餘年，魯穀梁赤爲《春秋》，殘略多所遺失。又有齊人公羊高，經文作傳，彌離其本事矣。」即具體說明了《公羊》與《穀梁》的成書先後與成書方式。根據桓譚說，佐以鄭玄說，章太炎說：

> 尋桓譚《新論》以爲《左氏》傳世後百餘年，魯穀梁赤爲《春秋》，
> 又有齊人公羊高緣經作傳。鄭《起癈疾》，以穀梁爲近孔子，公羊六
> 國時人，傳有先後。由今推之，穀梁子上接尸佼，下授荀卿，蓋與
> 孟子、淳于髡輩同時。〔註93〕

主張《左傳》成書最前；《穀梁》成書在百年後，約與孟子同時，猶近孔子之時；《公羊》則六國時人所作。他認爲《公》、《穀》之作，如同楚威王之傅鐸椒作《鐸氏微》，或趙孝成王相虞卿作《虞氏春秋》，皆不能盡觀《左傳》，故刪就簡約者。以二傳之作，約與尸佼、鐸椒同時，如《穀梁》引尸佼言，或曾參酌鐸氏書。因此二傳大事同於《左傳》者，十有一、二，其餘則異，義例也不盡同，正因鐸椒采摭不盡，故二家傳以口說使然。

〔註91〕 同前註。章太炎考戴宏事未見《後漢書·儒林傳》，惟見〈吳祐傳〉，約於陳蕃、何休同時。他認爲戴宏爲雪《公羊》爲傳聞之恥，託名於子夏，僞作傳授之迹。

〔註92〕 章太炎：《春秋左氏疑義答問》（1929），《章太炎全集》六，頁250。

〔註93〕 章太炎：〈春秋左傳讀敘錄·後序〉，《章太炎全集》二。頁864。

　　爲證成其說，章太炎進一步考察傳文內容，從三傳文字記錄的方式與內容，證明《左傳》成書在二傳之前。〔註 94〕一，文字記錄的方式。二《傳》本《經》有從《左傳》以改字者。

　　如莊公《經》：「齊人歸衛俘。」「俘」，《左傳》作「寶」，二家《經》亦作「寶」。又如昭公《經》：「晉荀吳帥師敗狄于大鹵。」「大鹵」，《左傳》作「大原」，二傳亦作「大原」或「太原」。〔註 95〕二，從內容上看，二《傳》述事，有聞於《左傳》而不悉者，以文例占射經義。如襄公九年鄭伯髡頑「卒於鄵」，《左傳》詳述其事；《穀梁》重在解釋經文之用詞，如何以書卒之名於「如會」前、何以經文不言弒的討論上；《公羊》則併敘史與釋經之詞，前者承《左傳》之事，進一步發揮，後者承《穀梁》之釋經詞延伸發揮。〔註 96〕再看隱公狐壤之止，在其爲公子時，《公羊》卻誤指在即位後，並加以論述。章太炎認爲，從二家沿承之跡與記史之差失，可知二家皆據其所聞，加以演繹而成書。〔註 97〕

　　章太炎指出秦博士曾引《公羊》文，漢群臣爲高帝議謚，亦用其文，遂以公羊高或曾入秦，在博士之列。又昭公十一年《公羊》記「伯于陽者何？公子陽生也。」章太炎指出，「伯」舊或書作「白」，小篆「白」從「入」從「二」，隸變作「仐」，字近「公」。若古文，「白」字作「皀」，與純爲小篆不從隸變者，形皆不近「公」。此外，隸書「子」、「于」形近，若小篆書寫，則無以譌變。可見《公羊》作者，但覩隸書，而不及古文大小篆。〔註 98〕此外，《公羊》在宣公十五年謂「上變古易常」，稱君王爲「上」，乃秦併天下以後

〔註 94〕同註 92，頁 256。

〔註 95〕章太炎在《答問》最後，又強調此沿承之跡，當中說的更仔細。指《穀梁》有改《經》，反依《左傳》之文者，如「矢魚」作「觀魚」，這裏所說的「衛俘」作「衛寶」，「大鹵」作「大原」者皆是。《穀梁》的文字，又爲《公羊》所承。他認爲，公羊高未見《古經》眞本，亦未見鐸氏書，唯依《穀梁》爲主。同前註，頁 340。

〔註 96〕比對這段史事記錄，《左傳》述事，未言經文書法。據高士奇《左傳紀事本末》，對照此事之前因，可得鄭伯與子駟之趨向，乃事勢相倚之必然。傅隸樸便指出：「《公羊》之『爲中國諱』，即是《穀梁》之『不使夷狄之民加乎中國之君也。』」二傳的論說，並引毛奇齡之評：「《公》、《穀》道塗說，純乎誣經。」（《春秋三傳比義》，北京：中國友誼出版公司，1984，頁 745）可見章太炎比對三傳，條理事義，明三傳沿承之跡，果有其徵。

〔註 97〕章太炎具體指出，《穀梁》引《左傳》說，《公羊》復引《穀梁》說，一再轉引，當中的沿承與變異之跡，也對《公羊》演繹《穀梁》之文，指證歷歷。見〈後序〉，《章太炎全集》二，頁 864～868。

〔註 98〕同前註。

的用詞。綜合各項證據，章太炎推測《公羊》當起於秦末。

　　他也批評《公羊》以時日月爲例的釋經方式，認爲日月生義，以爲褒貶，於古無徵。指出紀年紀月，始于《尙書》，《春秋》則紀時，或書月書日。而以《春秋》記錄時日月的差別做爲義例，始於《穀梁》，盛於《公羊》。以月日生義，當是穀梁與尸子爲友，尸子併商鞅時，秦《春秋》不書月日（據〈六國表〉載），遂謂《春秋》本以時紀，其書月書日者褒貶所生也。不知事有遠近，書有詳略；當魯文公以前，朝聘征伐之事少，故書日尙略，其後漸多，故不可不謹於書日。他認爲《穀梁》以秦記爲準，而怪魯史之詳於月日，實未明其由來；《公羊》亦未明其失，起例滋多。而《穀梁》言猶未多，誤失較少，《公羊》在後，言多、失誤亦多。〔註99〕

　　最後，章太炎贊同桓譚對《公羊》彌離其本事之評，並佐證如襄公二十五年《經》「鄭公孫夏帥師伐陳」，《公羊》妄改爲「公孫嘔」，不知公孫嘔於十九年先卒。又昭公十年《經》「齊欒施來奔」，《公羊》妄改爲「晉欒施」，蓋以晉欒施相推，不知齊亦有欒氏。〔註100〕這樣的誤失，《穀梁》無，故桓譚將違離本事之咎，獨歸《公羊》。〔註101〕

　　總上言，章太炎批評《公羊》家將《公羊》學歸於子夏之舉，乃無稽之妄言，並指出《公羊》晚於二傳，在秦末成書，有效的質疑《公羊》學在先秦的傳授譜系。又進一步舉證說明《左傳》成書在前，與《經》相表裏，而《穀梁》據所聞，在百年後成書，《公羊》則推演經文大義，主據《穀梁》，演繹其文而成說。他認爲《公羊》乃爲末師口說，違離本事，指出：「故謂二傳同于《左氏》，不可也。謂其本《左氏》諸言，絕無瓜葛，亦不可也。正由不見全書，故事義多有違戾。」又將《公羊》即事言義，卻又離事成義的根本因素，歸因於「疑《公羊》經傳，悉由口授，寧母之盟，陳世子款鄭世子華相次而書，洮之盟亦由陳世子款，讀者口滑，故相涉致誤。」認爲《公羊》透過口授流傳，多口誤而書者，多有其例。當中的誤讀之失應歸於董仲舒與胡毋生，誤讀《公羊》所形成的解釋與思想概念，與其經說主張密切相關，因而章太炎也對漢代《公羊》學家的經說主張提出批評。

〔註99〕 章太炎：〈春秋三傳之起源及其得失〉（1933），《章太炎講演集》，頁156。
〔註100〕 同前註，頁158。
〔註101〕 章太炎在〈與徐哲東書〉（1932）論《公羊》違戾之誤甚多。（《章太炎書信集》，頁920。）下引同。

（二）經說之誤

對晚清學者推崇西漢《公羊》學，章太炎審其名實，重省其價值與定位，不僅對劉逢祿、康有爲所推崇的《公羊》大師──董仲舒提出批評，也全面針砭當時《公羊》學家的經說主張。

章太炎首先指出漢人對《公羊》與《公羊》學家的批評。見《史記·十二諸侯年表》所謂「上大夫董仲舒推《春秋》義，頗箸文焉」，〈儒林列傳〉稱：「漢興至于五世之間，唯董仲舒名爲明于《春秋》。」中論《春秋》學，不但未言及二傳，還頗推崇董氏《春秋》學，似乎對《公羊》學頗有好評。然而，章太炎卻主張司馬遷對《公羊傳》的評價其實並不高，曾指其爲「春秋雜說」。〔註 102〕而且，《春秋》學三家大義，《公羊》至董仲舒而備，《穀梁》至劉向而備，《左傳》至劉歆而備，太史公獨舉董生，蓋因《左傳》學者，如張蒼、賈誼、貫長卿等人多傳訓故，章句義理未備，當時二劉未生，惟《公羊》義爲完具，故錄董生一人，非獨推董氏之學。〔註 103〕其次指出，時人桓譚曾批評《公羊》彌離本事，也批評董生謂「董仲舒亂我書讀者」，蓋指董仲舒學煩亂《春秋》〔註 104〕，顯然對《公羊》學與《公羊》家的評價不佳。

章太炎又批評董仲舒，以其作〈五行〉、〈符瑞〉、〈求雨〉、〈止雨〉等篇釋《春秋》，文以怪迂之說，乃讖緯之萌芽。〔註 105〕而且認爲，《公羊》在漢代，爲通經致用的干祿之書〔註 106〕，乃漢人爲成其致用之說，附會經義，所形成的解釋《春秋》的獨特說法，包括素王改制、三統、黜周王魯、新周故宋的主張，更就此提出義例系統，做爲解釋《春秋》的指標，形成《公羊》學的詮釋體系。然而素王改制說，《傳》皆無明文，說無憑據，未見《傳》載，當屬漢人釋經之說，不能說是先秦《春秋》學，因此他反對《公羊》家的釋

〔註 102〕司馬遷在〈平津侯傳〉謂公孫弘之學《公羊》，「年四十餘，乃學『春秋襍說』」。襍通雜，章太炎認爲，此乃太史公視《公羊》爲雜說之證。氏撰：《春秋左傳讀敘錄》，《章太炎全集》二，頁 815。
〔註 103〕同前註。
〔註 104〕同前註，頁 830。
〔註 105〕同前註，頁 850。
〔註 106〕他引用俞正燮的說法，謂：「《公羊傳》者，漢人所致用。⋯⋯《公羊》集酷吏佞臣之言，埘之經義，漢人便之，謂之通經致用。至漢末，何休自太傅府辟，後廢錮，乃以愚悖從逆之言，託之孔子。⋯⋯何休所說，漢末公府捄致用干祿之書也。」（同前註，頁 848。）

經主張，批評其未見史實，妄改經義，以及將義例視爲詮釋經義準則的做法。

首先，章太炎駁黜周王魯之論，設問謂：

　　《春秋》于王后崩、王世子卒，不書。王官卒，唯王子虎、劉卷書，

　　他皆不書。無異列國，亦有黜周之疑否？〔註107〕

對《春秋》書法中，於周室之卒與不卒，無異列國，似符合《公羊》家「黜周」說的書寫方式。章太炎反駁指出，「春秋」始自周宣王，本爲徵集邦國事狀，因此周之內喪，周史已書，列國得以從省，不爲孔子新意。而且，「魯春秋」書子卒，皆爲已嗣位者，如果列國嗣位未成君，乃皆書其殺，無書其卒者。例如，衛戴公立只十餘日，立諡與王子猛同，不書卒則與之異。可知，列國不能與周室相提並論，證「黜周」之無稽。〔註108〕

至於「王魯」說，章太炎設問謂：

　　《春秋》魯君書「薨」，他諸侯降同大夫書「卒」，豈非王魯之辭耶？

《春秋》書薨卒，魯君與他國諸侯不同，似爲王魯之徵。章太炎反駁指出，《三朝記・四代》篇載：「天子曰崩，侯曰薨，大夫曰卒，士曰不祿，庶人曰死。」乃文有定法，爲「文名」。事實上，「卒」爲散名，可通稱上下。如〈少閒〉言：「成、湯卒崩」，「武丁卒崩」，《孟子》言「舜卒于鳴條」，「文王卒于畢郢」。他認爲《春秋》詳魯用文名，略外則用散名，非降列國諸候同大夫。因此，魯君書薨，他國諸侯書卒，非「王魯」之佐證。〔註109〕

他指出，《春秋》所書之王，即平王，所用之曆爲周正，所稱之公爲魯隱，何以爲黜周而王魯之徵？並以「故宋」一語，本出《穀梁》「孔子故宋也」，范寧是謂孔子舊是宋人。「新周」則出自《公羊》「成周者何？東周也。成周宣榭灾，何以書？新周也」，認爲所謂「新周」，與《尙書》新邑同意，何以爲上黜杞而下故宋之意？更何況黜周、王魯、故宋、新周，無明文見於《公羊》，當不可置信。〔註110〕

其次，駁三統說。《經》文於春正月、二月、三月，皆有書王，公羊家指爲《春秋》「通三統」之說。〔註111〕章太炎指出，《左傳》稱「元年，春，王

〔註107〕氏撰：《春秋左氏疑義答問》，《章太炎全集》六，頁266。

〔註108〕同前註。

〔註109〕同前註。

〔註110〕章太炎：〈春秋三傳之起源及其得失〉（1933），《章太炎講演集》，頁158。

〔註111〕孫春在指出，三統說，由董仲舒首先提出，主張「今《春秋》緣魯以言王義」、「故《春秋》應天作新王之事，時正黑統，王魯尚黑，絀夏親周故宋」，將《春

周正月」，如晚世稱「皇唐」、「皇宋」，表示異於殷、夏，《公羊》亦謂王者爲文王，標示「王正月」爲大一統。不僅如此，在《魯詩》有文王受命稱王之說，《大雅·靈臺》、〈棫樸〉，稱「王」，或「周王」。《毛詩·文王序》說亦與《魯詩》同。章太炎認爲，董仲舒所謂「三代改正，必以三統天下」，所謂三統天下，董仲舒有說明：「其謂統三正者，曰：正者，正也，既（統）致其氣，萬物皆應而正，統正，餘皆正。凡歲之要，在正月也。」劉歆也指出「於春三月，每月書王，元之三統也」，皆在明正周制。因此，他主張，《經》文書「王二月」、「王三月」，皆爲王周之二月、三月，非從夏、殷二王以爲正月。乃是與「王正月」並爲大一統之意，非「通三統」。他認爲，通三統之旨在「王者繼絕之政」，大一統則爲「史官正名之術」，主張「《公羊》明言大一統，蓋得其實，何嘗有通三統之言哉？」〔註112〕

然則《春秋》何以獨於春書「王」？章太炎說明，屬王以後，王綱漸替，疇人分散，見《逸周書·周月》載周王改正，但於敬授民時，巡狩祭享，猶以夏正。《周官》周正稱正月，夏正亦稱「正歲」，隨事而用，《汲冢書》記晉事全用夏正，可知當時記正之混亂。而《春秋》將時事是非施以繩墨，不能不處理行李之命、赴告之辭之紛挐。於是在建丑、建寅之月，疑於二代之正者，必稱「王二月」、「王三月」以別之，方能使周家之法倫脊無棼，史官記事比考不差。因此，「王」絕非指殷、夏之王，而以周之二月、三月爲殷、夏之正月者。再者，章太炎強調，這樣的記錄方式，蓋爲魯史舊文固然，非仲尼新意。觀周代彝器，餘月亦皆稱「王」，同樣的是以「王」表示周正。可知《春秋》連三月書「王」，三時自可推得，非所謂「通三統」。〔註113〕

章太炎總結其研究心得，謂：

所謂通三統、張三世，爲漢制法，黜周王魯者，但見于董仲舒之書，

秋》解釋爲王魯、作新王之事，標舉出三統更替之原則，在向前推溯二代，如《春秋》以周、殷爲二統，夏因久無參鑑價值，故黜。在這之後，三統之說，廣爲漢代《春秋》學者引用，如匡衡、京房、劉向、劉歆等，皆持三統說論政。在何休，透過三統說，強調孔子的神聖地位，將《春秋》視爲孔子爲後世制作的新法。三統受命之說遂成爲《公羊》學解釋《春秋》的詮釋基礎。（《清末的公羊思想》，臺北：臺灣商務印書館，1985，頁 14～23。）然而董仲舒說三統，不見得在指「黜夏親周故宋」，如何休強調孔子作新法，爲後世制法之義。對董仲舒三說，關於《經》文之記曆，章太炎提出不同意見。

〔註112〕章太炎：〈關於春秋的演講〉（1933），《章太炎講演集》，頁 179。
〔註113〕章太炎：《春秋左氏疑義答問》（1929），《章太炎全集》六，頁 269。

> 詭誕之徒，以之誣蔑《公羊》，學貴求眞，是不可不爲《公羊》洗刷
> 者也。〔註114〕

認爲董仲舒首以三統三世說、爲漢制法、黜周王魯說解《春秋》，成爲後世《公羊》學者說明《公羊》與《春秋》經義的前提、基礎。然而這些說法，並非根據《公羊》而來，而是董仲舒一家之言。因此，他認爲世謂《公羊》乃怪迂之談，實非《公羊》本有。

　　總上言，章太炎批評漢代《公羊》學者通經致用的治學宗旨，認爲他們透過春秋學，開展自身的思想體系，將傳文未載的思想理念，諸如素王改制、黜周王魯、通三統之說等，結合《公羊》，形成釋義系統，混亂了《春秋》爲先秦史記的性質。他從《公羊》學的源頭與發展脈絡，引據證明《公羊》學師法家說，乃董氏一家之言，主張不當將之視爲《公羊》學之全部，而忽略了《公羊傳》原始面貌。然而《公羊》學者對孔子與《春秋》的理解，擴及經學思想的建構，所提出具體的經學主張，不僅成爲解釋與評價今古文經學的主要根據，復被晚清今文學家大力鼓吹，作爲批評古文學的基礎，而使古文經學家的思想隱沒不明。因此，章太炎批評《公羊》學的經學主張，還積極的提出古文經學的經學主張。

第三節　經學主張的提出

一、反對晚清公羊學的經學主張

　　晚清《公羊》學者，通過倡論董仲舒與何休的經說系統，復興《公羊》學。當劉逢祿作《公羊何氏釋例》及《論語述何》，不僅在重建何休《公羊》學，也用何注《公羊傳》的精神重新詮釋《論語》，試圖建構孔子經世致用的素王形象。〔註115〕宋翔鳳作《論語發微》、《過庭錄》，進一步結合《論語》與《公羊》學，《易》與《公羊》學，將《論語》歸入子夏傳《公羊》學的授受

〔註114〕章太炎：〈春秋三傳之起源及其得失〉(1931)，《章太炎講演集》，頁158。

〔註115〕概而言之，西漢今文經學之抉發，始自董仲舒，在東漢爲古文經學所取代，
　　　　至魏晉時期淹沒未聞。隨之亡失的，還有董仲舒推尊孔子經世之志，以《公
　　　　羊春秋》推解五經，以及何休所建構的《公羊》學釋例家法。孫春在指出，
　　　　劉逢祿透過《論語述何》，運用三世義，將孔子弟子分爲「志於撥亂」與「志
　　　　於平」兩大脈絡，強調弟子素臣之位，呼應孔子「素王」之號，塑造孔子富
　　　　有實踐意味的經世形象。(《清末的公羊思想》，頁42～43。)

系統中，以《公羊》思想說《易》的乾坤二卦〔註116〕，進一步推展《公羊》學的範圍，及於四書五經。龔自珍以《公羊》思想統攝五經，作〈五經大義終始論〉、〈五經大義終始答問〉，發揮三世說的歷史觀。在魏源，則標舉董仲舒，將之視爲《春秋》微言大義之所寄。龔、魏更將《公羊》學三世進化說的歷史觀，作爲倡導與改革現實政治的理論基礎，落實《公羊學》通經致用的主張。

廖平與康有爲展衍眾人之說在後。康有爲指責劉歆改亂經學，宣揚僞經說，目的在提出僞經流行令真經亡佚，最後得出孔子微言大義喪亡的結論，如此一來，他就有了重新詮釋《春秋》的理論基礎。廖平與皮錫瑞，試圖以具體制度分別今、古文經說，透過〈王制〉說《春秋》，將之視爲孔子爲後世制法的依據。他們重視孔子經世之志，推行孔教，也以《公羊》思想重釋四書五經，結合政治實踐，集前人大成，全面建構以《公羊》學爲主的今文經學。換言之，《公羊》家的議論，不僅止於攻擊《左傳》，還包括對《春秋》的性質、經學、孔子地位與價值的重新建構。這一時期，章太炎作爲《左傳》、古文經學的維護者，正面而積極的對當時的《公羊》家說展開反駁，形成了晚清今古文經學之爭。

（一）康有為之偽經說

康有爲《新學僞經考》的第一論，便是抨擊劉歆的「六經亡缺」論，爲將劉逢祿「僞傳說」轉向「遍僞群經說」的關鍵。康有爲認爲劉歆不言六經亡缺，則「無以爲作僞竄入之地」。他採用劉逢祿《左氏春秋考證》的辨僞方式，透過爬梳《史記》及相關傳記文獻，舉文說明六經亡缺說乃劉歆自鑄之辭。針對康氏此說，章太炎在 1901 年作〈秦獻記〉〔註117〕，提出具體說明與反對意見。

章太炎指出，焚書措施，本秦舊制，如《韓非子·和氏》所言「商鞅焚《詩》、《書》，明法令，塞私門之請，以遂公家之勞；禁游宦之民，以顯耕戰之士」者。然嚴刑峻令無法禁絕人心之周好學術，故秦雖拑言，燒《詩》、《書》，秦博士七十人，當中可考者七人，與在野文士多人，皆抗李斯之論而無所懼。可見當時雖然執行焚書之令，仍有許多反抗勢力，令經書得以保存流傳。他

〔註116〕同前註，頁 46。

〔註117〕文中，以「或曰」表示反對六經亡缺說的立場，皆康氏語。很明顯的可以看出此篇爲反駁康氏說而作。見氏撰，〈秦獻記〉（1901），《章太炎全集》四，頁 69～72。

認爲，此又如商鞅伏誅後，禁令猶在，卻有張儀、范睢、蔡澤等人，數稱六藝成事者。呂不韋著書，懸示國門，表彰學術。漢初未除挾書之令，仍有學者上謁高帝，引〈太誓〉爲徵。此皆顯示刑令無法禁絕學術之流傳，而爲六藝得以傳於後世的主因。

然而，六藝得以傳世，不代表焚書之禍沒有對六藝學術形成重大破壞。章太炎指出六經殘缺之驗證有三。自三十四年焚書，至張楚之興，首尾五年，記誦未絕，透過著於帛書以具文，可知當時學者透過記誦以避焚書之災，此其一。見諸侯《史記》與《禮》、《樂》諸經，多載行事法式者，不便諷誦，《尙書》尤爲難讀，故往往殘破，此其二。相對的，《詩》利誦讀，文均不滅，此其三。因此，從六藝流傳的形式與結果，都可以看到焚書造成的禍害。〔註118〕

對於康有爲指稱，秦之焚書，意在愚民，故燒民間《詩》、《書》、百家語，另一方面又私其方術，故獨博士得以保有《詩》、《書》之論。章太炎駁之謂：

> 夫李斯以淳于越之議，夸主異取，故請雜燒以絕其原。越固博士也。商君以《詩》、《書》、《禮》、《樂》爲六蝨（〈靳令〉篇），盡剗滅之，而以法家相秦者宗其術。然則秦不以六藝爲良書，雖良書亦不欲私之博士。〔註119〕

指出李斯採博士之議，絕六藝之原，其來有自。蓋相秦者多法家，宗商鞅之術，商鞅不以六藝爲良書而盡滅之，顯見秦人的學政系統，並不以六藝爲良書，或者，六藝雖爲良書，也非秦王所欲私之博士者。〔註120〕認爲康說爲片面之言，不符合秦之學政脈絡。

章太炎不僅打破僞經說的質疑，也對康有爲貶抑劉歆，作〈七略別錄佚文徵〉，表彰劉歆及其父向之述學，對中國學術的卓越貢獻，透過正面提舉劉歆學術的具體貢獻，制衡康有爲對劉歆的貶抑，全面反駁僞經說對古文經與劉歆的批評。〔註121〕康有爲的僞經說，採貶抑《左傳》的方式維護《公羊》

〔註118〕同前註。

〔註119〕同前註，頁 69、70。

〔註120〕他還進一步指出，康有爲之說乃據王充誤說：「其云非博士所職，天下敢有藏《詩》、《書》、百家語者，倒言之，即是天下敢有藏《詩》、《書》、百家語者，非博士官所職者。自仲任誤解，乃謂博士獨有其書。鄭、馬之徒，沿襲斯論，遂爲今日爭端。」（引同前註）然核之《史記》內文，章太炎解爲倒言之句，上下文意不能貫串。此說恐有過之。

〔註121〕他認爲《別錄》、《七略》乃父子同業，將之舉爲一事。然而書作亡佚，因而搜集散見於類書與諸經釋文中佚文，以明二人立言之功。他在〈序〉中，闡

學；皮錫瑞和廖平則積極建立《公羊》學的系統學說，以〈王制〉說《春秋》，而爲章太炎不得不致疑、糾正者。

（二）斥皮錫瑞、廖平以〈王制〉說經

皮錫瑞與廖平，皆主張六經爲孔子所作、《春秋》爲素王改制之法，而以〈王制〉說《春秋》。在此經學主張下，皮氏守今文經學家法，廖氏分別今、古文經學，對於今、古文經學與《春秋》學，提出屬於今文學者的看法。相對於此，章太炎自許爲古文經學者，必對二人分別今古文經學及《春秋》說，提出批評與意見。

1910 年，章太炎作〈程師〉，以廖平有意識的分別今古文經學，別有慧見，贊爲「蓋惠、戴、凌、劉所不能上」，卻也批評他「其餘誣謬猥眾」。〔註122〕廖平將孔子之學歸於六經，視六經爲孔子制作，二變時將〈王制〉視爲孔子改制之法，詮釋《春秋》，準以〈王制〉。三變之後，一改前期以《周官》爲僞經，據《周官》制度，詮釋六經。同年，章太炎作〈駁皮錫瑞三書〉，對皮錫瑞 1905 年《經學歷史》及 1907 年作的《王制箋》、《春秋講義》中的論點，提出批評。前二書〈孔子作易駁議〉、〈孔子制禮駁議〉，在反駁皮錫瑞以孔子作六經的主張。其次，皮氏又作《王制箋》，以〈王制〉出於孔門弟子，尊〈王制〉與《春秋》，俱爲素王改制之法，與廖平第二變主張，如出一轍。章太炎作第三書〈王制駁議〉，從皮氏立說之據，考核〈王制〉篇來源及內容，反駁皮錫瑞以〈王制〉說《春秋》的論述。

首先，章太炎查考皮錫瑞以〈王制〉爲素王改制說的立說根據。見皮錫瑞《王制箋・自序》提到，「今據俞樾說〈王制〉爲素王所定之制」，章太炎駁之，提出「先師俞君以爲素王制，蓋率爾不考之言」，認爲俞樾未考史實，未有根據，即作此說，乃率爾之言，不當成爲皮錫瑞立說的根據。〔註123〕

述其功，從兩方面來看。從體例上來看，章太炎認爲，《七略》、《別錄》開創的學術史體裁，開啓儒林傳記與學案之體，成爲後世學術史文獻的主要記敍體例。其知識分類的方式，亦爲後世所承，形成中國知識系統的架構範式。貢獻不可謂不大。章太炎又從文獻徵博的角度來看《七略》、《別錄》的價值，給予至高的推崇：「其書領錄群籍，鴻細畢備，推迹俞脉，上傅六典，異種以明，班次重見，以著官聯天府之守，生生之具，出入以度，百世而不惑矣。」（〈七略別錄佚文徵〉，《章太炎全集》一，頁 359。）

〔註122〕章太炎：〈程師〉（1910），《章太炎全集》四，頁 139。

〔註123〕章太炎：〈駁皮錫瑞三書・王制駁議〉（1910），《章太炎全集》四，頁 26。章

接著，章太炎考察〈王制〉之淵源。見《史記‧封禪書》記〈王制〉爲漢文帝使博士刺取六經爲之，據《索隱》言，爲博士采取兵制、服制諸篇而作。並指出，〈王制〉之作，早在鄭玄即被誤會爲周秖王後作。

爲證《史記》之說，章太炎進一步細察〈王制〉內容，指出其中「周尺東田之文，非孔子作甚明」，其他內容猶見撫拾而來之跡。如當中言制祿者，多半本《孟子》。見《孟子‧萬章下》陳其略聞周制之說，與〈王制〉同。章太炎認爲當孔子時，周典猶在，縱欲改其制，所言不當與孟子所略聞者同。又如〈王制〉以天子之官，三公、九卿、二十七大夫、八十一元士之論，竟與〈昏義〉、《尚書大傳》、《春秋繁露》、《白虎通議》相持，亦可見其撫拾之跡。

其次，章太炎認爲〈王制〉所言官制多不切實際。他指出，《周禮》三百六十官，非徒三百六十人。三百六十官，各有正有貳，若不計胥徒、府史、婦官及鄉遂郊野之官，約三千人。此乃以事別，未以地別。若計鄉遂郊野之官，爲數更多。若實際計算〈王制〉所設置的職官，其數亦必多達千人以上，如何〈王制〉職官計收只一百二十人？因此，章太炎主張，〈王制〉、〈昏義〉、《書大傳》、《春秋繁露》，皆「不達政體者爲之」，嚴屬批評這些篇章著作者「名曰博士，而愚莫甚焉」！

皮錫瑞竟將這些博士主張，視爲孔子之說，賦予「爲後王制法」的高度肯定，在章太炎看來，此說更謬。如〈王制〉言王朝命吏，下至元士而止。元士猶漢官四百石者。依〈百官公卿表〉與〈百官志〉說，除去三輔諸職，在朝者尚一百五十餘員，皆四百石以上，而博士、議郎之屬、宦者，未在此列。其他四百石以下，自三百石至於斗食者，猶未具數。就此觀之，章太炎認爲，〈王制〉所言，實不足法，謂其乃爲漢制法，徒令官曠事廢而已。而且〈王制〉爲封建制，在設置上卻未及鄉遂，將縣內九十三國，外有方百里之國六十四，方十里之國九十六，皆視爲祿士之間田。他質疑這些地區，「遂無吏人領治之耶」？又，謂爲漢制法者，將〈王制〉縣內，間田無官者，比之漢代三輔，乃欲漢廢京兆尹、左馮翊、右扶風以下職官乎？因此，章太炎批評皮氏：「循〈王制〉之法，行之無不亂治，施之無不曠官，百世可知。」

他認爲，漢代博士之說，本散漫而不練政事，鄭玄、孔穎達未能彈正之，又經皮錫瑞曲解者，如〈王制〉言疆域，西不盡流沙，南盡衡山，東不盡東

太炎以下說法皆出此篇，茲不贅述。

海，北不盡恆山，凡四海之內，方三千里。見今文說謂中國方五千里，猶逾
〈王制〉所言。又見〈堯典〉所言疆里，北至朔方，南訖交趾，東至堣夷，
漢遼西之域也，西至青海。《周官》經略，亦方萬里，九州之內，則方七千里。
而燕召公之都，出恆山之北，齊國、魯國之經略，亦盡南、盡東。是以章太
炎認爲，〈王制〉說爲博士將燕、齊擯於九州外，不考地望之言。皮錫瑞爲合
〈王制〉與今文說，以三千里爲平土可耕者，餘二千里在山陵林麓三分去一
之內，不僅不符〈王制〉說，亦不合今文說。

　　章太炎總結其分析說明：

> 然則〈王制〉者，博士鈔撮應詔之書，素非欲見之行事，今謂孔子
> 制之爲後世法，內則教人曠官，外則教人割地，此蓋管、晏之所羞
> 稱，賈捐之所不欲棄，桑維翰、秦檜所不敢公言，誰謂上聖而制此
> 哉？〔註124〕

認爲〈王制〉乃博士應詔之用，採自各書而成，非欲具體施行之作。在皮錫
瑞，竟成爲孔子爲萬世制法藍圖。章太炎認爲，就〈王制〉的實質內容與具
體設置來看，舉內政則官曠，言地域則不識版圖大小與沿革，根本不足成爲
政治政策的實質參考，更何況將之視爲聖人之制。

　　最後，章太炎指出〈王制〉與今文學說衝突者，有二點。一，今文家之
說，皆謂漢立《公羊》，上應聖制。然而〈王制〉云：「樂正崇四術，立四教，
順先王《詩》、《書》、《禮》、《樂》以造士。」不言崇五術，立五教，亦不言
順素王《春秋》。他認爲，若〈王制〉如皮氏所言爲孔子手定，則漢立《公羊
春秋》，當非孔子之意。〔註125〕二，今文家喜言《春秋》斷獄，如董仲舒以《漢
律》所不著者，以《春秋》爲決事比；董氏又說遼東高廟之災，以爲當誅大
臣，見蟲食木葉之變，以爲當禪位公孫氏。然董氏之論正是〈王制〉云：「破
律以亂政，殺。假于鬼神卜筮以疑眾，殺。」所抨擊者，依〈王制〉，則董仲
舒、眭孟罪當獲誅。章太炎比較今文家言與〈王制〉論的衝突，可見皮錫瑞
主張以〈王制〉作爲今文說根據，實未深思當中的衝突所在，立言「適以自
斃」。〔註126〕

〔註124〕同前註。

〔註125〕這個說法，恐怕不能有效駁反今文家視〈王制〉爲孔子手定的說法。筆者以
　　　　爲，章太炎或者是以子之矛攻子之盾，用今文家擅長的默證法，指其不是。
　　　　雖不足以明其非，但可資佐映今文家批評《左傳》之謬。

〔註126〕在1909年章太炎作〈原經〉，說明孔子不法〈王制〉，又與《周禮》異說，那

　　廖平與皮錫瑞一方面將〈王制〉視爲孔子爲後世制法的具體制度，據以爲後世施法原則，一方面反對古文經學主張六經爲周、孔並制，將先秦學術盡歸於孔子，包括堯、舜、湯、武之治皆無其事，經書皆無缺，以及莊、墨、申、韓皆宗孔子等主張，目的皆在極崇孔子，強調孔子創制之功，建構神聖的孔子學。章太炎有見於此，而有進一步批評。

（三）推極孔學與尊經抑史之失

　　今文經學者以《公羊》學爲核心的經學主張，有著一致的走向。他們將《春秋》視爲孔子爲萬世制法的展現，認爲其中所揭示之義理主張與思想系統，當爲後世尊奉與施行，充分體現《四庫提要》所言，經爲天下公法、恆常之道的特性。從這個角度來看，晚清《公羊》學的內涵，其實是傳統經學思想的延續，而透過《公羊》思想體系重述經的傳統價值：一則獨推《公羊》爲釋經之傳，不僅聲張《公羊》學思想，又透過批評《左傳》，貶抑其解釋《春秋》的地位，欲以《公羊》學取代爲清儒推崇的《左傳》學，因而從《左傳》僞作、古文經僞作、《左傳》爲史學三方面，循序漸進的推演僞傳、僞經的論述，並積極的建構以《公羊》學爲中心的《春秋》學系統。二則重新詮釋孔子、四書五經，改造乾嘉以來以古文經爲主的學術系統，極力推揚孔子爲中國歷史、文化及政治思想的開創者。結合二者，將《公羊》學推爲解釋孔子學的樞紐，將孔子之道做爲他們解釋經義的宗旨，使中國學術文化及政治思想，遂無不在《公羊》學的籠罩之下。

　　對於《公羊》學家將道定於孔子之聖，將孔子之聖定於《春秋》，又將解釋《春秋》之道歸於以例呈義，訴諸義理價值，最後將《公羊》說經，視爲解釋《春秋》的惟一根據〔註127〕。這當中，章太炎並不反對孔子改制的說法，也認

麼孔子批評的根據在那裏？他認爲：「《周禮》者，成周之典。周世最長，事異則法度變。重以屬王板蕩，綱紀大亂，疇人弟子分散。《周禮》有凡要，甚纎悉在疇人，疇人亡則不能舉其事，雖欲不變無由。故《左氏》言春秋時制，既不悉應《周官》。其後天下爭于戰國，周道益衰，禮家橫見當時之法以爲本制。若〈王度記〉言天子駕六，則見當時六騩之制也。〈祭法〉言七祀、五祀，則見楚有國觴司命之也。」認爲制度與禮法皆隨時變異，不能據一而論，反駁以〈王制〉說《春秋》的說法，可參看。（《革故鼎新的哲理——章太炎文選》，頁323）

〔註127〕康有爲直接表明這樣的思路，謂：「苟非毛羽爪角之倫，有所行，必有道焉，有所效，必大浩然繁博，將何統乎？統一于《春秋》。《詩》、《書》、《禮》、《樂》并立學官，統于《春秋》，有據乎？據于《孟子》。孟子述禹、湯、文、武、

同道法孔聖，孔聖在《春秋》的思維。問題在於，章太炎不認爲《春秋》之道，全由「義」見，也不能認同康有爲在三統三世說的架構下，將三統循環論與三世進化說，視爲《春秋》史觀，而且在這兩種史觀下，形成解釋《春秋》大義的類例，進而將《春秋》義理類型化，定義於《公羊》學的義理系統中。這樣的思路，不斷出現在章太炎批評《公羊》學家的文章中，然而直到 1914 年作《春秋故言》，章太炎解釋孟子謂「其義則丘取之」，不從傳統以義理說「義」，而以史之「凡例」解孟子之「義」，才明顯表現出，他不同意將《春秋》價值完全於訴諸義理。在此之前，他將批評的焦點指向《公羊》家的《春秋》觀。

《公羊》學家以《春秋》爲萬世之法的理論，充分展現在三世三統說的論述當中。針對三世三統說，章太炎指其原理與發展侷限，有謂：

> 母子者，猶今所謂因果。因以求果，果以求因，辨異而不過，推類
> 而不悖。……夫禮俗政教之變，可以母子更求者也。雖然，三統迭
> 起，不能如循環；三世漸進，不能如推轂；心頌變異，誠有成型無
> 有哉？世人欲以成型定之，此則古今之事，得以布算而知，雖燔炊
> 史志猶可。〔註 128〕

章太炎質疑《公羊》學的三統循環、三世進化論，指出禮俗政教之變固然可以就因果論推求，卻要考慮到當中必有變異，不能以此推求成型，定其變化之事理。若欲藉此推算古今之事者，當視爲臆語，施於野史，不能納入學術範圍。因此，他不能認同三統循環說，也不能接受三世進化說。〔註 129〕

學者指出，傳統《公羊》學的三世說，主要在詮釋古史，然而到了康有爲，進一步結合西方進化思想，利用三世說，規範歷史爲一進化的軌跡，並強調進化不僅是歷史的規則，而且是未來的趨向。其次，康有爲又透過三統說，主張文質爲遞迴變化的過程，以《春秋》改制爲文，而且將孔子的制作，具有「範圍萬世」的意義。〔註 130〕結合三世與三統，康有爲將進化觀、文質

> 周公而及孔子，不及其他；書惟尊《春秋》。《春秋》三傳何從乎？從公羊氏。
> 有據乎？據于孟子。孟子發《春秋》之書，曰：『其事則齊桓、晉文，其文則
> 史，其義則丘取之矣。』《左傳》詳文與事，是史也，于孔子之道無與焉，惟
> 《公羊》獨詳《春秋》之。……惟《公羊》詳素王改制之義。」（《春秋董氏
> 學》，北京：中華書局，1990，頁 1。）

〔註 128〕章太炎：〈儆信〉下（1901），《革故鼎新的哲理──章太炎文選》，頁 90。

〔註 129〕《公羊》學的三統、三世說，學者各有說解，意涵並不一致。章太炎這裏所
針對的，以三統爲循環論，三世爲進化說，是康有爲在晚清的主張。

〔註 130〕參考孫春在對傳統與康有爲三統三世說的分析。他認爲康有爲的三世說，與

代變、與萬世制法等意涵，作爲詮釋《春秋》的基本觀念。對此，章太炎堅定的指出三統三世說之不僅不符合過去的歷史事實，也不會是映見未來的根據，分別在1901年〈徵信〉、1906年〈與人論樸學報書〉和1910年〈信史〉中，談到這個問題。〔註131〕

首先，對於文質代變與進化的觀點，章太炎提出質疑。其謂：

> 昔之說三統者：夏之政忠，殷之政質，周之政文，三王之道若循環。近世金鶚非之，以爲械器服用，代益雕麗，其勢不由文返質。言進化者又曰：世皆自亂以趨治，言一治一亂者，非也；自質以趨文，言一質一文者，非也。章炳麟曰：治亂之迭相更，考見不虛。……文質之數，獨自草昧以逮周、秦，其器日麗，周、秦之間，而文事已華矣。其後文質轉化，代無定型。〔註132〕

他既不贊同傳統三統說之以質文相替循環，也反對進化論者以爲世無一治一亂，或一質一文，世皆自亂以趨治、自質以趨文的主張。章太炎認爲兩種說法都不符合史實。他指出，考見史實，治亂乃更相交迭，文質之序，後代並無定型，反對就上古到周、秦，自質趨文的歷史軌跡，考見後世之史。

其次，針對康有爲將三統三世說作爲孔子爲萬世制法的理論基礎，章太炎分析其中不合理處。其謂：

> 且夫因果者，兩端之論耳。無緣則因不能獨生；因雖一，其緣眾多。故有同因而異果者，有異因而同果者。愚者執其兩端，忘其旁起，以斷成事，因以起類例。成事或與類例異，則顛倒而細裂之，是乃殆以終身，娶之至也。〔註133〕

指出三統三世說的原理，在透過因果相求的邏輯，推求歷史規則。章太炎認

傳統三世說詮釋中國古史不同。康氏在和西方接觸後，三世的模式處理的不特囿於中國，而且有向未來推衍的趨勢。而三統則用來彌縫三世之不足，和傳統「黜夏親周故宋王魯」大有不同，不僅結合了傳統文質代變的意義，也是康有爲特別用來表明孔子曾制作過不同制度，以供後世因時採擇，爲「範圍萬世」的意思。（氏撰：《清末的公羊思想》，頁137～140）

〔註131〕在〈東京留學生歡迎會演說錄〉（1906）章太炎說：「又不像《公羊》學派的人，說甚麼三世就是進化，九旨就是進夷狄爲中國，去仰攀歐洲最淺最陋的學說。」明白表現出對康有爲《公羊》學援引西方思想的不滿。（《革故鼎新的哲理——章太炎文選》，頁146）

〔註132〕章太炎：〈信史〉下（1910），《革故鼎新的哲理——章太炎文選》，頁414、415。

〔註133〕章太炎：〈徵信〉下（1901），同前註，頁90。

爲，以因果說定其規則，過於簡略，未能知曉一果之成，不僅有因，尚有旁緣。旁緣會造成同因不同果，異因而同果，因而難以審定事物的走向與規則。他認爲康有爲執守因果兩端，忽略旁緣，援以斷事，竟又將之形成類例。當類例成形，規則構成之後，又用以解釋歷史。當史實與類例、規則不合時，便顚倒、割裂史實。換言之，康有爲的立論，構成一封閉系統，在方法上形成論證之循環，不知其所據，亦不知其所終。

　　針對《公羊》學家立說之弊，章太炎主張，立言當有其止，其謂：

　　　凡物不欲絓，絲絓于金柅則不解，馬絓于曼莿則不馳。夫言則亦有

　　　絓，絓于成型，以物曲視人事，其去經世之風亦遠矣！〔註134〕

絓，礙也。事物皆不欲有礙，如絲受金柅之礙則不能解，如馬受曼莿之礙則不能馳。章太炎將康有爲歸整的類例、成型，視爲立言之礙，認爲類例、成型之論，與經世之業相去甚遠。

　　進一步，章太炎指出：

　　　今世遠西之政，一往而不可亂，此寧有圖書保任之耶？十世之事，

　　　誰可以勾臆度者？觀其徵兆，不列顚世已衰，法蘭西則殆乎滅亡之

　　　域矣。後有起者，文理節族，果可以愈前日乎？則不能知也。其大

　　　齊可知者，惟猶後生智巧，賢于前民。然非可徵之數百年內也。……

　　　徒局促于十世以內，以爲後必愈前，亦短于視聽者也！〔註135〕

他質問，倘以當時西方正在發展的混亂政治態勢來看，有預知之圖書嗎？雖可見英、法將衰之徵兆，然而何者代之而起？其文理節族能否超越其上？實不能知！章太炎認爲，歷史雖有「後生智巧，賢于前民」的大趨向，然而這樣的趨向，不必然可徵於數百年內，況三統三世說，對十世之內的歷史發展進行預測，以爲後必進於前，實爲不明之見。

　　他批評《公羊》家援經制法的主張，病在於以古則今。其謂：

　　　經說諸條，學兼今古，非專守十四博士之陋者。抑自周、孔以逮今

　　　茲，載祀數千，政俗迭變，凡諸法式，豈可施乎挽近？……先人手

　　　澤，貽之子孫，雖污垢伫劣者，猶見寶貴，若曰盡善，則非也。《禮

　　　經》一十七篇，守之貴族，不下庶人。皇漢迄今，政在專制，當代

　　　不行之禮，于今無用之儀，而欲肄之郡國，漸及鄕遂，何異寧人欲

―――――――――
〔註134〕同前註。
〔註135〕章太炎：〈信史〉下（1910），《革故鼎新的哲理——章太炎文選》，頁418。

變今時之語，返諸三代古音乎？《毛詩》、《春秋》、《論語》、荀卿之
錄，經紀人倫，平章百姓，訓辭深厚，宜爲典常。然人事百端，變
易未艾，或非或疐，積久漸明，豈可定一尊于先聖？〔註136〕

這一段話，有二個重點。一、經說不能見限於西漢博士之說，尙有其他說法
可參。其次，周、秦迄今數千年，政俗更化，古之法式，如何可施之近世？
他觀察過去的歷史經驗，又從二方面說明後者之理。在制度上，《禮經》爲周、
秦時，專尙貴族的制作。其制非惟漢代專制政權時爲不可行之禮，在今日也
屬無用之儀，不可能下行至諸郡國鄉里。因此，對於《禮經》所載之制，絕
不是取用於今日這一層面的價值。其次，屬於平章百姓、經紀人倫，作爲典
常的《毛詩》、《春秋》、《論語》、荀卿之錄，章太炎認爲，此雖爲典常，然而
面對繁複的人事變化，是非曲直，豈可獨據先聖之言以定斷之？因此，他對
三統、三世說之最大質疑，乃在「豈有百世之前，發凡起例，以待後人遵其
格令者」？認爲通經致用說，是漢人干祿之言，批評《公羊》家爲過度取法
前人，「推爲萬能，則適爲桎梏矣」。〔註137〕

他主張「言而有畛，連犿無傷者，則有矣」〔註138〕，以立論當明其界域，
方得以不違於物，形成禍害。而謂：

稽古之道，略如寫眞，修短黑白，期于肖形而止，使妍者嬧，則失
矣；使嬧者妍，亦未得也。〔註139〕

主張不當過度詮釋經傳之文，以避免失眞。他批評《公羊》家釋《春秋》，乃
是過度詮釋，「故微言以致誣，玄議以成惑」〔註140〕，實爲妄臆其事之舉。

這裏，章太炎表示一種對經典的客觀態度，認爲經典即使有其污垢佇劣
者，仍是先人手澤，遺留給後人的寶貴資產。然雖崇奉經典如珍藏，仍不當
以其盡善而尊奉之。因此，章太炎雖視經典爲資產，爲典常，和康有爲不同。
康有爲將六經，特別是《春秋》傳載的孔子之義，視爲人人必當遵行的聖人
之道；章太炎則不僅不將六經視爲盡善的聖人之制，也不認爲當中的典常價
值，必爲後人所奉行的聖人之道。

〔註136〕章太炎：〈與人論樸學報書〉（1906），同前註，頁214。
〔註137〕同前註。
〔註138〕章太炎〈徵信〉下（1901），《革故鼎新的哲理──章太炎文選》，頁91。「連
　　　　犿無傷」，出自《莊子・天下》，謂與物相從而不違，故無傷也。
〔註139〕同註136，頁215。
〔註140〕同註138，頁88。

　　相對於《公羊》家主張《春秋》爲萬世制法之義，重視經典的規範性價值，章太炎更看重經典作爲史實載體的價值。因此，他反對《公羊》家貶抑史傳的主張，指出：

> 昔者孫卿有言曰：「《禮》、《樂》法而不說，《詩》、《書》故而不切，
> 《春秋》約而不速。方其人之習君子之說，則尊以偏矣，周于世矣。」
> （〈勸學〉篇）夫古今雖異能，相類似者不絕。故引史傳以爲端緒，
> 其周用猶什三四，當其欲用，必騖于辯說者，猶賦《詩》有斷章。
> 愚者憙論史事爲華，因以史尚平議，不尚記事。〔註141〕

見荀子對《禮》、《樂》《詩》、《書》及《春秋》有所闡發，亦有所反省；以《禮》、《樂》有法式但疏略，《詩》、《書》古樸而不切現實，《春秋》則簡略而不周詳。章太炎認爲，古今有異，亦有所似，因而將史傳作爲端緒，運用部分內容。如欲借爲資用，又須經過辯說，挑明其用如賦《詩》，取其斷章之義。

　　他批評運用史事做爲評議之資者，輕忽當中的史實記述時，於理、義必有所遺略。而認爲史實如棋局，盤上的棋子是相互牽動的，成敗絕非見於一隅之勢。其謂：

> 譬若弈棋，勝負者一非區之勢也。疏附牽掣于旁者，其子固多。史
> 之所記，盡于一區，其旁子不具見。（細碎冥昧之事，史官固不悉知，
> 知之亦不可具載。）時既久遠，而更欲求舉措之意，利病之勢，猶
> 斷棋一區以定弈法，嗋口弊舌，猶將無益也。〔註142〕

史記所能記錄的事實，僅限某一部分，細碎或不明之情事，史官多不載。經時日久，後世見史記一隅之記，求其舉措之意，利病之勢，乃片面之詞，但爲口說而無益於實事。換言之，章太炎觀察到史實與史記之間的差距，歷史記述的片面性，認爲不當不明其差失，以片斷之實，做爲評議的基礎。

　　由此，他認爲歷史有趨向，但否定當中必有定律，遑論以此定律及所形成的相應主張，做爲經世者必當恪守的指導。相對的，章太炎主張，史傳當重其記事，不在妄作評議，並稱道史志傳記「皆明德之遠言，耆艾之高致也。智者用之以盡倫，愚者用之以絕理」。〔註143〕反對《公羊》家「以記事不足聖，羞稱遷、固」的貶史立場。

〔註141〕章太炎：〈儆信〉下（1901），《革故鼎新的哲理──章太炎文選》，頁90。
〔註142〕同前註。
〔註143〕同前註，下引同。

　　章太炎從根本上批評《公羊》學獨尊孔子、以六經載聖人之旨，視之為至高、盡善之聖典。對於《公羊》家批評劉歆偽學惑亂孔子學，章太炎試圖跳出獨尊儒學、經學的框架，從學術的角度來看兩者的貢獻。最後他回到晚清《公羊》學思想的基點，批評康有為偽經說：

> 公以經典非記事，又不記事以起義也，欲張其義，故假設事類應之，
> 即如是，公言《周官經》、《左氏春秋》悉劉歆作偽者，乃不足以誚
> 歆也。等之造事，焉知劉歆不假以張義？以孔子聖人故可，劉歆非
> 聖人故不可，聖與非聖，我與公又不能質也。〔註144〕

認為康有為主張以經典不主記事，亦不以記事起義，卻又自造事類以成其義。造事以成義的的作為，不正如同劉歆之重記事。章太炎指出，若如劉歆之重《左傳》事，又內蘊其義，其價值當受肯定，但康氏卻加以貶抑，試問在什麼標準下，如何孔子之義可，劉歆之義不可？質問康有為取捨的標準何在？又如何論其聖與非聖之評？

　　總上言，自康有為擴大劉逢祿偽傳說，應和廖平偽作群經說，成《新學偽經考》，強烈憾動傳統經學。廖平、皮錫瑞雖然不如康有為的聲勢浩大，卻也承《公羊》學思想，在這股回復漢代今文經學的風潮中，推闡其經學主張。他們分別今、古文經的主張，成為後來流行的說法，其分別經史，尊經抑史的思想，不僅成為後人貶抑《左傳》學的根據，更成為民國學者據以考究經學歷史的根據。換言之，在《公羊》學者的建構下，《春秋》學轉以《公羊》學為主，各項經學主張為《公羊》家所提出，其歷程果如章太炎所言，《公羊》學成為晚清民國學術界霸擅一方的學術勢力。

　　因此，晚清《春秋》學，籠罩在《公羊》學者通經致用、援經飾政的主張中。他們通過《春秋》學，建構思想體系，提出歸本於聖人之道、天下公理的政治及社會主張。他們雖以考證徵實的姿態獲得認同，卻是秉其思想體系，構築有失真實的理想與批評。章太炎對他們的考據，提出辯證與批評，針砭其用史、議史、抑史之弊，更質疑他們所闡述的聖人之道、天下公理。

　　《公羊》家不承認孔子以前聖王賢臣的文明貢獻，否定《春秋》為史，未能看重史記傳注的價值，上溯先秦學術之源流與發展，視六經為孔子之道的展現，又將諸子學歸孔子學，進而將先秦學術建構為孔子唯一之學。面對《公羊》學者構述的學術歷史，章太炎梳整先秦學術發展脈絡，不僅系統的反駁《公羊》

〔註144〕章太炎：〈信史〉下（1910），《革故鼎新的哲理──章太炎文選》，頁411。

學所引發的對古經古史的懷疑，還進一步提出古文經學的經學主張。

二、提出以「春秋左傳」爲核心之古文經經學主張

（一）論孔子、六經、諸子學與儒學

　　針對《公羊》家倡議孔學，鼓吹孔教，章太炎於 1899 年編訂自選集《訄書》初刻本，作〈儒墨〉、〈儒道〉、〈儒法〉、〈儒俠〉、〈儒法〉等，重新思考儒學，考辨其沿流，反省孔子與儒學對中國思想文化的眞實意義。此外，面對今文學家建構以孔子爲中心的學術思想系統及其形成的學術效應，章太炎在 1901 年發表〈徵信論〉，主張「諸學莫不始于期驗，轉求其原」、「知有其略，不敢妄意其事，妄意之，即與巫言等比」、「信言不美，美言不信」〔註145〕，強調考鏡源流與信而有徵的治學要求。在 1906 年以後，陸續發表〈諸子學略說〉、〈原經〉、〈原儒〉、〈論經之大意〉等，說明他對中國學術源流的看法。晚年，在 1922 年的《國學概論》與 1935 年的《國學略說》中，更加全面而系統的表達他對先秦學術發展，有關孔子與六經、孔子與諸子、儒家與六經相關議題的見解。

　　今文學者透過《公羊》學，推孔子爲素王，建構其萬世治法、全知全能的聖人形象，不僅將《公羊》學視孔子學的樞紐，更進一步推擴孔子學，將六藝、諸子歸宗於孔子。面對今文學者崇孔、倡孔教，章太炎首先在 1899 年作〈今古文辨義〉，公開反駁廖平代表的今文學學術主張。

　　廖平主張三代以上皆非治世，潰亂無人理，以孔子爲生民所未有，德業超越古聖先王，將經世聖業歸孔子。不僅將著經的功績歸於孔子，認爲孔子構造是事而加王心以成，還將諸子九流歸宗於孔子。另一方面他也批評古文學以六經爲周、孔並製，使得孔子的神聖地位下滑，與諸王並列，又將古文經視爲劉歆僞撰，透過《公羊》學，拉抬孔子地位。在章太炎看來，這些主張的目的，不過特欲尊崇孔子。

　　今文學者忽視歷史事實，建構以孔子爲宗主的學術脈絡，其論述邏輯在後世推擴成一波波的疑古效應，章太炎指出：「則就廖氏之說以推之，安知孔子之言與事，非孟、荀、漢儒所造耶？孟、荀、漢儒書，非亦劉歆所造耶？……彼古文既爲劉歆所造，安知今文非亦劉歆造以自矜其多能如鄧析之爲耶？而

〈移讓博士書〉，安知非亦寓言耶？」今文學者雖未致此疑，章太炎卻已看出，「廖氏不言，後之人必有言之者，其機蓋已兆矣。若是，則欲以尊崇孔子而適爲絕滅儒術之漸，可不懼與？」站在護持傳統學術的立場，章太炎不得不從歷史出發，追索信而有徵的先秦學術發展史實。

　　他主張孔子之賢，在其性分，不必在學術思想的首創之功，提出六經源於孔子之前，非出於孔子製作的看法。以《春秋》是孔子參魯史而成；《易》、《禮》、《樂》多出於文王、周公之時，然而當《詩》、《書》錄成王、康王以後事，意已不同於堯、舜、周公之時；當孔子贊《易》爲十翼，意義與價值有超出原爲卜筮之用的《易》本經；至於《禮》、《樂》，當七十子傳孔子微言作記，其內涵便已超越於原爲祝守瞽矇之守的價值。因此他主張，當孔子整理六經，賦予時代意見之後，六經便成了孔子的六經之學，而認爲孔子六經之學自有高於前人的見解，且當肯定其中存有前人的意見。〔註146〕

　　章太炎主張六經之學〔註147〕，爲諸子所共奉，非儒家專有〔註148〕。贊同《漢書・藝文志》諸子皆出王官說，以自周代王綱不彰，疇人分散，各家承其舊學，更相衍說，以成一派，形成諸子九流，與孔子不相涉。儒家則爲九流之一。他指出，其他八家所說古事，雖有與六經齟齬者，論及三代以上聖王才士者，則大致與群經無異，故六藝「達於九流，非儒家擅之也」。〔註149〕

〔註146〕章太炎：〈今古文辨義〉（1899），《革故鼎新的哲理——章太炎文選》，頁 29～30。

〔註147〕漢初，學者習稱「六藝」，當時「六藝」非專指六部經書，而是指以六經爲依據的六種學問或學術專長。其中《樂》無經書，因而經只有五，即陸賈（西元前240～前170）提到的「定五經，明六藝」（〈道基〉第一，《新語校注》，北京：中華書局，1986，頁 18），是指五部經書和六種學問或學術專長。到了漢武帝建元五年（前 136）設置五經博士，五部書被法定爲經典，五經或六藝學問便具有學科涵義，經學正式成立。「經學」一詞，最早見於〈兒寬傳〉，當時武帝「以寬爲掾，舉待御史，見上，語經學，上說之，從問《尚書》一篇，擢爲中大夫」。（《新校本漢書》卷 58〈公孫弘卜式兒寬傳〉）

〔註148〕諸子學在漢代獨尊儒術之後，隱爲伏流。出於對儒學及六經的維護，宋邢昺謂「異端，諸子百家之書也。」（《論語注疏》〈爲政〉第二）理學主導學術以後，尤如此認爲。諸子被視爲異端的同時，與六經形同陌路。直到章學誠重提漢代班固，以「諸子出於王官」，爲「六經之支與流裔」的觀念，反應諸子學在乾嘉學術「以子證史」、「以子證經」的方法要求下，作爲六經羽翼的地位被接受。進一步的諸子學研究，使得學術源流的考鏡建構，漸漸地不再完全傾向儒家，也使得章太炎認識到，六經的解釋權並非專屬於孔子與儒家。

〔註149〕章太炎：〈清儒〉（1904），《革故鼎新的哲理——章太炎文選》，頁 126。

他批評廖平無法說明與孔子並起的諸子百家之學，其與六經之間的關係，因而罔顧諸如墨子專與孔子立異，孟、荀皆欲放拒之的文獻紀錄，而主張諸子百家皆宗主孔子。他認爲這樣的理論後果，將是「欲擯堯、舜、周公不得爲上聖，而反尊莊周、墨翟爲大師」〔註150〕，不僅使學術歷史產生無法解釋的漏洞，而且得到崇儒學須一併尊諸子的反效果。

1906 年，章太炎進一步分析九流十家之原始職能與源流發展，做〈諸子學略說〉，肯定諸子有其高明處，應各有其獨立地位。尤以「周秦諸子，推迹古初，承受師法，各爲獨立，無援引攀附之事，雖同在一家者，猶且矜已自貴，不相通融。」不必強作調和。認爲中國學說，病多在汗漫，肇因於「漢武以後，定一尊於孔子，雖欲放言高論，猶必以無碍孔氏爲宗。強相援引，妄爲皮傳」，因而愈調和愈失其本眞，愈附會愈違其解故。

1910 年，章太炎作〈原學〉，提出：「九流皆出王官，及其發舒，王官所不能與。官人守要，而九流究宣其義，是以滋長。」肯定諸子九流學術發展出的獨立價值。在 1922 年《國學概論》中，將諸子歸於哲學，晚年則在《國學略說》中，別立諸子一門，分述其源流發展。顯然，章太炎反對將諸子視爲孔子學附庸，肯定其獨立地位，從不同的角度，肯定諸子的價值。他分辨經學與諸子學，指出：

> 說經之學，所謂疏證，惟是考其典章制度與其事迹而已。……不知
> 今之經典，古之官書，其用在考迹異同，而不在尋求義理。〔註151〕

因而認爲，孔子刪定六經之舉，是與司馬遷、班固等同價值，諸子學不同於此，乃爲主觀之學，要在尋求義理，不在考迹異同。〔註152〕

其次，經學與儒學，在章太炎看來，是不同的學術論域。他分析「儒」的性質〔註153〕：

〔註150〕章太炎：〈今古文辨義〉（1899），同前註，頁 29。
〔註151〕章太炎：〈諸子學略說〉（1906），同前註，頁 160。
〔註152〕同前註。晚清諸子學的發展經歷了從「考據之學」到「義理之學」的過程，劉師培曾經指出：「近世巨儒稍稍治諸子書，大抵甄明詁故，掇拾叢殘，乃諸子之考證學而非諸子之義理學也。」如胡適所言：「到章太炎方才於校勘訓詁的諸子學之外，別出一種有條理系統的諸子學。章太炎的〈原道〉、〈原名〉、〈明見〉、〈原墨〉、〈訂孔〉、〈原法〉、〈齊物論釋〉都屬於貫通的一類。」參劉仲華：《清代諸子學研究》（北京：中國人民大學出版社，2004），頁 569。
〔註153〕章太炎：〈諸子學略說〉（1906），《革故鼎新的哲理──章太炎文選》，頁 161。章太炎在 42 歲時作，曾對「儒」的來源與流變進行考辨，以儒有「達名」、「類

《周禮・太宰》言儒以道得民，是儒之得稱久矣。司徒之官，專主
教化，所謂三物化名。三物者，六德、六行、六藝之謂。〔註154〕
以孔子博學多能，能以忠恕之道教化人。儒家因孔子產生變化，孔子以後，
儒家分流，六經之學流爲經師，《孝經》、《論語》之學則流爲儒家。〔註155〕
當先秦時，經、儒分流，但是荀子兼具儒家與傳《左氏》、《穀梁》、《毛詩》
的經師身分，所以在《漢書》，不別經、儒，而將周秦、漢初的經學家錄入〈儒
林傳〉，而以《論語》、《孝經》入〈六藝略〉。

他並指出儒生與經師的不同，以「儒生以致用爲功，經師以求是爲職」。
在周秦時代未有通經致用之說，因此當時的經師「惟欲保殘守缺，以貽子孫，
顧于世事無與」，而被荀卿譏爲腐儒。但相對的，此時經師「取青紫如拾芥」，
淡於榮利，在章太炎看來，「猶愈于漢世經師」。〔註156〕他指出，儒家在孔子
「教弟子時，惟欲成就吏材，可使從政」〔註157〕時，即有經世從政等的目的，
因此「儒者游文，而五經家專致，五經家骨鯁守節過於儒者，其辨智弗如」〔註
158〕，相對的推崇周、秦經師。儒者與經師在漢代合流，經師在漢代指的就是
今文經學者。《七略》中所言之「儒家者流，蓋出于司徒之官，助人君順陰陽、

名」、「私名」三種指涉。達名之儒，指的是術士，廣義的儒，此意義的儒「知
天文占候，謂其多技，其後施易，故號遍施於九流，諸有術者，悉賅之矣」。
類名之儒，「知禮樂御書數」，以「躬備德行爲師，效其材藝爲儒」，又舉「〈地
官〉曰：聯師儒，說曰：師儒，鄉里教以道藝者。」從職業上明其身分，爲
「師儒」。私名之儒則是《七略》所言：「儒家者流，蓋出於司徒之官，助人
君順陰陽明教化者也。游文於六經之中，留意於仁義之際，祖述堯、舜，憲
章文、武，宗師仲尼，以重其言，於道最高。」可以看到章太炎對「儒」進
行的考察。他將達名之儒涵括類名之儒，類名之儒又涵括私名之儒。以此篇
視之，雖然章太炎作〈諸子學略說〉時，尚未深入探知儒的分化與流變，但
可知所論，爲由類名之儒分化而來的私名之儒。

〔註154〕同前註，頁161。
〔註155〕同前註，頁162。
〔註156〕同前註。章太炎指出且如「儒家巨子，李克、寧越、孟子、荀卿、魯仲連輩，
　　　　皆爲當世顯人，而〈儒林傳〉所述傳經之士，大都載籍無聞，莫詳行事。」在
　　　　〈原儒〉中則以：「傳經之士，古文家吳起、李克、虞卿、孫卿而外，知名於七
　　　　國者寡。儒家則孟子、孫卿、魯連、寧越皆有顯聞。」原本歸爲儒家者，後歸
　　　　爲經師，顯示章太炎之論儒猶有疑慮。本文此處主要論述章太炎在致用與求是
　　　　之間的取捨，不擬深入辨考。關於章太炎對儒者與經師的分辨，可參考張昭軍
　　　　《儒學近代之境——章太炎儒學思想研究》中〈對儒學基本範疇的論述〉一節。
〔註157〕同前註。
〔註158〕章太炎：〈原儒〉（1909），《革故鼎新的哲理——章太炎文選》，頁339。

明教化者也」，指出：「游文于六經之中，留意於仁義之際。」是具有教化、傳經、留意仁義三重身分的儒者。章太炎卻認爲董仲舒、夏侯始昌、京房、翼奉等經師「多推五勝，又占天官鳳墮，與鷸冠同流」〔註159〕，推重經術，推崇孔子，講通經致用的目的又在求仕干祿。

由上述看來，章太炎對於秦漢的學術流變，相較於早期〈尊荀〉，有不同的見解，不再以荀學取代儒學，也進一步分別儒學與經學的學術宗旨。亦由此，章太炎得以條理與建構秦、漢學術史，重新定位、評價孔子與經學。

章太炎不支持將治政作爲治學目的，因此未能認同傳統經學偏向通經致用的走向。他認爲結合治學與治政，源於儒學與孔子。雖然孔子成就吏材，可使從政，爲可貴的經世志業，然而當孔子教弟子涉有此意時，不免淆亂人的思想，而批評儒家致用之學，難免淪爲以富貴利祿爲心。章太炎推崇獨立的學術研究，意在切割孔子儒學帶來的政治與學術的糾葛。

他推崇孔子具「變機祥神怪之說而務人事，變疇人世官之學而及平民」之功，二千年來，此事已屬過去。作此論的章太炎，已全然割捨以孔子與儒學爲文化、學術的主要取向。在1909年〈原經〉及〈原儒〉等著作中，也可以看到章太炎欲跳脫百世尊孔子的影響，重新思考學術傳統的企圖。

漢代以來，視孔子爲萬世制法，六經即爲萬世之法，恆常之道的展現，因此六經爲孔子之志的展現，其實指向六經寓有恆常之道的價值與內涵，如《四庫全書總目》經部總敘原則性的指出：「蓋經者非他，即天下之公理而已。」傳統士人，皆不免執持此見。章太炎早期的經學思想亦不外乎此。

然而透過「春秋左傳學」，章太炎開闢了經學的新面向，把焦點放在今文家特予推崇的《春秋》，認爲：

> 《尚書》則闊略無年次，百國春秋之志，復散亂不循凡例，又亦藏
> 之故府，不下庶人，國亡則人與事偕絕。〔註160〕

認爲《春秋》所以獨貴者，在於孔子之功：

> 本之吉甫、史籀，紀歲時月日，以更《尚書》，傳之其人，令與《詩》、
> 《書》、《禮》、《樂》等治，以異百國春秋，然後東周之事，粲然著
> 明。〔註161〕

〔註159〕同前註。
〔註160〕章太炎：〈原經〉（1909），同前註，頁330。
〔註161〕同前註，頁330、331。

使藏之金匱之史事，公開於世，得令人不忘前事，爲孔子與左丘明的最大貢獻。孔子《春秋》可「卦岱宗配無極」的原因在此。

　　然而他也指出，《春秋》具開化之功，與它可否解決所有後世問題，是兩回事，而主張孔子貢獻當從制歷史、布文籍、振學術、平階級四方面來看。他認爲孔子於中國，爲保民開化之宗，以「世無孔子，憲章不傳，學術不振，則國淪戎狄而不復，民陷卑賤而不升，欲以名號加宇內通達之國，難矣」。〔註162〕從歷史、文化、民族、開化民智的角度，具體指出孔子的價值，推昇孔子的地位。

　　特別是孔子作《春秋》，章太炎謂：

> 然後紀年有次，事盡首尾，丘明衍傳，遷、固承流，史書始粲然大
> 備，矩則相承，仍世似續，令晚世得以識古，後人因以知前。故雖
> 戎羯荐臻，國步傾覆，其人民知懷舊常，得以幡然反正。〔註163〕

《春秋》紀年有次，記事盡其首尾，透過《左傳》演繹其事狀，首開史書之體，令後世得以承流識古，因以知前。尤其在異族頻治的文化危殆時刻，發揮其功效，令人民知懷舊常，得以復國族之正。因而推崇孔子制歷史，有造於華夏，當以此「功爲第一」。

　　因此，他反對今文學家以孔子之法行政教之事，推爲孔教的作法。章太炎指出：

> 若夫德行之教，仁義之端，《周官》已布之齊民，列國未嘗墜其綱紀。
> 故上有蘧瑗、史鰍之賢，下有沮、溺、荷蓧之德，風被土宇，不肅
> 而成，固不悉自孔子之。〔註164〕

道德教化與仁義之說，已經透過《周禮》布施，綱紀社會，故當時多有賢德之人，不特爲孔子之功。他認爲「以德化，非孔子所專；以宗教，則爲孔子所棄。」〔註165〕道德教化，不能見孔子之卓越貢獻，而推行宗教，更不符合孔子之志。

　　再者，秦漢以後變制度，只奉一共主，而少弒君之事，章太炎認爲，此乃春秋時法令不如漢、唐、宋、明修明，故多有弒君瀆之事，因而主張《春秋》要在法令修明與否，不當如傳統經說以《春秋》專在教化。〔註166〕

〔註162〕章太炎：〈駁建立孔教議〉（1913），同前註，頁495。
〔註163〕同前註，頁496。
〔註164〕同前註，頁496。
〔註165〕同前註。
〔註166〕章太炎：〈今古文辨義〉（1899），同前註，頁30。

　　章太炎從條理學術發展脈流，離析六經、孔子、諸子與儒學的關係與發展。透過分疏先秦學術源流與發展，反駁今文學家將六經、諸子、儒學皆歸宗於孔子，積極主張孔子對中國的貢獻，首在作《春秋》，推其爲史學之創舉，而以《春秋》評價孔子，將之視爲中華學術文化的保存與開化者。

　　章太炎從歷史文化的角度評價孔子，顯然與傳統以德化之功評價孔子不同。而傳統學術以德化之功評價孔子，在他看來，在於深受漢代今文家推尊孔子與儒學的影響，將孔子視爲制萬世法，又結合孔子與六經，從恆常、普遍價值解釋六經，繼而將諸子歸於孔學，形成定孔子於一尊，進而尊其教化之功的思想效應。他從這樣的角度評價孔子，與今文學大異其趣，繼而提出對於今、古文經學的意見。

（二）主張今古文經學同源而分流

　　晚清今文學家對今、古文經學進行全面的探討；皮錫瑞作《經學歷史》，論述今古文經學的發展沿流，廖平則系統的闡明今、古文經學的差異。不僅如此，他們還透過分辨今、古文經學，批評古文經學重訓詁不重大義、重史不重經的治經立場，從今文經學的立場詮釋古文經學。針對今文學家的經學觀點，章太炎也提出不同的經學主張，特別對今文學家所提出的今、古文學之辨、所詮釋的古文學主張，有所駁正。

　　章太炎對於今、古文經學以《春秋》學爲焦點的爭議，首先提出先秦時三傳同出一源，卻在漢代各有其發展脈絡，因種種因素，形成立場相對的今、古文經學。首先指出，六經歷秦火之刼，在漢代重出後，《公羊》獨爲博士所崇，由於先出於口傳，後著於書帛，形成《公羊》學重視口授師承的治學立場。《左傳》學在西漢流傳時，傳訓詁不著大義，形成《左傳》學重訓詁的治學特色。〔註167〕古文經學在西漢末爲劉歆所推揚後，打破博士學獨尊的局面，

───────────

〔註167〕廖平因而批評《左傳》學推重訓詁，多由己衍解，贊同《公羊》學重師承，不能自爲歧說。章太炎反駁之，指出今文經學雖講究師承，但不排異說，是以五經有十四博士，顯示今文經學本多有歧說。至於古文經重訓詁，根據文字訓詁研議經義，嚴謹有據，不能隨意衍說，訓詁如「鑿山通道，正自不易」。而且，章太炎認爲「訓詁既通，然後有求大義。」如《五經異義》之作。至於賈、馬、許、鄭皆古文，說有歧義，亦如同今文有十四博士之異義，皆有其故。章太炎又批評廖平，既不取何休日月之說，也不滿董仲舒之語，自成一家。是以廖平謂今文重師承，指責《左傳》不言師承，乃自攻其隙。（同前註，頁 32、33）

而謂：「《七略》說漢家藏書，外有大常、大史、博士之藏，內有延閣、廣內、祕室之府，豈沾沾以博士所教授者爲準哉？」主張漢代的知識傳授，不當見限於博士系統。〔註168〕

　　他指出，劉歆學與博士學有不同淵源，屬內廷的郎官系統。〔註169〕是以今古文經學不僅被關注的時間、發展歷程不同，也因學者治學立場的差異，使其受關注的層面也不同，因而造成今、古文經學雖出於同一源流，卻在漢代發展中形成巨大差異。章太炎指出今、古文經學的五點差異〔註170〕：

　　其一，文字不同。如《尚書》，古文篇數多，今文篇數少；今、古文有所同者，文字又各殊異。章太炎認爲，當歐陽、大、小夏侯三家立於學官，博士抱殘守缺，強不知以爲知，故愈說而愈歧。又如古文《尚書》，孔安國傳之太史公，太史公參考他書，形成不但文字不同，事實亦有所不同的情況。而且，由於典籍殘缺，使得文字不同不僅是今、古文經學之間的差異，即使在今文經學、古文經學內部也存在有許多文字上的歧義。

　　其二，典章制度不同。章太炎指出，《詩》無所謂今、古文者，口授至漢，書於竹帛，皆用當時習用之隸書。《毛詩》所以稱古文者，乃因其所言事實與《左傳》相應，典章制度與《周禮》相應之故。《周禮》爲一代典章，制度大備，本無今文，《孟子》言封建制與《周禮》不同，乃七國以來傳說之語，皆不可信，而漢文帝命儒者撰〈王制〉時，未知《周禮》，故採《孟子》說，實爲傳聞之詞。此蓋今、古文經言典章制度不同之因。

　　其三，事實不同。章太炎指出，《左傳》據劉歆以爲爲左氏親見夫子之作，《穀梁》、《公羊》在七十子之後作，皆師弟問答之言。三傳不但經文有異，事實不同，例亦不同。他認爲，親見之與傳聞之，詳略不同。若論事實，當信《左氏》。

〔註168〕同前註，頁833。

〔註169〕《文選》注引劉歆《七略》曰：「孝武皇帝敕丞相公孫弘廣開獻書之路，百年之間，書積如山。可見漢武帝廣開獻書之路，又使建藏書之策、置書寫之官，有了國家和皇家，即外廷和內廷兩類圖書館的建立，制定了書籍的徵求、繕寫、收藏等制度。劉向歆父子所校即爲內廷皇家圖書，劉向統稱內廷的書爲「中書」、「中祕書」當時參與校書的同僚們，大多數爲郎官系統官僚，或具郎官學術背景。參考徐興元：《劉向評傳》（南京：南京大學出版社，2005）頁189～199。

〔註170〕以下說法，見章太炎：《國學略說》，《章太炎國學講義》（北京：海潮出版社，2007）頁95～99。

其四，釋經的根據不同。章太炎指出，伏生時緯書未出，尚無怪誕之言。至東漢時，則今文家多附會緯書者。古文家則言歷史而不信緯書，史部入經，乃古文家之主張；緯書入經，則是今文家主張。

其五，章太炎將今文學歸爲漢儒通經致用之學，而將古文經視爲稽古之學。主張說經乃存古學，非以適今之學。他認爲六經固可視爲典常，然人事百端，變易未艾，是非乃積久漸明，如何能定於孔子一尊？章太炎又質疑著，豈有百世之前，發凡起例，以待後人遵其格令者？因此，他認爲今文學家三統、三世之說，適爲說經之桎梏。反對今文家以恆常之道說經，也反對今文家透過三科九旨等規則成例釋經。相對的，古文經學以史釋經的立場，表明《春秋》出，《左傳》參百國史記以成時，將邦國殊政，世系異宗，民於何居，工自誰作等，復著之《國語》、《世本》，透過這些史書傳記，歷史文化方得以紛者就理，暗者得昭，居功厥偉。〔註171〕

章太炎從今、古文經學的發展流衍，看到今古文經學從文字形式上的差異，轉爲內容差異，包括經說文字的歧義、典章制度與事實記錄的差異，也指出今文家以緯書爲據，以釋經典的弊病。他反對今文經學以恆常之道釋六經、將《春秋》視爲孔子爲萬世制法的主張，而提出古文經學文字多歧義，非學說紛亂，乃學術常態，將古文經所載，視爲戰國以前周代施行的禮法制度，亦將所載史文，視爲更接近歷史事實的記錄。

透過對漢代經學整理，章太炎反省過去的尊漢立場，也改變推崇漢代古文經學的態度。他認爲戰國後，儒書說夏、殷之事，轉相傅麗。秦用騶子五行相勝之說，命官立度，多取符應，這樣的作法影響到漢代古文家。並指出漢世古文家，惟《周禮》杜、鄭，《詩》毛公契合法制，又無神怪之說；《春秋》、《左傳》、《易》費氏，本無奇邪，至張蒼譜五德，賈逵亦傅會《公羊》，鄭玄箋注亦多雜緯說，以神怪、緯說爲六經在漢代重新被詮釋後，所附加、雜入的時代意見。他主張，古文家雜今文以成說，引緯釋經者，宜簡汰去之，以復其眞，如劉歆推《左傳》日食變怪之事，傅以五行，爲後世所不當道。〔註172〕他認爲，古文經學在魏、晉，如杜預不滿賈逵雜今文，沙汰漢儒說，才是眞正回復古文經學的面貌，因而推崇魏、晉說經之作，雖不及漢儒，然論其

〔註171〕章太炎：〈與人論樸學書〉（1906），《革故鼎新的哲理——章太炎文選》，頁214。

〔註172〕章太炎：〈原經〉（1909），同前註，頁333。

大體，實勝於前；又批評清人之尊漢學者，未明今、古文之別，而雜以今、古文之說者，未入說經正軌。

　　章太炎主張，治學當如高郵王氏父子，熟知漢學門徑，而不囿於漢學藩籬。在訓詁、事迹、義理等範疇，皆當如是。更推崇孫詒讓之治《周禮》，爲純古文家，實事求是，堪當說經之正軌。〔註173〕他也提出：如論實事求是，讀經當依古文爲準，而古今雜糅之說者，亦有禮失求諸野之用。〔註174〕總之，皆須持論以據。

小結：以經史之實抗疑古之惑

　　章太炎以實事求是，在質疑漢代與晚清《公羊》學、迴護《左傳》與古文經說的堅定立場下，經歷一層層的省思與轉折，認知到晚清《公羊》學，不過是重蹈漢代《公羊》學之轍，也對清代所崇奉的古文經有了重新的認識。他突破清儒上復漢說的視域，將學術眼光更往前溯的，追到漢時《春秋》學與今古文經學發展的實際歷程。從學術史層面來說，章太炎的作爲，乃如梁啓超所言清代學術「節節復古」不斷上復的走勢、脈絡。因此、當他溯及漢代，接著勢必走向對周、秦學術的分疏，續究當時的孔子學、儒學與經學的發展脈絡。這樣的治學方式與走向，除了有其治學的內在理路，更隱有章太炎的時代關懷。

　　他看到《公羊》學者質疑古文經典以及史記文獻的治學走向，爲民國學者所延續，形成對中國古史、文獻傳注的全面懷疑，在後來擴大成爲疑古風潮，成爲傳統學術文化重大危機。章太炎認爲，自今文經學疑經，到疑古學者、新文化學者疑史，其治學與作爲，將招致「六經覆瓿」，絕學喪文，使人不知其民族文化，憂心其禍又烈於始皇焚書。

　　他針砭中國學術勢將淪喪之因，歸於不重視文字證據與文獻資料。指出：

〔註173〕章太炎：《國學略說》(1935)，《章太炎國學講義》頁96、101。在〈孫詒讓傳〉中，章太炎具體指出孫氏治學方式：「又經典相承諸文字，少半缺略，材者欲以金石款識補苴，程瑤田、阮元、錢坫往往考奇字，微闕文，不審形聲，無以下筆。龔自珍治金文，蓋繆體滋多是矣。詒讓初辨彝器情僞，擯北宋人所假名者，即部居形聲不可知，輒置之；即可知，審其刻劃，不跌豪氂，然後傅之六書。所定文字，皆隱括就繩墨，古文由是大明。」推贊孫氏治文字方法、有其規矩。(《章太炎全集》四，頁213)

〔註174〕章太炎：〈再釋讀經之異議〉(1935)，《章太炎講演集》，頁239。

「今國學所以不振者三：一曰毗陵之學反對古文傳記也；二曰南海康氏之徒以史書爲帳簿也；三曰新學之徒以一切舊藉爲不足觀者也。有是三者，禍幾于秦皇焚矣。」〔註175〕指出自常州學反對古文傳記，康有爲輕視史書價值，到民國講新學的學者否定古書的價值，皆在質疑傳統史記文獻，而形成對傳統學術的重大危機。

康有爲在維新運動之後，雖然政治與學術上的勢力大不如前，後進學者仍沿習其說，不僅採用三統三世說，據引讖緯以說經，並援用進化說以應之。他看到當代學者深受今文學者以文掩實、不信古書的影響，導致「今人皆以經史爲糟粕」、「今日所患，在人人畔經蔑古」〔註176〕的學術風氣。章太炎認爲他們走向歧途，沒有一致的方法，卻廣泛疑經、疑史。〔註177〕因此，在辯駁今文經學者的僞經、篡史之疑後，章太炎隨之批評民國以來的新學學者。

他認爲新學學者承今文經學之流，形成二項治學謬誤，一、不信古籍，二、不信文字而信古器。

當時胡適承今文學說，指《周禮》爲僞作；又舉日人指《尙書》史體未備、〈堯典〉首章不詳實事，〈甘誓〉發端不記主客等，謂其非信史。〔註178〕進而指稱六經皆儒家托古，直承康有爲之說而有過之。章太炎認爲，胡適之說，但爲議論，只可譁世，本無實徵，嚴厲批評其說，謂：

> 推其所至，《十七史》之作者，骸骨亦已朽矣，一切稱爲僞托，亦奚不可；而儒家孔子究竟有無其人，今亦何從質驗？轉益充類，雖謂我生以前無一事可信、無一人是眞可也。此其流弊，恐更甚于長素矣。〔註179〕

認爲康有爲僞經說，目的在成立孔教，而胡適之說，則在抹殺一切歷史。

尤其新學學者不信史記文獻，而將地下出土之文件器物，視爲考求古史的主要證據。章太炎指責他們將器物有即可證其必有、無則無從證其有無的

〔註175〕章太炎：〈制言發刊宣言〉（1933），《革故鼎新的哲理——章太炎文選》，頁565。

〔註176〕章太炎：〈與潘景鄭書〉（1933），《章太炎書信集》，頁915。

〔註177〕他認爲：時人「輕儇者多摭三統三世爲名高，往往喜讖緯，誣典籍成事，外與進化之說相應，自知回遹，始疑六藝，卒班固、范曄所錄，亦以爲罔」。氏撰：〈瑞安孫先生傷辭〉，《章太炎全集》四，頁224。

〔註178〕對日人的駁斥，可見於〈論經史實錄不應無故懷疑〉（1935），《章太炎講演集》，頁225～227。至於胡適說是否承日人，參見第一章註90之查考。

〔註179〕章太炎：〈與柳翼謀〉（1922），《章太炎書信集》，頁740。

作法，乃拾歐洲考古學者之唾餘，不足以作爲辯證中國史實的主要方式。

他分析歐人以器物考古，乃在考察素無史記的荒僻小國，故不得不求於古器。然如中國史乘明白者，何必尋此迂道？而且，器物不能離史而自明，如陝西有瓦當出土，器有秦、漢二字，透過史書知陝西爲秦、漢建都之地。因據史書，乃知瓦當乃秦之物。換言之，欲知器物意義，仍必須透過史書文獻的紀錄，方能昭顯。因此章太炎主張，「以史乘證器物則可，以器物疑史乘，則不可。以器物作讀史之輔佐器則則可，以器物作訂史之主要物則不可。」疾言據器物而疑信史，乃最愚之事。〔註180〕

事實上，章太炎對古器物的發現與運用，原本是肯定的，曾指出：「上世草昧，中古帝王之行事，存于傳記者已寡，惟文字語言間留其痕跡，此與地中僵石爲無形之二種大史。」〔註181〕然而，當新學學者不信一切古籍，謂考史必求物證，並以爲持論之根時，便產生大問題。〔註182〕主要原因在於三代器物僞者甚多，章太炎批評他們之審物，「躁人不及審視，而又恥其不知，故不憚多爲妄論以摧破之」。〔註183〕指其「以贋器讎正史，以甲骨黜郼書，以臆說誣諸子，甚至以大禹爲非人類，以堯、舜爲無其人，其怪誕如此，莫可究詰」。〔註184〕他認爲《說文解字》亦采山川鼎彝，故金石非不可治，只是歷來贋器太多，其眞僞恐非世人學力能及，故終究主張，以金石器物證文字大體，尚可尋其脈絡，然資以證史事，猶存大疑。〔註185〕

再者，章太炎批評新學學者，病在雜亂抄撮，不見矩矱。〔註186〕他贊同古器可資佐史，其中又唯金石堪以永存，如布帛革木，勢不能久。然而金石多贋器，「非憑舊儒傳說，將何以爲徵」？因此，章太炎將考史之根基，歸於史書傳記，提出經史實錄不應無故懷疑的呼籲，並試圖重建中國歷史系統，以積極對抗疑古之風。

他認爲，經史傳世，江河不廢，乃歷代材智之士，籀讀有得，施之於用而見功效者。主張經除今文、史除雜史之外，率皆實錄。實錄乃當時記載，

〔註180〕引同註 178。
〔註181〕章太炎：〈與吳君遂書〉（1902），《章太炎書信集》，頁 64。
〔註182〕章太炎：〈與郤之誠論史書〉（1934），同前註，頁 934。
〔註183〕同前。章太炎對古器物的僞作情狀，曾一一列指，見〈論經史實錄不應無故懷疑〉（1935），《章太炎講演集》。
〔註184〕孫思昉：〈謁餘杭章先生紀語〉（1935），《制言半月刊》第 25 期，頁 2。
〔註185〕參《章太炎年譜長編》引述姜亮夫釋章太炎語，頁 957。
〔註186〕姜亮夫釋章太炎意，同前註。

其所根據有三，一爲官吏之奏報，二爲史臣所目擊，三爲萬民所共聞，爲事之最可信者。其中雖有傳聞異辭而記載歧異，須經後人考訂者，亦取捨有準。〔註187〕並指出，疑者如王充之駁正古籍，乃是糾正漢初諸儒說經之失當，與譏彈當時諸子所載之不合情理者，非駁辨經史正文。劉知幾之作《史通》，據《竹書紀年》疑《尚書》，不知《竹書》非當時實錄，乃魏安釐王時追記商周之事。〔註188〕凡此疑古之行，皆有其對象，有持論之據，與今人抱著不信一切古籍的態度，是不一樣的。

他批評疑古者，疑禹之治水，遂及堯、舜者，不加深思，不知後人僞造之書，只能僞造虛文，不能僞造實事。關於天文、地理的記載，更難僞造。雖然史有事實離奇，難於確然置信者，究其因，當是彼時實有其事，而有描寫過甚者。如《史記・留侯傳》記高祖一見四皓，即憬然心服，廢立之舉，竟不果行，司馬光《通鑑》認爲高祖暴亢，未必爲畏憚四皓而止，疑其事，故不載。秉持這樣的態度，章太炎主張，故史諸事在疑之間者，皆應存而不論，不應悍然生疑，駁斥疑古者之妄疑、妄改之非。〔註189〕

章太炎以康有爲倡改制，雖不經，猶無大害，其最謬者，在依據緯書，視《春秋》如預言，其流弊非至掩史實、逞妄說不止。民國以來，康學雖衰，疑古之說代之。他尤其批評疑古新學，喜考古史，有二十四史而不看，卻專在細致之處吹毛求瘢，謂堯舜、禹、湯皆儒家僞托，這樣的學術走向，將惑失文化本源，終至推翻維繫民族之國史。〔註190〕以疑古之妄，弊更甚於《公羊》，亦必竭力排斥不可。

面對疑古風潮，章太炎更積極的以「春秋左傳學」爲中心，實事求是，透過文獻考據，明古經古史之眞實性，致力於回復以經史爲主體的中國學術文化。

〔註187〕章太炎：〈論經史實錄不應無故懷疑〉（1935），《章太炎講演集》。章太炎也指出經史之中當存疑者，如上古帝王初興之象，語有涉及怪誕，於理必無，有違實錄標準。查其故，章太炎認爲是當時史臣闕於記載，後人據私家著錄，掇拾成書，如史公作《史記》時，六國史記俱盡，蘇秦、張儀、魯仲連之語，皆據其自著之書，語雖非僞，然諸人自言其效，未免誇大，非事實所眞有。因此，無國史時，不得不據此乖於實錄之言。

〔註188〕同前註。

〔註189〕同前註。

〔註190〕章太炎：〈自述治學之功夫及志向〉（1933），《章太炎學術文化隨筆》，頁342、343。

　　章太炎關切當代經學發展，一方面有意識的將《春秋》視爲後世史家之本紀列傳，專明《左傳》之實據以斥《公羊》之謬妄，建構《春秋》經史學。當中年以後，他反省到清代漢學深受《公羊》學牽制，又看到《公羊》學者喜談《公羊》，而忘其他經史，好銅器款識而排斥《說文》；不博習經史，且不透過《說文》校正經史之識，而流於虛言矯文之弊〔註191〕，進而體悟到必須結合語言文字與經史之學，相互徵驗，以收實事求是之效。

　　因此在晚年，章太炎特別重視《說文》與《春秋》。其謂：

> 夫國於天地，必有與立，所不與他國同者，歷史也，語言文字也。
> 二者國之特性，不可失墜者也。昔余講學，未斤斤及此。今則外患
> 孔亟，非專力於此不可。余意凡史皆《春秋》，凡許書所載及後世新
> 添之字，足表語言者皆小學。尊信國史，保全中國語言文字，此余
> 之志也。〔註192〕

將史歸宗《春秋》，將中國語言文字，歸宗《說文》。章太炎從民族的角度，將二者視爲中國學術文化之根本，並以之抗衡帝國主義之逼侵，保存民族文化。除此之外，面對疑經疑古之內憂，亦透過以經爲史，以語言文字驗徵其實，以駁之。前者是國際視野下的文化關懷，後者是傳統學術的延續與重構。章太炎晚年致力於經史學與小學，通過二者的研究與結合，證明古經古史之實存，標舉、提倡傳統經學，便是在此脈絡下的發展。換言之，將經學根基建構在信而有徵的小學、經史學上，成爲章太炎發展新經學的主要路向，而其具體實踐，猶在以「春秋左傳學」爲中心的建構上。

〔註191〕章太炎：〈救學弊論〉（1924），《革故鼎新的哲理——章太炎文選》，頁538。
　　　　又見〈與黃侃〉（1932），章太炎表達了對款識釋文的質疑，其謂：「款識釋文，
　　　　自昔是非無正，沿襲既久，以爲固然。其實《汗簡》尤爲荒誕。」（《章太炎
　　　　書信集》，頁211）
〔註192〕同註190，頁343。

第四章　以「春秋左傳學」爲中心的經學文化觀

　　中西文化對照，爲晚清民國學術主要背景；文化乃對照異國文明而形成的思維，是清末中國置諸於國際世界時，不得不躬自反省的深刻議題。經學向來被視爲中國學問之總體，被賦予經天緯地之壯闊內涵，然而發展到晚清，在西學新知的映襯下，講求治世效能的經學顯得蒼惶無力，不僅內容不足以廣納當代發展的多元知識類型，更面臨學者疑經疑史的考驗。當西方文明成爲當代學者有志一同的效法對象時，章太炎仍步趨經學，堅持而審愼的重省經學，以超乎前人的眼光，豐富經學的知識內涵，並從民族文化的角度，推重經學的價值，引領經學走向新里程。

　　他透過聲張六經皆史說，提出不同於前的經史學觀，積極建構新的經學文化觀，因應當代經學之重大問題。晚清民初經學的重大轉折在疑經與疑古；不論是康有爲之疑經，或是疑古學者之疑史，皆將推闡新思想、新學術，建立在攻擊六經古學之上。康有爲透過質疑古文經，闡述以《公羊》爲主的今文經學，又進一步視《春秋》爲孔子之道之所存，以《春秋》擴及六經，將六經推爲百世不悖的聖人之道、天下公理。至於民初疑古學者質疑六經，實立基於章太炎以六經爲古史的觀點〔註１〕，而提出古史──特別是經書所

〔註１〕錢玄同是章太炎的入門弟子，爲疑古先鋒。顧頡剛在〈古史辨第一册自序〉中，說明其古史思想受到章太炎的啓發，自剖道：「我願意隨從太炎先生之風，用了看史書的眼光去認識六經，用了看哲人和學者的眼光去認識孔子。」（《顧頡剛古史論文集》第一册，頁23。）

載的古史──多出於神話傳說的演變、積累而成。他們在方法上卻是延續康有為不信文獻記載的辨偽態度，終致疑六經、疑古史，甚至不信一切古書，而欲重考六經、重新建立可信的古史，其作為嚴重衝擊中國傳統學術與文化。〔註2〕

面對康有為的疑經與經學建構，章太炎通過闡述六經皆史說，反對康有為將孔子推為聖人教主、六經作者，打破傳統崇聖尊經的觀念。對疑古學者所倡論的新學，章太炎認為其主張雖有論證，卻無根柢，不但不能積極、正面的建設學術文化，反而造成中國文化學脈斷裂的危機。因此，他以六經皆史說為論述核心，一方面主張經史皆為實錄，不當無故懷疑，強調六經的真實性。另一方面，接續章學誠六經皆史理論，以平易古史視六經，以歷史徵實的方式，分析、建構中國古經古史的流衍與變遷，明其真實，以制衡疑古說。

從更大的角度來看，章太炎將六經視為古史，促成六經轉向歷史研究的同時，還衝擊著將六經視為天下公理、聖人之道的傳統觀念。當章太炎走出傳統經學的理路時，他將如何看待六經的價值？當他將六經視為史時，又如何看待經與史、經與儒的關係與意義？尤其面對晚清民國的經學變革，章太炎如何重估經學價值？此皆須深入章太炎六經皆史說，予以探析。

章太炎論六經皆史，接踵章學誠以二十三史為《春秋》家學之說〔註3〕，以「春秋左傳」作為六經皆史說的理論核心，修正並發展其說，提出「古史皆經」、「史即新經」的說法，並以「春秋左傳」為中心，融合經學與史學。其次，既以六經為古史，進一步，章太炎提出以治史的方式治經，以實事求是、信而有徵為原則，建立經學的方法論。最後，說明在積極建設古經古史的真實性之後，章太炎關注著外來文化對中國的衝擊，在當時反孔廢經的風潮中，如何重省經學價值。本章分三節，詳述其義。第一節，重新詮釋六經皆史說，為其經史學理論的論述。第二節，以治史的方法治經，為治經方法的建構。第三節，真實與真理：經史學與經義學，為其經學價值的重建。

〔註2〕 關於疑古思想的方法論述，可參考彭明輝《疑古思想與現代中國史學的發展》（臺北：臺灣商務印書館，1991），頁62。

〔註3〕 章太炎多次表明其觀念實受章學誠的啟發。關於《春秋》之說，章學誠謂：「二十三史，皆《春秋》家學也。本紀為經，而志表傳錄，亦如《左氏》傳例之與為終始發明耳。」（《校讎通義·宗劉第二》，《文史通義校注》下冊，臺北：里仁書局，1984，頁956。）

第一節　重新詮釋「六經皆史」說

一、「夷六藝於古史」

（一）批評章學誠「六經皆史」說

　　章學誠六經皆史說，不顯於當時，卻對晚清學者的經學思想起著重大影響，包括龔自珍、魏源、譚獻、康有爲等今文家，以及自許爲古文家的章太炎。〔註4〕他以六經爲先王政典，將經之成立，上溯三代，系統說明六經源流，目的在尋求考證學家由詞以通道之外，通達聖人義理的可能。這個走向，其實已經撼動漢代以來，六經乃孔子之道之所存的理念。這樣的經史觀，成爲章太炎論經學的基本理念。

　　實齋立說，主要關懷在於經世，頗契合晚清今文家欲以經世之務取代考據之學的治學走向。龔自珍接受章學誠六經出於史、治學合一的觀點，並透過建構先秦學術史觀，提出其六經正名及經世致用的主張。康有爲在早期，也受章學誠之周公集大成說影響，主張孔子學出周公經綸之迹，其官師合一的觀點，又與章學誠治學合一若合符節。〔註5〕彭明輝先生指出，康有爲雖然明言六經爲孔子所作，與章學誠的說法南轅北轍，但是他們立論的深層結構均屬「經世濟民」之端緒，爲儒學「內聖外王」觀念影響下的不同思考。〔註6〕，章學誠與今文學家關注於六經皆史說，聚焦在經世議題上，經世致用其實是他們有求於經典、條理經史的共同底蘊。從另一方面看，章學誠、龔自珍以及康有爲，雖然取徑與考證學不同，治學理念實則頗爲一致，皆以聖人之道存乎六經，冀從通經推知經世致用之法。〔註7〕

　　章太炎之治學承乾嘉考據學，根柢在小學，同樣主張研治經典必須通過文字訓詁的考證，走向與章學誠大不相同，經史觀念卻追隨實齋六經皆史的理念。晚清今文家援經議政的作爲，令章太炎深刻意識到，透過通經求其致用之道，反而使經學受到相當程度的扭曲與破壞。因此，他很早就表明切割

〔註4〕　參考陳鵬鳴〈試論章學誠對近代學者的影響〉，《章學誠國際學術研討會論文集》（北京：北京圖書館出版社，2004），頁408～426。
〔註5〕　同前註。
〔註6〕　彭明輝：《疑古思想與現代中國史學的發展》，頁18～19。
〔註7〕　章學誠論述又與龔、康不同；章學誠將三代之遺視爲聖人之道，龔、康則獨推孔子的聖人之道。

經學與政治的關聯，主張通經不在致用，希望在這樣的前提下，經學得以回復其原始樣貌。這一點成為章太炎與今文諸家、以及章學誠論經學的根本差異。〔註8〕以下進入六經皆史說的討論。

　　章學誠的六經皆史說，主意仍在尊經。例如他將《尚書》的書無定法，視為「圓而神」的撰述之作，推其「於史也，可謂天之至矣」。並以《春秋》為《尚書》支裔，將其編年有成例，視為記注之屬。接著，又以《左傳》拘守成法，為《尚書》之降，後折為《史》、《漢》之宗。〔註9〕他並推崇《尚書》，作為史學開山，而以史學為六藝支子，〔註10〕尊經抑史的意味相當明顯。再者，他主張三代以上官師合一，以六經出於政典，皆史也，又認為三代以下，治學分離，處士橫議，不盡出典章政教，使得「大道之隱也，不隱於庸愚，而隱於賢智之倫者紛紛有見也」。〔註11〕顯然認為三代以上官師合一之況，方為有道。對周末諸子並起，文字著述出於私家者，頗不能認同。因此，他推崇六經之所以為經的價值，在於「經為世法」，強調六經為官書，為政教典章之所出的意義。因而相對的，他鄙薄私作，貶抑諸子學與史學，強調史不當私作，六經不當僭越；一方面限制史的範圍，一方面則高推六經的典範地位。

　　章太炎接受六經皆史，乃三代治教合一所出的觀點，也認同章學誠引申《漢書‧藝文志》諸子出於王官，有如《莊子‧天下篇》所謂耳目鼻口皆有所明、不能相通的說法，卻不同意章學誠以經乃出於官作、庶人不當僭擬、史不當私作等尊經抑史的觀點。他批評章學誠尊崇六經之為「經」的獨特性與權威性，主張在先秦經不為六經之專名，而且「經不悉官書，官書亦不悉稱經」。〔註12〕

　　他指出，秦、漢典籍多有以經為名的著作，如〈吳語〉稱「挾經秉枹」，以兵書為經；《論衡‧謝短》謂：「五經題篇，皆以事義別之，至禮與律獨經也。」乃以法律為經；《管子》書有謂經言、區言。又如〈律曆志〉序庖犧以來之帝王世系者，為《世經》；辨疆域者有《圖經》，可見經之名甚廣。章太炎認為

〔註8〕　有趣的是，章太炎這樣的治學走向，卻又符合乾嘉以來，清儒「以六經還六經，以孔、孟還孔、孟」的治學精神，顯見清學豐富多樣的學術風貌。

〔註9〕　章學誠：〈書教〉上中下，《文史通義校注》，頁30～53。

〔註10〕如邵晉涵評〈書教〉謂：「是篇所推，於六藝為支子，於史學為大宗；於前史為中流砥柱，於後學為蠶叢開山。」同前註，頁53。

〔註11〕章學誠：〈原道〉中，《文史通義校注》，頁132。

〔註12〕章太炎：〈原經〉（1909），《革故鼎新的哲理——章太炎文選》（上海：上海遠東出版社，1996），頁328。

「經」當始於師友讎對之辭，如《墨子》有〈經〉上、下，《韓非》有〈內儲〉、〈外儲〉，賈誼《新書》有〈容經〉。而孔子作《孝經》，到漢代《七略》始傳六藝，又如《史籀篇》、《世本》，皆出於官守，卻不稱爲經。〔註13〕可見經之名、實有其變化，不爲六經專稱，亦不必盡爲官府文書。

章太炎認爲，周末以後，私家著述蔚然成風，且多擬經之作，固學術發展之必然，不當以公、私之分，定其高下。其謂：

> 老聃、仲尼而上，學皆在官；老聃、仲尼而下，學皆在家人。正今之世，封建已絕矣，周、秦之法已朽蠹矣，猶欲拘牽格令，以吏爲師，以宦于大夫爲學。〔註14〕

指在老子與孔子之後，官學一變而爲私學，爲周末學術一大變動，批評章學誠持治學合一之理念，乃拘於周、秦不切時宜之法，又執守以吏爲師，將先王之法一概作爲後世著述的標準，遂不能公允的看待周末學術之發展。

經既不爲六經之專稱，亦不悉官作，固不當執以公、私之分，特尊六經，貶抑私人著述的價值，甚至以此菲薄後人擬經的著述。因此，章太炎也不同意章學誠之不滿庶人僭擬官書，深非揚雄擬《易》以作《太玄》、王通擬作《元經》的意見。他指出，後人擬經者眾，且多出於私人著述，可從三點來看，一周公作《周髀算經》，張蒼以計相計章程，而次《九章算術》，爲譏王官失紀，自爲律曆籌算之書。二、〈明堂月令〉爲授時之典，本無百姓參酌之處，而崔實卻擬經而作《四民月令》。三、古之書名，掌於行人保氏，故史籀在官爲之，李斯、胡毋敬等皆在官爲之。然至漢，則有《凡將》、《訓纂》，非出於王官之職。又如許慎撰《說文解字》之後，有呂忱、顧野王諸人，續之不絕。凡此，世皆無咎其僭擬，而可見經非但不爲不可擬，後人且多以擬經爲法式。是以章太炎認爲「後生依其式法條例則是，畔其式法條例則非，不在公私也」。〔註15〕

更何況，章學誠推尊六經，其以先王政典不可私作，與後人尊推六經之況相齟齬，首先衝突的就是孔子與《春秋》的關係。《春秋》是孔子去司寇以後修作，乃私修僭作，然而《春秋》卻不因其爲私修，仍受後人尊崇，那麼經典出於官修或私修，絕非世人尊其爲經的必要條件。〔註16〕因此，經之所

〔註13〕同前註，頁 325、326。
〔註14〕同前註，頁 328。
〔註15〕同前註，頁 326。
〔註16〕同前註，頁 327。

以名其爲經，有其源流演變，並非特定歷史條件下的產物。

由上述可知，章學誠和章太炎論六經皆史時的進路實有不同。章學誠從道器論經之存在與價值，由形上至形下，推明經之所以爲經的原理原則。章太炎則不同，他從實然的學術發展來看經的內涵與意義的變化。他既不同意清儒以經爲天下公理的治學理念，也大幅的修正章學誠經史學的觀念，確立經非皆先王之政典、官修或私修不礙著述價值的前提，全盤打破傳統既有的經學觀念，而從不同的角度審視經學。

他在 1902 年〈致吳君遂書〉指出，在戴震的小學研究中，發現掌握中國進化之跡的方式。其謂：

> 試作通史，然後知戴氏之學，彌綸萬有，即小學一端，其用亦不專在六書、七音。頃斯賓薩爲社會學，往往探考異言，尋其語根，造端事小，而所證明者至大。何者？上世草昧，中古帝王之行事，存于傳記者已寡，惟文字語言間留其痕跡，此與地中僵石爲無形之二種大史。〔註17〕

章太炎此際受時興之社會學、進化論的影響，開啓眼界，體認清儒小學研究的豐碩成果對古史研究的重要性，啓發他探求古代社會的興趣。1902 年以後，章太炎陸續作〈原學〉（1904）、〈諸子學略說〉（1906）、〈原經〉（1909）、〈原儒〉（1909）等考辨學術源流的作品。結合考鏡源流與社會進化的觀點，章太炎從不同於傳統的角度，由歷史沿流重審六經之學。

（二）「六藝」皆古史

章太炎固然接受六經皆史的概念，卻批評章學誠古代藝文發展的見解，以其「不觀會通，不參始末，專以私意揣量，隨情取捨」〔註18〕，於是重新根據古書文獻，引證經史傳記，實事求是，回溯古代學術源流。

他以《漢書‧藝文志》之諸子出王官說爲起點，說明：

> 古之學者，多出王官世卿用事之時，百姓當家，則務農商畜牧，無所謂學問也。其欲學者，不得不給事官府爲之胥徒，或乃供灑掃爲僕役焉。故《曲禮》云：「宦學事師」。學字本作或作御。所謂宦者，

〔註17〕 章太炎：〈與吳君遂〉（1902），《章太炎書信集》（石家莊：河北人民出版社，2003），頁 64。

〔註18〕 章太炎：〈原經〉（1909），《革故鼎新的哲理——章太炎文選》，頁 328。

謂爲其宦寺也；所謂御者，謂爲其僕御也。故事師者，以灑掃進退
爲職……。觀春秋時，世卿皆稱夫子。夫子者，猶今言老爺耳。孔
子爲魯大夫，故其徒尊曰夫子，猶是主僕相對之稱也。《説文》云：
「仕，學也。」仕何以得訓爲學？所謂宦于大夫，猶今之學習行走
爾。是故非仕無學，非學無仕，二者是一而非二也。〔註19〕

透過三項考察，證明古學出自王官世卿之用事。一、根據〈曲禮〉「宦學事師」，
析「學」、「宦」之義，可知古之欲學者，以吏爲師。二、可由春秋時孔子之
徒稱其爲「夫子」，猶稱僕從之稱「老爺」，見其轉化之跡。三、《説文》以學
訓仕，所謂宦於大夫，意爲學習行走。宦、學、仕，從語言文字分析來看，
意出同源，皆指向古學出於官師之用者。

　　繼之，《史記・曆書》有謂「疇人弟子分散」者，疇，類也；又如「漢律」，
以年二十三傳之疇官，各從其父學，即是古學在王官，官宿其業，傳之子孫
的制度之遺。章太炎認爲後世學術分化，諸家分立，實源自古代官師疇人之
制。如《史記》稱老聃爲柱下史，莊子稱老聃爲征藏史，知道家出史官；墨
家先有史佚，爲成王師，其後墨翟亦受學於史角；陰陽家所掌爲文史星曆之
事，是爲《左傳》所載瞽史之徒，能知天道者。可知，春秋戰國之學術藝文，
皆出於王官之流。〔註20〕

　　章太炎主張儒家亦爲諸子之一，爲王官學的一部分。然而究竟王官之學
的內容如何？又如何與六藝、六經相關？他進一步舉證說明。

　　關於六藝的內涵有二個說法，漢人以六經爲六藝，〈保氏〉以禮、樂、射、
御、書、數爲六藝。章太炎認爲，周時，《詩》、《書》、《禮》、《樂》皆官書，
《春秋》爲史官所掌，《易》藏太卜，亦皆官書，所謂六經，當屬大藝；禮、
樂、射、御、書、數者，則爲小藝。〔註21〕他主張，六藝不等於六經，六藝
內容繁多，六經乃孔子刪述後之定名。

〔註19〕然有「學優則仕」之言，章太炎指出，此乃子夏言。子夏爲魏文侯師，當戰
　　　　國時，仕學分途久矣，非古義。見氏撰：〈諸子學略說〉（1906），同前註，頁
　　　　160。
〔註20〕同前註，頁 160、161。
〔註21〕章太炎據《大戴禮・保傅篇》謂：「古者八歲出就外舍，學小藝焉，履小節焉。
　　　　束髮而就大學，學大藝焉，履大節焉。」認爲小藝指文字而言，小節指灑掃
　　　　應對進退而言。大藝即《詩》、《書》、《禮》、《樂》，大節即爲大學之道者。詳
　　　　細的徵實與分疏古代藝文。見氏撰《國學略說》，《章太炎國學講義》，（北京：
　　　　海潮出版社，2007），頁 64。

以《易》爲例，原出於卜筮布卦。見《周禮・春官・太卜》記太卜燒灼龜甲以卜吉凶，「掌三兆之法，一曰玉兆，二曰瓦兆，三曰原兆」。〔註22〕經兆之體，皆百有二十，其頌皆千有二百。太卜又掌三《易》之法，《連山》、《歸藏》與《周易》。經卦皆八，其別皆六十四。又掌三夢之法：「一曰致夢，二曰觭夢，三曰咸陟。」〔註23〕其經運十，其別九十。章太炎認爲，孔子贊《易》，獨貴《周易》，其在太卜所掌之舊法史記中，實與筮書、卜夢之書等同。並引證《左傳》記韓宣子觀書於太史氏，見「易象」與「魯春秋」，曰：「周禮盡在魯矣。」可知當時即以九流之學，根極全在官守。而太史所掌「易象」內容既爲釋卜之卦爻辭，當如三兆、三夢之屬同掌之於太卜，同爲周禮之一環。〔註24〕

再者，據〈數術略〉記蓍龜家有《龜書》、《夏龜》、《南龜書》、《巨龜》、《雜龜》，雜占家有《黃帝長柳占夢》、《甘德長柳占夢》，書皆別出，《易》亦如此。〈數術略〉記《周易》有三十八卷，〈六藝略〉記《易》有十二篇，可見「周易」不只一部。〔註25〕而且，《左傳》所載卜筮辭，不與《周易》同者甚多。今《周易》六十四卦，三百八十四爻，焦延壽作《易林》，以六十四自乘，得四千九十六條。據此，章太炎認爲：「安知周代無《易林》一類之書，別存於《周易》之外乎？」〔註26〕

章太炎又持《汲冢書》爲證。《汲冢書》關於《易》者，有《易經》二篇，與《周易》上、下經同。又有《易繇陰陽卦》二篇，與《周易》略同，繇辭則異《卦下經》一篇，似《說卦》而異。《易繇陰陽卦》，當爲〈數術略〉記《周易》三十八卷，其中之一。據此，章太炎認爲未至周制衰敗，《周易》已析爲數種。〔註27〕以《連山》、《歸藏》，初同爲卜筮之書，《周易》上、下二

〔註22〕 鄭玄注：「兆者，灼龜發於火，其形可占者，其象似玉、瓦、原之罅蠵，是用名之焉。」（《周禮疏》卷 24〈春官・太卜〉，《十三經注疏》，頁 10。）可參釋。

〔註23〕 《周禮・春官・太卜》：「掌三夢之法，一曰致夢，二曰觭夢，三曰咸陟。」鄭玄注：「致夢，言夢之所致，夏后氏作焉。咸，皆也；陟之言得也，言夢之皆得，周人作焉。……（觭夢）亦言夢之所得，殷人作焉。」（《周禮疏》卷 24〈春官・太卜〉，同前，頁 13。）可參釋。

〔註24〕 章太炎：〈原經〉（1909），《革故鼎新的哲理——章太炎文選》，頁 327。

〔註25〕 同前註。

〔註26〕 章太炎：〈國學略說・易經〉（1935），《章太炎國學講義》，頁 103。

〔註27〕 同註 24，頁 327、328。

篇，與三十八卷之《周易》性質相同。直至孔子贊《易》，乃專取文王所演之《周易》，成爲六經之《周易》。

因此，章太炎認爲，在孔子之前，《尙書》不止百篇，《詩》積三千餘篇，《禮》屢有修改，《春秋》爲周史記年之體。〔註28〕其謂：

> 六藝者，道、墨所周聞。故墨子稱《詩》、《書》、《春秋》，多太史中秘書。女商事魏君也，衡說之以《詩》、《書》、《禮》、《樂》，從說之以《金版》、《六弢》。(《金版》、《六弢》，道家大公書也，故知女商爲道家) 異時老、墨諸公，不降志于刪定六藝，而孔氏擅其威。〔註29〕

又謂：

> 六藝者，古《詩》積三千餘篇，其他益繁，觸無協，仲尼刪其什九，而弗能貫之以纚間。故曰：達于九流，非儒家擅之也。〔註30〕

可知章太炎主張，孔子刪述六藝成六經，而以古之六藝，遠多於今日可見的六經，且諸子皆稱引六藝，六藝當不獨爲孔子或儒家之屬。〔註31〕

〔註28〕 章太炎對《易》、《書》、《詩》、《禮》、《春秋》，如何由內容繁多的王官之學，轉爲孔子刪定後的六經面貌，多有詳述，見其《國學略說‧經學》，此不贅述。

〔註29〕 章太炎：〈訂孔〉(1904)，《革故鼎新的哲理——章太炎文選》，頁 115。

〔註30〕 章太炎：〈清儒〉(1904)，同前註，頁 126。

〔註31〕 章太炎曾試圖探徵六藝內涵，見於修訂多次的〈清儒〉。在 1904 年《訄書》重訂本中，(《革故鼎新的哲理——章太炎文選》，頁 126。) 他援引西方宗教文明起源，說明六藝內涵，其謂：

> 《宗教學概論》曰：「古者祭司皆僧侶。其祭祀率有定時，故因歲時之計算，而興天文之觀測……。是在僧侶，則爲曆算之根本教權；因掌曆數，于是掌紀年、歷史紀錄之屬。如猶太《列王紀略》、《民數紀略》並列入聖書中。日本忌部氏亦掌古紀錄。印度之《富蘭那》，即紀年書也。且僧侶兼司教育，故學術多出其口，或稱神造，則以研究天然爲天然科學所自始；或因神祇以立傳記，或說宇宙始終以定教旨。斯其流浸繁矣。」案：此則古史多出神官，中外一也。人言六經皆史，未知古史皆經也。

以西方文明起源於宗教，故其古史多源於神官之守，推其文明源於祭祀之需，因須定時祭祀，故有歲時計算，繼而興起天文星象之學。於是曆算與曆數，皆掌於神官之守，與之相繫的紀年、歷史紀錄亦成爲神官職責。章太炎見猶太、日本、印度之文獻，皆有同於此，認爲中國亦然，認爲他國文明之僧侶、神官，其實是中國的史官。僧侶、神官、史官，又兼司教育之職，故因以立神祇之傳記，或說明宇宙之生成、終始，其說流衍爲學術。因而史官作爲國家祭祀之守，其文獻史記，成爲傳記，成爲教旨。此時他對於中國文明的構成尚在思索，同時處在吸收西方思想的階段，因此透過對照他國文明，採用西方文明起源的說法，以解釋中國文明之起源。約在 1903 年，劉師培作〈攘

　　從學術分類的角度來看，章太炎認爲，六藝內容關乎社會進化之迹，當列史類，將六藝返於古史。因而他推贊漢代古文學家主張「摶國不在敦古」，以治國之方不在考求古道，批評今文學者視經爲後世之誦法，專致孔子六經之學，未能「博其別記，稽其法度，核其名實」〔註32〕，遂埋沒六藝諸子的價值。

　　同時，面對六藝古文雜有許多神話、讖緯之言，成爲後人臆度道理的根據，復令疑古學者疑上古歷史爲神話，對此，章太炎主張：

> 傳記通論，閎遠難用，固不周于治亂；建議而不讎，夸誣何益？魑魅、象緯、五行、占卦之術，以宗教蔽六藝，怪妄。孰與斷之人道，夷六藝于古史，徒料簡事類，不曰吐言爲律，則上世人事污隆之迹，猶大略可知。〔註33〕

主張正確的檢別上古富有神話色彩的傳記文獻，從人文化成的角度，去除以六藝爲規範的框架，僅將六藝視爲古史之史料，簡其事類，則得以掌握上古政教施行之迹，不僅可明其流變，亦可審其因革。針對疑古說，他主張不因上古傳記文獻雜有神化、讖諱之文，一概將六藝古史視爲僞作。相對的，他認爲透過適當的檢別，準以人文，去其夸妄，考六藝以觀世知化，以勾稽中國古代文明。

　　章太炎將六藝視爲古史的重要文獻，六經既在當中，當然也成爲掌握上世文明的根據。從六藝到孔子之成六經後，中國學術文化的流變與文明價值，有了更富深度的轉衍與發展。接著，章太炎進一步論述六經之學的發展脈絡與價值。

二、「經者古史，史即新經」

（一）從「六藝」到「六經」

　　章太炎認爲後世對六經的認知，定型於漢代。漢儒推崇孔子，獨尊儒術，將六經奉爲典常，同時罷黜百家，無視諸子亦王官六藝學的分化流衍。自是，

書史職篇〉，亦以「學術者雜於宗教」，將學術起源與宗教相關聯，可見兩人當時皆深受西方影響。尤要注意的是，此時章太炎仍不免將「經」視爲說「宇宙終始的教旨」，而將上古文獻資料視爲經，進而謂「人言六經皆史，未知古史皆經也」，可見猶未擺落將「經」視爲恆常之理的傳統意涵。

　　《訄書》在1914年更名爲《檢論》，〈清儒〉刪去外國文明起源一段，不從宗教說中國學術起源，盡依中國文獻以釋中國文明。章太炎直接指出「六藝，史也。上古史官，司國命」。亦去「人言六經皆史，未知古史皆經也」之言，可知章太炎對經史的內涵意義，有了更清楚的分疏。

〔註32〕同前註，頁127。
〔註33〕同前註，頁131。

不僅六藝簡約為六經，六經復成為儒學專門之典籍。再者，漢儒訓經為常、常道、經天緯地，將六經視為恆常之理、聖人之道、經世之法，將經學推向二個面向，一則通經致用，一則以經典為恆法。在漢人推闡下，六經成為中國學術與文化的主體，後世之政治、道德文化，無不在此理路中推衍。

章太炎在致友人書中提到：

> 古今異變，宜弗可以同概，通經致用之說，則漢儒所以求利祿者，以之譁世取寵，非也。以為經典所言，古今恒式，將因其是，以檢括今世之非，不得，則變其文迹，削其成事，雖誃直不同，其於違失經意，均也。〔註34〕

不僅反對漢人通經致用說，也反對將經視為恆常法式。他尤其不同意以古則今，將六經視為恆常之理、經世之法的觀念。他追溯經在先秦的字本義，透過推翻漢儒所訓經意，否定漢儒的六經觀念，指出經字原意只是一經一緯的經，即一根線。所謂經書，只是一種線裝書，並不具有恆常、公理的意涵。〔註35〕而且，六經不為孔子所作，不能將六經指為孔子之道，亦不直指其為聖人之道之所存。

他認為六經只是周代政典之遺，並從典的形式質料與內容二方面，證明六經皆周代官書之遺。

古代書本有三種形式，一、字多者編簡書之，稱「簡」。以繩貫之，故曰「編」。以其用竹，故曰「篇」，亦可稱策。二、字少者書於「方」，即版牘，又稱「業」。三、帛書，絹也，古時少用，稱卷。〔註36〕

章太炎指出，據《後漢書・周磐傳》「編二尺四寸簡寫〈堯典〉」，知簡為古制二尺四寸。又據劉向校古文《尚書》，每簡片或二十五字，或二十二字，知一字約占簡一寸。二十五自乘為六百二十五。令簡策縱橫皆二尺四寸，一簡策僅六百二十五字。《尚書》每篇字數無幾，多者不及千字，《周禮》六篇，每篇少則二、三千，多至五千，若《儀禮・鄉射》有六千字，〈大射儀〉有六千八百字。章太炎認為，當時講授時決不用原書，必移書於版，使之便捷，故稱師徒講授，謂肄業、受業，而不謂肄策、受策。

〔註34〕章太炎：〈與簡竹居〉（1909），《章太炎書信集》，頁258。

〔註35〕先秦尚未有線裝書，或指線編竹簡書，章氏此說有疑，但可從中看出在此時期，其意圖在於平實的看待經的價值、重新估量經的地位。

〔註36〕章太炎：《國學略說》（1935），《章太炎國學講義》，頁92～94。以下論述皆出於此。

簡策有不同長度。策之短者，爲尋常之書，證之《論衡》謂非經又非律者爲「短書」。策之長者爲官書。據《漢書》稱律爲「三尺法」，又謂「二尺四寸之律」，律亦經類，故亦用二尺四寸之簡。鄭康成謂，六經二尺四寸，《孝經》半之，《論語》又半之。漢律乃漢之官書，六經則爲周代官書，故形式一同。因此，從形式來看，周代《詩》、《書》、《禮》、《樂》皆官書，《春秋》史官所掌，《易》藏太卜，亦官書。

其次，從內容來看。章太炎認爲，先秦時的六經亦不過是當代記述較多，而常要翻的幾部書。其中《詩》、《書》、《禮》、《樂》備於周代，爲學校教授內容。如孔子教人，曰：「興于《詩》，立于《禮》，成于《樂》。」又曰：「《詩》、《書》執禮，皆雅言也。」可見《詩》、《書》、《禮》、《樂》爲當時通行教育內容。至於《春秋》與《易》，在六藝中屬於特殊文獻；《春秋》乃國史秘密，《易》爲卜筮之書，均不教人。

孔子刪《詩》、《書》、《禮》、《樂》，贊《周易》、修《春秋》，將之同列六經。自此，六經之名乃成。爲明此說，章太炎指出：

> 五禮著吉、凶、賓、軍、嘉之稱。今《儀禮》十七篇，只有吉、凶、賓、嘉，而不及軍禮。不但十七篇無軍禮，即《漢書》所謂五十六篇《古經》者亦無之。〈藝文志〉以《司馬法》二百餘篇入「禮類」（今殘本不多），此軍禮之遺，而不在六經之內。孔子曰：「軍旅之事，未之學也。」蓋孔子不喜言兵，故無取焉。〔註37〕

禮分五門，今《儀禮》缺軍禮，古經五十六篇亦無。章太炎認爲此乃孔子不喜言兵，而刪軍禮之故，可視爲孔子刪六經之迹。

此外，古律亦官書。據《周禮》所稱，五刑有二千五百條，〈呂刑〉則云三千條，皆官書，卻不入六經。章太炎認爲這些刑律，當時必著於簡冊，然孔子不編入六經，因而至今無隻字之遺。刑律不入六經的原因在於，律者，在官之人所當共知，不必以之教士。見《周禮·地官》之屬，州長、黨工，有讀法之舉，是百姓均須知律。孔子不以入六經者，當以刑律多改，不爲典要。〔註38〕

章太炎指出，春秋時人引《逸周書》皆稱《周書》，〈藝文志〉稱《逸周書》乃孔子所刪百篇之餘，又《連山》、《歸藏》，漢時猶存，孔子不贊，兩者

〔註37〕同前註，頁 94。
〔註38〕同前註，頁 93。

皆不入六經，實則《逸周書》與《尚書》爲一類，《連山》、《歸藏》與《周易》同爲一類，在當時皆稱爲經，皆爲官書。據此，周代官書不悉爲六經，六經則皆爲周代官書。

因此，六經既爲周代政典，爲官方記錄，是皆史也。是以章太炎主張：

> 在六經裏面，《尚書》、《春秋》都是記事的典籍，我們當然可以說他是史。《詩經》大半部是爲國事而作，像歌謠一般的，夾入很少，也可以說是史。《禮經》是載古代典章制度的（《周禮》載官制，《儀禮》載儀注），在後世本是史的一部分。《樂經》雖是失去，想是記載樂譜和制度的典籍，也含史的性狀。……《春秋》是羅列事實，中寓褒貶之意；《易經》卻和近代「社會學」一般，一方面考察古來的事迹，得著些原則，拿這些原則，可以推測現在和將來。……因此可見六經無一非史，後人于史以外，別立爲經，推尊過甚，更有些近于宗教。實在周末還不如此，此風乃起于漢時。〔註39〕

六經皆是上古之史，性質不一，呈現國家事狀、典章制度、樂制，與社會行狀、原則等。透過卜溯先秦六經之源流，還經爲官書的原貌，據此，章太炎認爲六經本質爲史，反對經有特殊意義，不當於史之外，別立爲經。

然而六經之所以爲後人尊崇者，畢竟在其具恆常性的教誡意義，及其經世致用的價值。失去這一層義理價值，六經的意義與價值何在？章太炎將六經視爲「史」，其所謂的「史」，和章學誠以爲凡涉著作之林皆爲史的內涵，又有何不同？此皆章太炎重審六經，以六經皆史，必須續作探究的問題。

（二）史承經作，經史無別

章太炎認爲後世的史，與先秦的史不同。當先秦，六藝皆爲古史，史的範圍甚大。六藝分流爲六經、諸子、傳記等，皆爲古史。從這個層面來看，先秦經、史不分，史的範圍，猶大於經。漢代以後，經、史的內涵又與先秦不同。

漢代，經成爲六經專名，然而後世對經的內容，又有所增減，從七經到十三經、二十一經。今所傳十三經，《禮記》、《左傳》、《公羊》、《穀梁》均爲傳記。〈藝文志〉將《論語》、《孝經》同列「六藝」，實亦傳記。嚴格論之，六經無十三部。〔註40〕章太炎認爲，由此可見經的名目不必執定，而對段玉

〔註39〕章太炎：《國學概論》（1922），《章太炎國學講義》，頁16。
〔註40〕章太炎：《國學略說》，《章太炎國學講義》，頁94、95。

裁二十一經的說法，深表贊同，贊爲「其言閎達，爲雅儒所不能論」。〔註41〕
尤其對段玉裁將《國語》、《史記》、《漢書》、《資治通鑑》入於經，未將經史
分途的作法，推爲獨得之見，堪稱爲「清儒中蓋未能或之先」者。〔註42〕

　　章太炎指出，秦、漢不分經史，見《漢書・藝文志》本於《七略》，凡《春
秋》二十三家，《國語》、《戰國策》、《楚漢春秋》、《太史公書》、《漢著記》，
均在〈六藝略〉中，未嘗別立史部。可見史部本與六經同類。經史之分部，
始於荀勖《中經簿》，因史籍過多，故別立一部。在這之前，經史不分，有如
王儉撰《七志》，循《七略》之體，以六藝、小學、史記雜傳同名爲〈經典志〉
爲常。

　　他將六藝典籍的性質，較之後世史書，指出：

> 古之六藝，《易》與《連山》、《歸藏》同列，《詩》猶漢《樂府》，《書》
> 猶唐《大詔令》與《雜史》，《周官》則會典，《禮經》則儀注。如《春
> 秋》即後代紀年之史于正史之本紀耳。《七略》以《戰國策》、《楚漢
> 春秋》、《太史》、《馮商》諸書悉隸春秋家，經史何別矣哉？〔註43〕

後世史書之體，可溯自六藝，可知經史同體，又見漢代將史書屬春秋家，因
此從源流來看，經史無別。

　　此外，章太炎更細究漢代典籍，以其承六藝之流，多爲擬經之作。如新
汲令王隆爲《小學漢官篇》，依擬《周禮》，以知舊制儀品；孔衍又次《漢魏
尚書》，世儒書儀家禮諸篇，亦全規摹士禮，皆與六藝同流。〔註44〕而司馬遷
作《史記》，欲上繼《春秋》，班固作《漢書》，其於十二本紀自稱爲《春秋考
紀》，直至晉、宋，孫盛、習鑿齒亦自名其書曰《晉春秋》、《漢晉春秋》，皆
襲經名。章太炎指出，惟史籍可襲用經名，若楊雄撰《太玄》以擬《易》，撰

〔註41〕段玉裁將《大戴禮記》、《說文解字》、《周髀算經》、《九章算術》、《國語》、《史
　　　記》、《漢書》、《資治通鑑》納入經的範圍。集是八家，爲二十一經。章太炎
　　　評論段說，可見〈檢論・清儒〉(1914)(《章太炎全集》三，上海：上海人
　　　民出版社，1982，頁 479。)，又見〈論經史儒之分合〉(1935) 年 (《章太
　　　炎講演集》石家莊：河北人民出版社，2004，頁 244、245。) 兩邊說法略
　　　有出入。在前篇，章太炎以《算經》、《算術》爲書數之學，合保氏六藝之說，
　　　得入經部。後篇則準以〈藝文志〉未將二書入經部爲由，改其說，謂不宜擅
　　　入經部。可參。

〔註42〕章太炎：〈論經史儒之分合〉(1935)，同前註。

〔註43〕章太炎：〈與李源澄〉(1935)，《章太炎書信集》，頁 951。

〔註44〕章太炎：〈原經〉(1909)，《革故鼎新的哲理——章太炎文選》，頁 326。

《法言》以擬《論語》，論者以爲吳、楚僭王，而史家自稱「春秋」，殊無貶詞，亦可見史本《春秋》嫡系。〔註45〕

尤其從漢代首部史書之作——《史記》，可以看出其依六經規模構作的體式與精神。章太炎指出：

> 而史籍之承經而作也，首自司馬《史記》，其本《春秋》者，已自言之矣，他如《禮書》、《樂書》本于禮者也，相如之傳，錄其賦，用《詩經》之意也——賦者古詩之流——則史承經作，亦灼然明矣，此經與史之關係也。〔註46〕

又謂：

> 《尚書》當然是史；《禮經》、《樂書》，等于史中之志；《春秋》便是史中紀傳，不過當時分散各處，體例未備，到司馬子長作《史記》，才合而爲一，有紀有傳，有志有書。所以，史即經，經即史，沒有什麼分別。〔註47〕

認爲史爲經之流衍，具備經的內容與精神。因此，章太炎甚至推崇「遷、固二書當與六藝並立」〔註48〕，主張「經者古史，史即新經」〔註49〕，甚至將六經與《史》、《漢》同觀。

總上言，經史雖同源同流，但是章太炎也觀察到，先秦與漢以後，六藝經史的內涵有所變化。六藝皆周代官書，先王政典，官方文獻，皆爲古史。六藝官學在周末，進入民間，流爲六經、諸子、傳記之學。六經由六藝而來，是以從探求上古文明的角度來看，六經亦皆史也。因此，講論先秦經史學，章太炎主張「夷六藝於古史」或「六經皆史」，所謂的史，實指史料，如其謂《尚書》爲「未成之史，所謂史料者爾」。〔註50〕此時史的範圍概括六藝，當然也包括六經。漢代以後，史書以六經爲法式，體例趨向嚴謹，這時史具有後世史籍的內涵。章太炎認爲具嚴格意義的史，有承自六經體例與內涵的擬經之作，因而推贊史爲新經。而《春秋》具備官書之經與正式之史的內容，乃是六經從先秦史料意涵轉向後世史學意涵之關鍵。

〔註45〕章太炎：〈論經史儒之分合〉（1935），《章太炎講演集》，頁243。
〔註46〕章太炎：〈關於史學的演講〉（1933），同前註，頁172。
〔註47〕章太炎：〈經義與治事〉（1932），同前註，頁113。
〔註48〕章太炎：〈與鍾正楙〉（1909），《章太炎書信集》，頁250。
〔註49〕章太炎：〈論讀史之利益〉（1934），《章太炎講演集》，頁196。
〔註50〕章太炎：〈略論讀史之法〉（1934），同前註，頁200。

三、《春秋》爲經史學之樞紐

（一）《春秋》爲正式之史

章太炎以孔子之前，六藝爲史料，孔子訂六經後，《春秋》、《左傳》創制具備體例、史法的史學，成爲後世史書的法式典範，而將「春秋左傳」與六經皆史說密切關聯起來。

他在晚年的治學回省中，曾提到：

> 余幼專治《左氏春秋》，謂章實齋六經皆史之語爲有見；謂《春秋》
> 即後世史家之本紀列傳；謂《禮經》、《樂書》，彷彿史家之志；謂《尚
> 書》《春秋》，本爲同類；謂《詩》多紀事，合稱詩史。謂《易》乃
> 哲學，史之精華，今所稱社會學也。方余之有一知半解也，《公羊》
> 之說，如日中天，學者煽其餘焰，簧鼓一世。余故專明《左氏》以
> 斥之。〔註51〕

引文之意有四，其一，捻出「六經皆史」爲其治《左傳》的基本理路。其次，相對的也表明，其論「六經皆史」，根植於《左傳》的研究。第三，明其以「六經皆史」爲理念，專治《左傳》，係針對《公羊》說之流風。最重要的是，他將六部經典皆視爲史學，各有其史學意涵，因此主張治經，也重視治史。

他認爲經學與史學，同樣視爲考迹異同的客觀之學。其謂：

> 說經之學，所謂疏證，惟是考其典章制度與其事迹而已。……不知
> 今之經典，古之官書，其用在考迹異同，而不在尋求義理。故孔子
> 刪定六經，與太史公、班孟堅輩，初無高下，其書既爲記事之書，
> 其學惟爲客觀之學。〔註52〕

以說經之學爲疏證，在考迹異同，當爲記事客觀之學。尤其，面對《公羊》學者之微言玄議，章太炎特別提出治史須「徵信」治學要求。其謂：

> 諸學莫不始于期驗，轉求其原。視聽所不能至，以名理刻之。獨治
> 史志者爲異。始卒不逾期驗之域，而名理却焉。〔註53〕

一般學問皆始於可驗證，若有不可驗證者，繼以名理刻劃之。惟獨史志，其始終被限制在可驗證的範圍。

〔註51〕 諸祖耿：〈記本師章公自述治學之功夫及志向〉（1933），《章太炎學術文化隨筆》（北京：中國青年出版社，1999），頁342。

〔註52〕 章太炎：〈諸子學略說〉（1906），《革故鼎新的哲理──章太炎文選》，頁160。

〔註53〕 章太炎：〈徵信論〉（1901），同前註，頁88。

　　因此，章太炎雖然推贊章學誠「爲《文史》、《校讎》諸通義，以復歆、固之學，其卓約過《史通》」〔註54〕，卻也批評章學誠立論多有失於信實者，論述未能徵實，而多作高論。〔註55〕他主張治史當如判獄，謂「夫治史盡於有徵，兩徵有異，猶兩曹各舉其契，此必一情一僞矣」、「抽史者若以法吏聽兩曹，辨其成獄，不敢質其疑事」〔註56〕必經徵實而後可爲。

　　其次，章學誠論六經皆史，將《春秋》掛在《尚書》的脈流下，以《尚書》爲後世史學之典範，推爲史學之祖。〔註57〕章太炎則不同意章學誠將《春秋》引爲《尚書》之流，而將二典準以「徵實」，就內容體例，重新評價《尚書》和《春秋》對後世經史學的影響。

　　章太炎認爲六經皆史料，《尚書》屬體例未備之史料，指其「或紀言，或紀事，眞有似斷爛朝報，無年可尋。」當中若無〈書序〉指引，實無從知其條貫？當中偶有紀年者，亦不甚明白。如〈太誓〉云「唯九年四月」，實不明何王之九年。〈洪範〉云「唯十有三祀」，亦不明何王之十三？紀年有稱「唯十有三祀」，或稱「既克商二年」者，紀年之法不統一。〔註58〕再者，從傳播影響來看，《尚書》散漫無紀，藏之於故府，國亡，則人與事不復存，即如太史公所云「史記獨藏周室，以故滅」。換言之，《尚書》不下於庶人，形成流傳困難，加上內容闊略而無統紀，亦令其無從查考〔註59〕。總此，當不成爲史學之祖。

　　再者，章學誠以《春秋》、《詩》、《禮》爲史書楷模，將其經世之志，落實

〔註54〕　章太炎：〈清儒〉（1904），《革故鼎新的哲理——章太炎文選》，頁 129。
〔註55〕　如〈徵信論〉（1901）中，指出章學誠〈經解篇〉以田子方爲莊子師，在〈與人論國學〉（1908），指章學誠之誤以〈藝文志〉之錄「《平原君》七篇」，妄謂爲著書之人自托儒家，而述諸侯公子請益質疑。不明平原固非趙勝，而依〈藝文志〉本注，謂是朱建。批評章學誠考證之粗疏，未立信實之基。
〔註56〕　章太炎：〈徵信論〉（1901），《革故鼎新的哲理——章太炎文選》，頁 89、90。
〔註57〕　章學誠謂：「《尚書》、《春秋》皆聖人之典也。《尚書》無定法，而《春秋》有成例。故《書》之支裔，折入《春秋》……史氏繼《春秋》而有作，……」（《文史通義·書教》，頁 49。)知章氏以《春秋》爲《尚書》支裔，後世史書又爲《春秋》流裔，固實推《尚書》爲史家之祖。其又謂：「夫史爲記事之事。事萬變而不齊，史文屈曲而適如其事，則必因事命篇，不爲常例所拘，而後能起訖自如，無一言之或遺而或溢也。此《尚書》之所以神明變化，不可方物。」（《文史通義·書教》，頁 52。)乃是以《尚書》爲史書典範。
〔註58〕　章太炎：〈春秋三傳之起源及其得失〉（1933），《章太炎講演集》，頁 154。
〔註59〕　章太炎：〈原經〉（1909），《革故鼎新的哲理——章太炎文選》，頁 330、331。

在方志的撰寫上。〔註60〕章太炎批評其「實未作史，徒爲郡邑志乘，固無待高引古義」〔註61〕，以章學誠的史學理論，其用實只在方志。〔註62〕他認爲，史之所記，大者爲《春秋》，細者爲小說。如小說家之《周說》者，爲漢武帝時方士虞初以侍郎爲黃車使者，采閭里得之，方志當爲此類。如《周說》者一則非朝廷之務者，再則非以國別爲史如《國語》之倫者，漢代皆不列錄於春秋家，即不列於史部。〔註63〕而且，孔子《春秋》，取周室百二十國寶書，記述各國國政，不下通於地齊萌俗，若《管子‧山權數》曰「《春秋》者，所以記成敗；行者，道民之利害也」之倫。〔註64〕因此，他批評章學誠之謬誤，在將方志與國史同論，又欲令方志體例追迹六經，「欲以遷、固之書相擬，既爲表志列傳，又且作紀以錄王者詔書，蓋不知類。」〔註65〕指出章學誠六經皆史說，從規模弘大講論六經爲先王政典，推崇六經爲廣大精深的經世典範，將之轉衍到史學理論，最後落實在方志學，逐將六經視爲史志書體的典範楷模，而且將方志體比擬六經，是無視於兩者存在著國史與地域方志的巨大落差。

事實上，章學誠將史學之源推迹《尚書》、以爲知來之創的說法，猶有可議。蓋《尚書》體例未備，無法作爲後史法式，故又以《春秋》爲二十三史之祖。實際上是空推《尚書》爲史學典範，實以《春秋》爲史學法式。章太炎看到《尚書》體例未備，與《春秋》相較，實未足以成爲史學典型，於是指出《尚書》「史法草莒鹽哉」〔註66〕，非質言以紀事者，流別異於《春秋》〔註67〕，而且推溯《春秋》以前古史，更是茫昧無緒。其謂：

〔註60〕見章學誠〈答甄季才論修志第一書〉謂：「丈夫生不爲史臣，亦當從名公巨卿，執筆充書記，而因得論列當世，以文章見用於時。如纂修志乘，亦其中之一事也。」（《文史通義校注》頁821～822）表示即使不能做爲史臣，也可以將撰述方志視爲其經世實踐。他又作〈方志立三書議〉：「凡欲經紀一方之文獻，必立三家之學，而始可以通古人之遺意。……古無私門之著述，六經皆史也。後世襲用而莫之或廢者，惟《春秋》、《詩》、《禮》三家之流別耳。」（同前，頁571～577。）將方志視爲其經世史學的實踐。

〔註61〕章太炎：〈與吳君遂〉（1902），《章太炎書信集》，頁64。

〔註62〕章太炎：〈與人論國學〉（1908），同前註，頁217。

〔註63〕章太炎：〈原經〉（1909），《革故鼎新的哲理──章太炎文選》，頁334。

〔註64〕章太炎：〈尊史〉（1904），《訄書詳注》（上海：上海古籍出版社，2000），頁794、795。

〔註65〕同註63，頁335。

〔註66〕章太炎：《春秋故言》（1914），《中國現代學術經典──章太炎卷》（石家莊：河北教育出版社，1996），頁195。

〔註67〕同註63，頁330。

今人以爲古聖制禮作樂，必無不能紀年之理。其實，非惟周公未知
紀年之法，即孔子亦何嘗思及本紀、世家、列傳哉！〔註68〕

並引證五點以明此況：

1、太史公〈三代世表〉謂：「余讀牒記，黃帝以來，皆有年數，稽其曆
譜牒終始五德之傳，古文咸不同乖異。夫子之弗論次其年月，豈虛哉！」可
見史公所見周、秦以前書不少，而紀年各不同。

2、觀《竹書紀年》，自黃帝以來，亦皆有年數，與王孫滿所稱「鼎遷於
商，載祀六百」之言違異，乃後人據曆推之，各家所推不同，故所言各異。

3、太史公不信譜牒，故於三代但作〈世表〉，共和以後，始著〈十二諸
侯年表〉。

4、《大戴禮・五帝德》稱宰予問於孔子曰：「昔者，予聞諸榮伊令，黃帝
三百年。請問黃帝者人耶？抑非人耶？何以至于三百年乎？」如當時有紀年
之書，宰予何爲發此問哉！

5、劉歆作《三統曆》以說《春秋》，班氏以爲推法密要，然周以前不可
推。以古人曆疏，往往有日無月，不能以月日推也。

可見中國古代無完全之史，遑論具有史法之史。他主張，中國歷史直至
《春秋》紀事臚言，書有定法，始令前代實事，昭明後世。〔註69〕

因此，章太炎釋莊子「《春秋》經世」與一般不同，將所謂「經世」釋爲
「世紀編年」。他以史學意涵解釋「經世」一語，主要在於認爲自《春秋》之
作，「十二公始有敘次，事盡首尾，以年月相銜，歸之隱括，而文無殆疑」。〔註
70〕《春秋》具備編年體例，盡事始終，記載信實之特點，當以《春秋》爲正
式之史、完具之史，奠定史基，而爲後世史學之祖。〔註71〕

（二）《春秋》、《左傳》為史學之祖

章太炎以《春秋》爲正式之史，爲後世史學之祖，卻又推證「春秋」體
史書，始作於周宣王時，「春秋」凡例爲宣王大史官作，以「魯春秋」於典
刑最備，《春秋》書法實爲周史遺法。又指出《左傳》述孔子之意者，如宋
殺其大夫孔父、天王狩於河陽者，史遷又言其見於舊史，明《春秋》非孔子

〔註68〕章太炎：《國學略說》(1935)，《章太炎國學講義》，頁 134。
〔註69〕同前註，頁 134、135。
〔註70〕同註 66。
〔註71〕章太炎：〈論經史儒之分合〉（1935），《章太炎講演集》，頁 242。

自創〔註 72〕，以《春秋》皆取於「魯春秋」。還直指《春秋》源於官書，孔子當不得作。如此，豈不是將《春秋》具史法之功，推向周王大史？那麼，孔子之修作《春秋》，其價值如何？又如何開創後世史學呢？欲明章太炎之論，必須掌握他將《春秋》、《左傳》視之爲一體，就此論孔子修作《春秋》之功，以及《春秋》、《左傳》所開創的史學價值。

首先，章太炎細究「魯春秋」乃諸侯之史，惟書國事，外國之事則從赴告之文，不赴則不書，而赴告之確然否，單憑魯史，實不可得而辨，當中謬誤，自不可免。孔子心知其謬，故觀史於周，同著《經》、《傳》，以免「《春秋》爲直據魯史無所考正之書，內多忌諱，外承赴告，以蔽實錄」〔註 73〕之病。他認爲孔子蓋非欲爲「春秋經」而欲爲「春秋傳」也，而謂「使《左氏》不因孔子史記作傳，孔子亦自爲之矣」。〔註 74〕孔子修作《春秋》經傳，意在彰顯當代史實，僅錄「魯春秋」之《春秋》，不足以道其故實，因而必須透過《左傳》錄其事狀，稽考異同。

另一方面，據孔子作書原則，亦知《左傳》爲必然之作，章太炎說：

〈年表〉稱「丘明懼弟子人人異端，而具論其語」者，太史公懲於《公羊》，追論其情則然。而《七略》復言「明夫子不以空言說《經》」，然則以本事說《經》者，即夫子矣。且《經》與《傳》，猶最目與委曲細事。〔註 75〕

《左傳》之具論事狀，委曲細事，與《經》相表裏，才能符合明孔子不以空言說《經》之意。

他認爲如班固坐私修官史而得罪，以後例前，《春秋》爲官史，孔子不在其位，不當史官之職，固不當私修，故謂「罪我者其惟《春秋》」者。見孔子又云「其義則丘竊取之」者，蓋當時國史，不容人看，竊取即偷看之謂矣，〔註 76〕而知孔子修《春秋》，有其現實與禮法規範上的困難，乃知其不可而爲之。

章太炎主張《春秋》爲和布當世事狀，寄文於魯，其實主道齊桓、晉文五伯之事。然而五伯之事，散在本國史書，非魯史所能具，因而博徵諸書，貫穿其文，以形於《傳》，可爲之屬辭比事。又以《左傳》爲《春秋》之考異，

〔註 72〕 章太炎：〈關於春秋的演講〉（1933），同前註，頁 176。
〔註 73〕 同註 66，頁 197。
〔註 74〕 章太炎：〈與徐哲東〉（1932），《章太炎書信集》，頁 919。
〔註 75〕 同註 66，頁 196。
〔註 76〕 章太炎：〈春秋三傳之起源及其得失〉（1933），頁 155。

論事實以周史記爲準，論書法以「魯春秋」爲準。〔註77〕如此，即使各國赴告有闕，或未符改官、定賦、制軍等大典的記事凡例，通過對照《經》、《傳》，《傳》文對《經》文書法凡例的說明，亦以足法戒後王而不必越書於魯史，無害於史書凡例。就此《經》、《傳》相依、年事相繫的史法體例，章太炎推贊《春秋》、《左傳》之爲「百世史官宗主」。〔註78〕

章太炎認爲六藝諸典爲大史中秘書，時人如墨子、倚相、蒦叔皆聞六藝，卻不能降志於刪定六藝，惟有孔子繼志述事，承守臧史老聃之績。因此，章太炎認爲：「布彰六籍，令人人知前世廢興，中夏所以創業垂統者，孔氏也。」〔註79〕又贊孔子「自老聃寫書征臧，以詒孔氏，然後竹帛下庶人。」因推之：「不曰『賢于堯、舜』，豈可得哉！」〔註80〕從這個角度推揚孔子之功。

從六經皆史的理路來看，1900年《訄書》之〈訂孔〉，可知章太炎主要針對傳統經學觀立論，反對以六經爲聖人之道之所存，孔子作六經而爲聖人之論。所謂「訂孔」之論，無非是要破除前人分別經史、尊經抑史的經學觀。這樣的理路，中年以後猶未改變，故1914年刪修《訄書》篇章成《檢論》，猶存〈訂孔〉上、下篇，可見他仍然反對傳統尊孔觀，而堅持以史學之祖推贊孔子開化之功。

由此來看孔子之學，章太炎主張孔子學當以歷史學爲宗。他說：

> 若夫孔氏舊章，其當考者，惟在歷史，戎狄豺狼之說，管子業已明言。上自虞、夏，下訖南朝，守此者未逾越，特《春秋》明文，益當保重耳。……故僕以爲民族主義，如稼穡然，要以史籍所載人物制度、地理風俗之類，爲之灌漑，則蔚然以興矣。……

> 孔氏之教，本以歷史爲宗，宗孔氏者，當沙汰其干祿致用之術，惟取前王成迹可以感懷者，流連弗替。《春秋》而上，則有六經，固孔氏歷史之學也。《春秋》而下，則有《史記》、《漢書》以至歷代書志、記傳，亦孔氏歷史之學也。〔註81〕

除去前人通經致用說，將孔子《春秋》以上，六藝以及六經種種，視爲歷史學，也將《春秋》以下，史學的創發，也視爲歷史學。前者爲史料，後者則

〔註77〕同前註。
〔註78〕章太炎：《春秋故言》（1914），頁197。
〔註79〕章太炎：〈訂孔〉（1914），《中國現代學術經典──章太炎卷》，頁208。
〔註80〕同前註，頁208、209。
〔註81〕章太炎：〈與鐵錚〉（1907），《章太炎書信集》，頁179。

爲正式之史,而以《春秋》爲轉變樞紐。

此外,從史學發展來看,章太炎主張,就性質、源流與體例而言,後世之史皆《春秋》之流。然而歷代《春秋》學深受漢儒影響,或以日月爲例,或謂《春秋》以一字定褒貶,或以《春秋》春王正月、春王二月、春王三月,合用三正而有通三統之說,或以《春秋》具有所見異詞、所聞異詞、所傳聞異詞,分其編年爲所見太平之世、所聞升平之世、所傳聞撥亂反正之世,以爲三世之說。

凡此,章太炎皆予以駁斥,認爲這些說法,三《傳》皆無明文,不足置信。他也反對歷來以《春秋》之作,在使亂臣賊子懼的說法,而認爲「蓋《春秋》之作,貴在勸戒,非但明罰而已。後有荀悅之《漢紀》,司馬光之《通鑑》,其效正同。」不當如前儒以公理大法之見測知《春秋》之義,而當以史書勸戒之效,據實事以明其源。從這個立場來看,章太炎認爲《春秋》與歷代史籍的性質效用是一樣的。

再從另一個角度看,後代史家對六經如何爲史學源流,看法不一。如劉知幾《史通》言《尚書》記言,《春秋》記事;《隋書‧經籍志》分正史、古史,以《史》、《漢》屬正史,《兩漢紀》、《晉春秋》、《漢晉春秋》屬古史,皆將六經概視爲後世史籍淵源。章太炎爲明其實事,指出《七略》、〈藝文志〉將史書歸入春秋家,而馬、班著史的精神亦承自《春秋》:

> 然六經之中正式之史,厥維《春秋》。後世史籍,皆以《春秋》爲本。……
> 史公〈自序〉曰:「有能紹明世,正《易傳》,繼《春秋》,本《詩》、
> 《書》、《禮》、《樂》之際,意在斯乎?小子何敢讓焉。」班固亦有
> 類此之語。由今觀之,馬、班之言,並非夸誕。〔註82〕

雖然遷、固史書之體,隱括六經之旨而成文,於《書》、《詩》、《禮》、《樂》無所不該,然其志皆在紹繼《春秋》。又根據六經內容與史書體例,溯其源流,章太炎指出《尚書》非全記言,亦有記事之文,如〈禹貢〉記地理、〈顧命〉記喪事,而認爲《尚書》乃集合檔案而成,爲史法未具之書。故後人作史,法《春秋》而不法《尚書》,而以《春秋》難法,故又法《傳》而不法經,如《兩漢紀》、《資治通鑑》。

他認爲,如《兩漢紀》、《晉春秋》、《漢晉春秋》體例皆循《春秋》體系,隸屬古史。而歷代史籍,雖以紀傳體爲主,其體備於《史》、《漢》,故以《史》、

〔註82〕章太炎:〈歷史之重要〉(1933),《章太炎講演集》,頁151。

《漢》爲正史。《史》、《漢》之體，兼涉六經。表、志，如〈樂志〉、〈禮志〉、〈樂志〉，取法于《周禮》、《儀禮》、《樂經》，然本紀、編年、紀錄等大體，仍似《春秋》。《史》、《漢》之後，表、志多付闕如，與《春秋》多不相同，但是紀、傳仍準以《史》、《漢》。因此，所謂古史仿自《春秋》體例，正史中亦多《春秋》體例的書寫方式，可見後世史籍體例皆淵源自《春秋》經傳。〔註83〕

　　總上所言，章學誠「六經皆史」論，將聖人之道的創制者，由孔子轉擴爲三代先王，強烈衝擊著對漢代以降的經學觀，一方面使得所謂的聖人之道不限於孔子之理，令何謂聖人之道的論述，有了重新討論的空間。另一方面章學誠仍在傳統尊經觀念的框架下，以六經爲先王政典時，將經視爲經綸天下，猶推尊經之恆常、公理的價值。章太炎接受前者，質疑後者，反對傳統賦經予恆常性、神聖性，主張夷六藝於古史、六經皆史，透過批評章學誠的六經皆史論，重新詮釋六經皆史，建構全新的經史理論。

　　章太炎論六經皆史可分爲三個歷程。

　　首先，重建上古經學源流。他透過重新理解經的意義，證明先秦典籍以經爲名者眾，明經不爲尊稱。又反駁章學誠透過治教合一論，以官私之別，推崇經貴爲政典的價值，徹底破除傳統的尊經觀念。同時深入諸子出於王官說，證明周末諸子、傳記、六經皆出於六藝之學。主張夷六藝於古史，從文明發展的角度，正面而積極看待以六藝爲古史資料的價值與意義。

　　其次，主張孔子刪《詩》、《書》、《禮》、《樂》，贊《易》，述《春秋》，訂六經之名。一方面推翻孔子作六經的傳統說法，一方面明六經爲六藝所從出，明其爲上古政典、官方文獻的史料價值。將六經推爲史，明確的反對傳統尊經抑史的立場。他將六藝、六經皆視爲史，是史料意義的史，而認爲孔子修六經，乃是歷史學的發揚，是後世正式之史的源流。後世史籍是承六經的體例與精神而作，將後世之史視爲六經之流，因此主張經史無別，將經視爲史料，將後世之史視爲新經。

　　最後，章太炎推舉孔子學之宗旨在歷史學，將孔子編修的《春秋》、《左傳》，視爲六藝、六經史料轉爲後世史籍的關鍵。由此建立從六藝－六經－「春秋左傳」－《史記》、《漢書》的經史系統，以「春秋左傳學」爲中心的經史源流理論。

〔註83〕章太炎：〈論經史儒之分合〉（1935），頁 243、244。

　　章太炎以不同於傳統的視域，上究周代六藝之學，將六藝、六經推爲上古文明的文獻史料價值，在當時中國倏然置諸世界文化潮流之際，其貢獻更在於提振代表民族文化的經史學，積極地彰明中國文明的源流與特殊價值。章太炎既梳理周代至漢代的經史源流，明六藝皆史、六經皆史、秦漢經史無別，建立經史學理論，進而提出以治史的方式治經，建立經學的方法論。

第二節　以治史的方法治經

　　章太炎主張以治史的方式治經，有兩層意思。其一，「考大體」，掌握經史發展之大概，以「春秋左傳」爲六經轉衍爲史學的樞紐，提出「經學以比類知原求進步」的研究方法。〔註84〕其次，秦火之後，《春秋》在漢代分衍爲今古經和古文經。《春秋》、《左傳》不復成爲一體；《春秋》成爲獨立的經文，《左傳》則成爲古文經，與今文經爭勝。漢代經學焦點落在《春秋》經文的解釋上，反而忽略了經史相衝，演爲後世史籍的歷程。今、古文之爭，延續到清末，成爲眞僞的討論，不僅《左傳》被質疑爲僞作，《春秋》亦然。因此，面對經學從漢代以來長久積累到晚清民國，成爲辨別眞僞的問題，章太炎同樣提出以治史的方法治經。以治史的方法治經的第二層意思，便在於「實根柢」，即透過掌握明文字演變之條例，明古文經之眞實不妄，確然有據，所謂「經學以明條例求進步」者。〔註85〕

　　章太炎將考經史流變與明文字條例作爲治經的方法，這樣看法早在 1911 年致書弟子時提到：

> 大抵六藝諸子，當別其流，毋相紛糅，以侵官局。樸學稽之于古，而玄理驗之于心。事雖繁賾，必尋其原，然後有會歸也。理雖幽眇，必徵諸實，然後無遁辭也。以是爲則，或上無戾于古先民，而下可以解末世之狂醒乎？〔註86〕

主張透過別流尋原，明其會歸，其實就是《七略》所謂「辨彰學術，考鏡源流」。而論流變，必須徵驗其實，建立論述的眞實性，其根極就在明文字條例。如此窮根究底的治經方法，主要針對上古茫昧之學，以求上古文明之貫串，

〔註84〕章太炎：《國學概論》（1922），頁 58。

〔註85〕章太炎：〈論以後國學進步〉（1934），轉引自《章太炎年譜長編》（北京：中華書局，1979），頁 944。

〔註86〕章太炎：〈與吳承仕〉（1911），《章太炎書信集》，頁 294、295。

資以面對晚清民國疑經、疑古者不信一切古書的挑戰。以下試述其理。

一、考大體：「經學以比類知原求進步」

章太炎師承乾嘉漢學而來，然而經歷晚清民國政治、學術的大變動，回頭對清儒治學方法，進行深刻的反省。他認同清儒考證經史詳搜博引，卻也批評其通古而不知今，不諳當代制度，致使其雖欲致用而不能，究其因在於「考大體者少，證枝葉者多」。何謂「考大體者少」？必須透過章太炎具體批評清儒的篇章，方能明其意。

章太炎認爲清儒之失，在侷限於注疏之學與漢學。據其與弟子多次校讀清儒注疏的心得，認爲：

> 余弟子侃嘗校注疏四、五周，亦言清儒説經雖精博，其根柢皆在注疏，故無清人經説無害也。……要之清儒研精故訓，上陵季漢，必非賈、孔所能並。其説《三禮》，雖本之鄭氏，然亦左右采獲，上窺周逸，旁摭漢師遺説，不局於鄭氏而止。〔註87〕

雖說清儒精研故訓，取材上徵周、秦及漢儒遺說，成就超越賈公彥、孔穎達，卻是屬於注疏之學。他指出清儒的缺失，在限於漢儒之見，未能肯定魏晉經學對漢代經學的反省與批評。

如章太炎對秦、漢今古文經學源流的分判，以今文經學多爲漢儒附益之言，主張：

> 余謂清儒所失，在牽於漢學名義，而忘魏晉幹蠱之功。夫漢時十四博士，皆今文俗儒，諸古文大師雖桀然樹質的，猶往往俛而汲之，如賈景伯、鄭康成皆是也。……黄初以來，始立《毛氏詩》、《左氏春秋》，《尚書》亦取馬、鄭，而盡廢今文不用。逮《三體石經》之立，《書》、《春秋》古文一時發露，然後學有一尊，受經者無所恇惑。故其時有不學者，未有學焉而歧於今文者，以是校漢世之學，則魏、晉有卓然者矣。〔註88〕

漢代十四博士皆宗今文經，當時即使有傑出的古文大師如賈逵、鄭玄，亦不免採行今文學說，受到今文學觀點的影響，經說不免駁雜。章太炎認爲，直到魏、晉立古文經於學官，推揚古文經學，經學方得以從今、古文爭議中，

〔註87〕章太炎：〈漢學論〉下（1935），《章太炎全集》五，頁22。
〔註88〕同前註。

除去今文學之歧見，專致古文經學，回到先秦經學發展的正軌。

清儒治經旨在掘發漢儒經說，因此也沿承漢儒說經之弊，舉《春秋》學為例，章太炎解釋謂：

> 清世說《左氏》必以賈、服為極。賈、服於傳義誠審，及賈氏治《春秋經》，例本劉子駿，既為《杜氏釋例》所破，質之丘明傳例，賈氏之不合者亦多矣。……若《春秋》者，語確而事易見，凡例有定，不容支離。杜氏所得蓋什、七，而賈氏財一、二耳。夫若是者，非漢人之材絀，而魏、晉人之材優也。漢人牽於學官今文，魏晉人乃無所牽也。〔註89〕

清儒說《左傳》，旨在復賈逵、服虔舊說。賈、服治經之說例本劉歆，他們的說例，經杜預質對《左傳》凡例，不合者所在多有。章太炎認為《春秋》文有定法，凡例明於《左傳》，杜預說優於賈、服的根本原因，在於其釋例準以《左傳》，適得其法，賈、服則不免牽限於今文經說。當清儒治學志在復古，其弊更甚，章太炎指出：

> 清世經說所以未大就者，以牽於漢學之名，蔑魏、晉使不得齒列。今退而求注疏，近之矣。必牽於注疏之名以為表旗，是使何休、鄭沖之徒，復喬喬然而居上也。〔註90〕

清儒為求復其古注，牽於漢學之名，不明今、古文之別，使得何休、鄭沖等冒古人之說以立學之輩，得享高名。

綜上所言，章太炎所謂清儒不考大體，實指其治經不能掌握經學發展之大概、大要，並認為由於清儒昧於秦漢、魏晉經學源流與發展，專致漢儒古注的後果，便是其末流以漢學自弊。所謂清學末流，指的就是《公羊》與說《彝器款識》者，即晚清民國的今文學與疑古學。〔註91〕

此外，章太炎也曾深入的說明大體的意涵，指出：

> 學問的大體，從前卻不易求，現在卻比較容易。明以前考證很疏，到清代漸漸精密，自然說來也很瑣碎。但到了後來，大體卻顯現出來了。這大體不會錯誤，我們也容易求得。……我國古學，舉其大者，不過是經、史、小學、諸子幾種。〔註92〕

〔註89〕同前註。
〔註90〕同前註，頁23。
〔註91〕參見 章太炎：〈漢學論〉上（1935），同前註，頁20。
〔註92〕章太炎：〈研究中國文學的途徑〉（1920），《章太炎講演集》，頁76。《章太炎

以中國學問的大體，為經、史、小學與諸子。他根據中國學問的發展分化，以經、史、小學與諸子四者為古學之大體。繼之，他談到治經的途徑，云：

> 清代治經，分古文、今文兩派，不如從前的難得系統。古文是歷史，今文是議論，古文家治經，於當時典章制度很明白的確；今文家治理，往往不合古時的典章制度。《周禮》、《春秋左傳》都是古文學，《詩》和《書》則有古文有今文。但是今文家所說往往與古文情形不對，古文家將經當歷史看，能够以治史的法子來治經，就沒有紛亂的弊病，經就可以治了，這是治經的途徑。〔註93〕

清代古文、今文兩派涇渭分明，是在晚清時候。章太炎認為到此時，始明治經統系，得以分別今文經、古文經的治經方法與宗旨。他特別推重古文經以治史的方法治經，主要在考求經學大概、統系，認為以此治經，可泯紛亂之病。

另外，章太炎在《太炎先生自訂年譜》敘述其有疑於俞樾治學時，談到：

> 余始治經，獨求通訓故、知典禮而已；及從俞先生游，轉益精審，然終未窺大體。〔註94〕

以治經之初、求學於俞樾時，雖在通訓故、知典禮上有所進習，自身治學終未窺大體。這裏的大體，顯然指的是今、古文之別，同樣是從經學流變來談大體。

總上所述，所謂治經須考大體，實指考其統系、脈絡，也就是對經學作系統的研究。這樣的說法，又與其主張治經當考其源流，而將秦、漢時經史不分的觀念，視為治經樞紐的見解一致。〔註95〕

他在晚年的《國學略說》中，統整其治學方法，標舉經學「以比類知原求進步」。指出：

> 我們治經必須比類知原，才有進步。因前人治經，若宋、明的講大體，未免流於臆測妄斷；若清代的訂訓詁，又僅求一字的妥當，一

　　年譜長編》下亦收錄此文，題名為〈說新文化與舊文化〉記其為1918年在四
　　川的講演，文字稍有出入。（頁616～617）
〔註93〕同前註。然《章太炎講演集》與《章太炎年譜長編》所收，文字稍有不同。
　　前者述「不如從前的難得系統」，後者謂「不如從前的難得統系」，皆當視為
　　動詞。本文從前。
〔註94〕章太炎：《太炎先生自定年譜》，頁4。
〔註95〕章太炎：《國學略說》（1935），頁95。

> 句的講明，一制的考明，「掌績補苴」，不甚得大體。我們生在清後，
> 那經典上的疑難，已由前人剖析明白，可讓我們融會貫通再講大體
> 了。〔註96〕

批評宋儒治經講大體，卻流於測臆妄斷；章太炎雖然贊同葉適論《春秋》的觀點，卻還是認爲，葉適未能尋究劉、賈以前古文諸師傳授之事，終是粗疏。〔註97〕因此，宋儒未能徵實、明其所由，故雖得其大體，尙不能實其事以明其是。而清儒雖實事求是，相對的卻不能得其大體。因此章太炎主張，當今治經，當求融會貫通的講求大體，其實就是比類知原，求經史的流衍與融會。

再者，經是古代歷史，爲斷代史。章太炎認爲治史不能專治斷代，當求通史，再治斷代之史。同理，治經當先治通史，與通史融通，方得其要。所謂比類知原，道理在此。他主張：

> 如何是比類求原？……我們考諸事實，諸史也不盡同於《春秋》、《尚書》，而諸史濫觴于彼，是毫無疑義的。所以治經：對於「制度」，下則求諸《六典》、《會典》諸書，上以歸之於《周禮》、《儀禮》。對於地理，下則考諸史及地輿志，上以歸之於〈禹貢〉及《周禮·職方志》。即風俗道德，亦從後代記載上求源於經典。總之，把經看作古代的歷史，用以參考後世種種的變遷，於其中看明古今變遷的中心。那麼，經學家最忌的武斷，瑣屑二病，都可免除了。未來所新見的，也非今日所可限量呢！〔註98〕

將經視爲中國漫長歷史的一部分，融合經史，一體視之。如此，便可爲其分類，如制度、地理、風俗道德。繼而討原知流，明《周禮》、《儀禮》流爲《六典》、《會典》，〈禹貢〉、《周禮·職方志》流爲地理及地輿志。章太炎認爲，經學結合史學，包括上古史料，以及後世史學，整合爲古今變遷之全覽，比類知原，便可掌握變遷之中心。以此方法治經，求取經學的進步。

二、實根柢：「經學以明條例求進步」

章太炎具體提出以明文字條例作爲治經的方法，以《說文》爲歸總，將小學視爲治經之根據，其實是延續清代及晚清民國以來以辨僞爲主軸的治學走

〔註96〕 章太炎：《國學概論》（1922），頁58、59。
〔註97〕 章太炎：〈與黃侃〉（1930），《章太炎書信集》，頁204。
〔註98〕 同註96，頁59。

向。他反省清儒的治學方式,試圖提出新觀點與新方法,解決經典眞僞的爭議。

　　經過宋、明的儒學論辯,清代學者走向將經典的眞理性建立在眞僞的考辨上,欲透過辨明其眞僞,解決義理上的爭議。考證學者以辨僞爲釐定義理的重要方法,可從段玉裁的一段話中確知:

　　　　立說之是非;必先定其底本之是非,而後可斷其立說之是非,……

　　　　後經之底本可定,而後經之義理可以徐定。〔註99〕

欲通過眞僞的考辨,進一步確立經文的義理論述。

　　晚清今、古文學爭議,以劉逢祿爲首的今文學者透過考釋漢代史書文獻,證明古文經經劉歆僞造,在晚清結合時代議題,引起廣大迴響,又將經學爭議由眞理的論辯完全推向眞實性的論辯。

　　章太炎在 1902 年作《春秋左傳讀敍錄》,雖然同樣透過重釋漢代史書文獻,指證今文學者之謬,欲破除僞造之疑,卻沒有引起相當的響應。而民國以來反傳統的風潮,令古文經學不斷被質疑,成爲疑古學者疑古經、古史的首要對象。先前晚清今、古文學者透過漢代史記傳注,彼此在疑經、考經上的攻防,也成爲民國學者不盡信古書文獻的張本。〔註100〕因此,史書傳注不足以說明古經之疑,疑古學者遂在不信一切古書的前提下,層層翻證古經爲僞。〔註101〕

　　在章太炎看來,清儒致力於上復古注舊疏,不足成爲治經根砥,在民國尤其如此。因此,章太炎主張透過考證古文之實存以證明古經之實存,作爲治經方法,這樣的路數,固有其乾嘉考據方法之延續,更是他有意識對抗疑經之說,精研《左傳》古文說的體會。

　　在 1903 年與劉師培書信中,章太炎首度提到,在上溯秦、漢《左傳》先師經說的研究中發現:

　　　　《說苑》、《新序》所擧《左氏》成文,多至三十餘條,慮非徵據他

─────────────

〔註99〕段玉裁:〈與諸同志書論校書之難〉,《經韻樓集》,《皇清經解》本（臺北:復興書局,1972）總頁 7694〜7696。

〔註100〕據顧頡剛自述,自章太炎學得了以古史的眼光看六經,從《孔子改制考》上,接受諸子託古改制的思想,而有推翻古史的意識和清楚的計劃。明其治學實有淵源今、古文爭議者。見氏撰:〈古史辨第一冊自序〉,《顧頡剛古史論文集》,頁 23〜41。

〔註101〕如顧頡剛、錢玄同皆論作以《左傳》爲中心的疑經論,前者之論述集爲《春秋三傳及國語之綜合研究》。後者有〈論春秋性質書〉（《古史辨》第一冊）、〈左氏春秋考證書後〉（《古史辨》第五冊）、〈重論經今古文學問題〉（《古史辨》第五冊）。

　　　　書者。其間一字偶易，適可見古文《左傳》不同今本。且子政之改

　　　　易古文，代以訓詁者，亦皆可睹。太史公〈世家〉所述，大略同茲。

　　　　蓋字與今異者，則可見河間古文；訓與今異者，則本之賈生訓故。

　　　　抽繹古義，斷在斯文，此僕所以珍爲鴻寶也。〔註102〕

參校今本《左傳》與《說苑》、《新序》引《左傳》之文後，看到：一、《左傳》古本與今本多有異字。二、劉向以訓詁《傳》文之字改易《左傳》古本之字者。這些異字在《史記》所述略同。由此可見有二：一、字與今異者，即爲河間古文。二、訓與今異者，則得自賈誼訓故之義。經由這樣的發現，章太炎開始注意到古文在漢代的流傳與盛行，並非始自於劉歆掘發古文經。

　　1922 年，在洛陽城東三十里的朱圪塔村發現出土石經，爲魏《三體石經》，引起當時考訂古文字的熱潮，羅振玉、王國維，以及王獻唐、張國淦、孫海波等，都對新出土的石經進行研探。〔註103〕《三體石經》以古文、小篆、隸書三種字體刻《尚書》、《春秋》、《左傳》，或稱《魏石經》、《三字石經》、《正始石經》，爲繼東漢許愼撰《說文解字》整理秦漢古文，又一次大規模的整理秦漢古文。1924～1925 年間，章太炎與弟子吳承仕有多達八封的通信，敘述其於《三體石經》與古文研究的心得。

　　他相當重視《三體石經》的證據效力，推舉《說文》與《三體石經》同爲小學大宗，認爲周末文字漸多不正，《說文》古文不能盡者，當於石經見之〔註104〕，主張：「《尚書》今、古文，除《說文》所引、《正始石經》所書者，難信爲古文眞本。」〔註105〕甚至認爲：「《三體石經》發出後，古文之疑，當可盡釋。」〔註106〕

　　事實上，章太炎收過僞造的《三體石經》殘片，因而對出土文物的眞實性仍多有懷疑。他曾對《三體石經》的眞僞進行嚴密考查，不僅從其筆法辨其眞僞，更透過漢代古文被改易爲篆隸過程中所形成的演化文例，辨識眞僞〔註107〕，而從辨僞的歷程中，體悟漢代古文流傳之況。其謂：

〔註102〕章太炎：〈與劉師培〉（1903），《章太炎書信集》，頁 72。

〔註103〕參考趙立偉：〈歷代三體石經研究狀況概觀〉，《山東聊城大學學報》（社會科學版），2006 年第 2 期。

〔註104〕章太炎：〈與于右任〉（1923），《章太炎書信集》，頁 799。

〔註105〕章太炎：〈與吳承仕〉（1924），同前註，頁 315。

〔註106〕同前註，頁 320。

〔註107〕參見章太炎與吳承仕、王宏先的通信。同前註，頁 331、802。

《正始石經》古文依壁中張蒼原本，隸書依漢儒定讀，篆乃依隸書之。而《春秋公羊》先立學官，《左氏》至賈景伯乃以三家經考校異同，往往改《左氏》古經以從二家。如古文「敗速」，篆隸作「敗績」，古文「鼓葛肤」，篆隸作「介葛盧」，皆《左氏》先師讀從二家也。傳例大崩曰敗績，大崩者，車覆轍亂，行列敗壞之謂，故曰敗速，即迹字。非出師不功之義也。「鼓」乃「隸」字，葛盧解鳥獸之言，是爲夷隸首長，故書其官，其國則猶牧場、馬苑之流，亦名曰隸。鼓從示聲，斂入喉，則讀如狖、祁等字，夷音稍轉，則如介。夏人讀之，亦如計。介根，《漢書地理志》作計斤。……此種文例，非素涉經學者，雖作僞亦易勘破。〔註108〕

簡述上文之意：《正始石經》列有三種字體，古文依壁中張蒼原本，隸體依漢儒定讀，篆體依隸體書之。《左傳》傳文至賈逵皆以今文經考校異同，因此多改《左傳》古文以從《公羊》、《穀梁》者。舉二例：其一、石經中，古文作「敗速」，篆隸作「敗績」。考《左傳》之文，「大崩」曰「敗績」，爲車覆轍亂，行列敗壞的意思，故又爲「敗速」，「速」即「迹」字。其二、古文「鼓葛肤」，篆隸作「介葛盧」，「鼓」乃「隸」字，「葛盧」解爲鳥獸之言。「鼓」從「示」，音稍轉則爲「如介」。夏人讀之「如計」，故如《漢書・地理志》「介根」作「計斤」。凡此，皆古文改易成漢隸時的變化。明此文例，可資辨別石經之眞僞。透過石經之辨僞，章太炎掌握古文變易的文字條例，使得明文字演變之例以明眞僞，成爲重要的治經方法。此其一。

繼之，章太炎以《三體石經》爲底本，比對僞古文《尚書》。指出，僞古文《尚書》出自鄭沖，鄭沖於魏文帝初已仕，已見石經之立，故作僞多取於石經。是以東晉獻書時，人不疑其妄。相對來看，馬融、鄭玄皆稱古文，文字多異，當皆爲二人訓讀之字。蓋兩人當時若其盡依壁中經文，斷無歧異之理。他懷疑漢人說經，與宋人、今人集鐘鼎款識之法相近，其云：

首列摹本，次則眞書，後則釋文。……摹本者，即移寫壁經也。眞書者，即以己意訓讀之本也。釋文者，即己所作傳注也。是故馬、鄭本見於《經典釋文》者，皆其訓讀之本，而非其移寫壁經之本也。

〔註109〕

<hr />

〔註108〕章太炎：〈與吳承仕〉（1924），同前註，頁332。
〔註109〕同前註，頁333。

又謂：

> 款識者，本經也。爲一列。以隸寫款識者，猶以隸寫壁中書也，爲
> 一列。最後釋文，猶傳注也，爲一列。獨集款識者，合三者爲一書，
> 古文家分爲三書耳。〔註110〕

指出漢儒研究古文，列三種文助其辨識。一、爲古文摹本，即款識、本經。二、以隸寫摹本者，即漢儒訓讀之本。三、爲釋文，即傳注。深入漢儒與古文的關係，《說文》錄古經文字甚多，鄭仲師、康成，亦時有援引。因此章太炎認爲，當時若不移寫古文，尋形檢狀，他們何以能知悉古文態委？

他進一步指出，漢代傳注本與經文別行，古文家訓讀之本，即移書今字之本。蓋當時流傳者皆今字之本，若伏生《書》舊簡，未嘗傳其徒，所傳者，乃其移書今字之本。又孔安國《書》舊簡，雖入秘府，而摹寫古文之本，與移書今字之本，必當並存。並引證二例明其故：一、《後漢書·盧植傳》記載盧植上書曾謂：「古文蝌蚪，近于爲實，而厭抑流俗，降在小學。中興以來，通儒達士，班固、賈逵、鄭興父子，並敦悅之。今《毛詩》、《左氏》、《周禮》各有傳記，其與《春秋》共相表裏，宜置博士，爲立學官。」可知漢世所稱古文經者，其蝌蚪之書並在，非獨今字移書而已。二、《說文》引《周禮·匠人》：「廣尺深尺謂之く，……倍洫曰巜。」又引〈虞書〉「爨類于上帝。」其移書今字者，當作「甽」、「澮」、「肆」，必不作「く」、「巜」、「爨」。「く」、「巜」、「爨」諸文尚在，知許愼所見爲摹寫原本。

據〈說文序〉，許愼曾見壁中書及張蒼獻《春秋左氏傳》所書古文，與郡國所得鼎彝相似。再者，邯鄲淳受古文《尚書》於度尙，其後卒能成《石經》，則知尙之所以傳淳者，非徒隸書訓說，當有眞本存在。因此，追論古文原始，章太炎主張古、今文家皆通習古文經書；古文家摹寫原文，而今文家直移書今字。〔註111〕

追蹤古文在漢代流傳的線索，章太炎不僅實證古文經在漢代乃眞實存在，甚至主張古文在秦、漢之際爲學者所通習，從史書文獻、漢世篆刻、碑書，舉證說例，作〈漢儒識古文考〉。他在《國學略說》中總論其說，舉五說證明。

1. 《史記·儒林傳》：「孔氏有古文《尚書》，孔安國以今文讀之，因以起

〔註110〕同前註，頁338。
〔註111〕同前註，頁336～338。

其家。」漢初傳《尙書》者有伏生二十九篇,而孔壁所得多十六篇。景帝末年離焚書七十年,若非時人多識古文,如何能籀讀知其多十六篇?

2. 《禮經》五十六篇,亦壁中書,中有十七篇與高堂生所傳相應;餘三十篇,兩漢尙未亡佚。觀鄭玄注常引逸《禮》,當有所受。

3. 《論語》亦有壁中古文,《魯論》、《齊論》均自古文出,雖文字略異,而大旨相同,當時如何能識?無非景、武之間,仍有識古文者,孔安國得問之。

4. 張蒼獻《春秋左氏傳》,當在高后、文帝時,張蒼以之傳賈誼,賈誼作訓詁,以授趙人貫公。賈由大中大夫出爲太傅,在都不過一年,張蒼授之,略講大意而已,豈能以十九萬字,手指口授,字字課賈生?則賈誼素識古文可知。

5. 〈封禪書〉言:「武帝有古銅器,李少君識之,謂齊桓公十年陳于柏寢。案之果然。」〈太史公自序〉亦言:「年十歲則誦古文。」

凡此,皆見古文之傳授,在秦以後未嘗斷絕,至景、武間,識古文者猶多。〔註112〕

然而漢儒雖多識古文,古文自蒼頡以來,傳世綿遠,訛誤自多,孔子亦傷其浸不正。而且,古文字體多有變異,器異則體異,有如秦書八體之例。章太炎因此深入古文文例,作〈疏證古文八事〉、〈古文六例〉辨明之。他認爲古文雖多訛誤,卻是文字之根本,不得不尊,至於轉寫之繆,當愼審其字而後爲。

他通過與《三體石經》的比對,推贊許愼《說文》辨別古文正俗,衡度精審,而將《說文解字》視爲整理古文字的主要根據,其謂:

> 大抵研尋古文者,當以《說文》爲律度,著其信善,而匡其紕繆。……
> 今人知隸書有正俗,不知古文亦有正俗,說之不當,與馬頭長人持
> 十初無異也。或者謂許君後漢人耳,以後漢人之說,是非周代舊文,
> 疑于以今衡古。是則不然,形有保氏六書之法,聲有三百篇之韻。
> 且《說文》所錄獨體之字,與其稱古文作某者,合之尚得六、七百
> 字,悉可比例而知,今亦遵修舊文而已,非竟以許君作蒼頡觀也。
> 〔註113〕

〔註112〕同前註,頁 77。
〔註113〕章太炎:〈與黃侃〉(1933),《章太炎書信集》,頁 215。

認爲《說文》收錄古文，字形歸依保氏六書之法，字音則《詩經》之韻可參校，皆有所本，非以今衡古之倫。而且《說文》所錄獨體字與古文作某者合者多達六、七百字，可知《說文》遵修舊文，所錄皆依正體，依字例規模的整理上古文字。〔註114〕因此，章太炎主張透過《說文》明文字條例爲治經的第二個方法。

結合《石經》與《說文》古文用語、文例的比對研究，章太炎確立古文經的眞實性，並指示了精研經訓的方法。他認爲：

> 《石經》之出，不知者以爲碑版常玩，吾輩讀之，覺其裨益經義，在西漢傳注以上。蓋傳注傳本，已將文字展轉變易，《石經》則眞本也。〔註115〕

西漢傳注傳本，經過文字展轉變易，無法求文字之根本，據以別字析經。《石經》所錄古文卻是可資辨別文字本意的少數文例，故章太炎推其裨益治經，更在西漢傳注之上，主張《石經》古文必與《說文》之總理上古文字的成果相參。而《說文》不僅總滙上古字形，且有字音、字義並見，又可據《爾雅》參明字義，是以章太炎強調「爲學之要，若言精求經訓，非自《說文》、《爾雅》入手不可」。〔註116〕

與當時古文字研究風潮不同，章太炎反對將古文字研究的重心放在彝器款識與甲骨文等出土文物上，主要在其辨識文字未據以字書文獻。他批評宋代以來的彝器款識之學，宋人皆略取似，筆劃增減，一切不論，失在模糊，清人則皮傅六書，強爲認定，失在專輒。事實上，學者論器物文字，必有數字彼此異讀，章太炎認爲其因蓋出於本非先師所授，又於字書無所從出，徒以臆見定之，故多齟齬，不足爲據。

因而，章太炎主張識文字當據文獻，以師說爲獻，字書爲文，認爲未有曠代絕傳，文字皆不足徵，而可定其爲何字者。有謂：

> 凡識文字，非師弟子口可相傳，即檢閱字書而得者，方爲可信。……漢儒之識古文，亦由師授。〔註117〕

〔註114〕可參章太炎：〈與吳承仕〉（1932），同前註，頁362、363。

〔註115〕章太炎：〈與張伯英〉（1923），同前註，頁794。

〔註116〕章太炎：〈與孫至誠〉（據1937年《制言》第46期），同前註，頁895。

〔註117〕章太炎：〈與金祖同〉（1935），同前註，頁963。他在與金祖同的書信中，一再強調識字須有所本的觀點，又謂：「夫文字者，十口相傳，始無疑義。例如小兒初識方塊，亦其師與父兄授之也。師與父兄則又有所受之也。其字之不

指出漢儒之識古文亦多承師授，主張：「鐘鼎可信為古器者，什有六、七，其釋文則未有可信者。甲骨之為物，眞僞尚不可知，其釋文則更無論也。」〔註118〕換言之，通過了器物眞僞的考辨，尚有釋文一層。

　　章太炎並非完全不接受出土文物作為研究古文字的材料，而是認為彝器款識與甲骨文，其文字源流不明，未足與釋文，更難以成為治經識文的根據。其謂：

> 今人欲習經史百家，必先識字。所識之字，本今之眞書也。而眞書非有人創作，特省減篆文而為之。篆文又損益古籀而為之。故欲明眞書之根，必求之于篆文，再溯之于古籀，則《說文》其總龜也。
> 苟與今之眞書無源流相涉者，雖誠三皇五帝之書，亦可置之不論。
> 而況器由僞造，文由妄識者乎？〔註119〕

主張欲習經史百家，必先識字，識字之眞書，識字之源流，掌握當中文字演變之例，又必須以《說文》為總龜。若無法考其文字源流者，當置之不論。〔註120〕

　　經過對清儒注疏之學的反省，追溯漢代古文的演變與流傳，面對當代學者對古文字研究方法上的謬失，章太炎重新開展小學在辨僞與釋義上的貢獻，對於治經的具體價值，從一、疏證古文演變為篆隸的文例，證明古文經之實存，二、透過徵尋古文字演變條例，以明文字根本的識字之法，二方面掌握文字條例，作為治經之根柢。透過確立經典的眞實性與解釋方式，建立治經之方法論後，章太炎進一步談論經典的價值。

第三節　眞實與眞理：經史學與經義學

　　漢代設立五經博士，其來源、選拔體現了朝廷強烈的尊經意識，而在職

　　常用者，則徵之字書，音義俱在，故可知也。未有千百年未見之字，而能狙然識之者。」以辨識文字當據師授，或徵之字書，明其音義，識字始無疑義。（頁961）對於章太炎反對時人以金石甲骨說古文字的立場，可參考李愼行〈章太炎先生與金甲文字〉的詳實論述。（《先驅的蹤迹》，杭州：浙江古籍出版社，1988，頁217～224。）

〔註118〕同前註，頁960。
〔註119〕同前註，頁960、961。
〔註120〕柳詒徵亦主張此論，見〈論以說文證史必先明說文之誼例〉，《古史辨》第一冊（上海：上海古籍出版社，1991）。

能、前途方面融入了濃厚的儒家思想。自此以後，知識分子透過經試、科舉進入官僚體系，所習所思皆在科舉經綸的制約中。通經致用成爲知識分子對經學的基本認知，相對的，以經術緣飾吏治，亦爲知識分子經世致用之方法。在晚清，政制崩解的時代，知識分子申論其主張，透過經典、托古以宣揚理念，張大聲勢，康有爲尤爲其典型。在章太炎，則分割政治與學術思想，其宣傳革命、政治主張援引民族、民主思想，以著作、演講、辦報的方式闡述宣傳，毋須透過學術上的托古改制立論。換言之，近代經學在政治中作用消失的同時，作爲政治社會思想主體的地位，在晚清悄然結束，然而作爲學術思想的專門研究被密切的關注著，章太炎實爲其端。

在 1920 年以前，章太炎發表的文章與演說，純從學術論學的立場建立論述，有二個方向；一，批評今文經學過度推闡孔子六經之學，將孔子學視爲經綸萬世之學。二，批評經學在傳統文化中成爲修身、處世的社會道德規範的張本。二者皆在表明其分別通經與致用的立場。另一方面，他積極的陳述六經皆史之論，透過治史的方法，將六經建立在信而可徵的基礎上，透過重新從學術思想的立場，以歷史文明的角度探討六經的價值。

1919 年五四運動起，反傳統言論雷厲風行，章太炎卻調整了他對通經致用的見解，有悔於中年崇好佛老之言，重新從中國學術文化主以人事的特質，修己治人的角度省視六經經義價值與孔子地位。

本節分二部分說章太炎對經學的評價，首先從民族歷史與學術文化的角度，以「春秋左傳」爲核心，推六經經史學爲民族文化之本。其次，從綱紀教化的角度，將六經推爲上古文明之綱，爲不刊之典，章太炎重新重視六經經義學的價值。

一、「春秋左傳」：中國文明之源

傳統學術對孔子與六經的推崇，在晚清發展到極致，推爲孔教，定爲國教；孔子與六經，發展成一種政治、學術、思想的信仰的同時，也成爲宣揚教義的教條。章太炎認爲清末由康有爲主導的倡教運動，實欲攬中國之「文化權」。〔註121〕因此在這一時期，他批判作爲政治信仰與思想信仰的經學。

另一方面，從章太炎思想本身的轉進來看，學者指出，章太炎早年深受

〔註121〕章太炎：〈致山田飲江書〉（1915），《章太炎書信集》，頁 598。

嚴復進化論思想的影響，認爲近代西方文明是「天地間的公共之理」，並不專屬西方。而當其思想轉向革命後，他發現文化並不是普及的，文化有其特殊性，不必也毋須同化爲一。1906 年，章太炎作「俱進化論」，不僅要打破當時被視爲是公理的進化論，更要打破一切主觀的「公理」。〔註122〕他首先針對的，便是六經之爲經典的公理性。

　　他透過六經皆史說，泯除經的神聖性，將六經視爲六藝之所出，積極的反駁孔子作六經的說法，視六經爲史，視後世之史爲新經，重新審視經的價值。他反省傳統儒者治經的缺失：

　　　　經典到底有什麼用處呢？……漢朝人是今文派多，不曉得六經是什
　　　　麼書，以爲孔子豫先定了，替漢朝制定法度，……宋朝人又看經典
　　　　作修身的書。〔註123〕

不僅不滿今文家將六經視爲萬世之法，也不同意宋人將經典視爲修身之書。是謂：

　　　　治經恆以誦法討論爲劑。誦法者，以其義束身，而有隆殺；討論者，
　　　　以其事觀世，有其隆之，無或殺也。〔註124〕

將經學分二個層面，誦法與討論。以爲誦法者，乃以經義自勵自律，有厚薄高下的分判，如《禮》、《春秋》，其言雅訓近人世，故荀子爲之隆禮義，殺《詩》、《書》。但是從討論的層面來看，透過六經得以觀世知化，以之尊崇六經，則無以爲下者。

　　章太炎根究今文家之失，在於他們將經典視爲誦法，批評：

　　　　西京之儒，其誦法狹隘，事不周浹而比次之，是故齟齬失實，猶以
　　　　師說效王官，制法決事，茲益害也。〔註125〕

認爲西漢儒者誦法六經，並未深入比對其事跡內容，舉事參差而多失其實，甚而引申，將師法家說作爲議論王政的根據，遂茲爲害危，因而反對將經視爲致用之法，以爲政治規範。

　　他也不同意宋人以修身之書視六經，原因在於：

　　　　至修身的話，本經卻也少見，就有幾句，你看後來《史記》、《漢書》，

〔註122〕參考汪榮祖撰：〈試論章太炎的文化觀〉，《先驅的蹤跡》，頁 98～105。
〔註123〕章太炎：〈論經的大意〉（1910），《章太炎學術文化隨筆》，頁 17。
〔註124〕章太炎：〈清儒〉（1904），《革故鼎新的哲理——章太炎文選》，頁 127。
〔註125〕同前註。

> 何嘗沒有修身的話？要知道一部大史書，中間嘉言懿行，自然不會
> 沒有，不過他作這部書，並不專為教人修身起見。……若把經典當
> 作修身的書，便只看了小小一角，本意差得遠了。〔註126〕

認為實際抽繹六經內容，修身的話並不多見。六經如同史書多夾有嘉言懿行，
其用不專在修身，其價值也不當從修身講。況且儒者講論六經，多有衝突，
亦多有疑義，如何作為修身之具？〔註127〕

　　章太炎認為，經典不僅不從修身講，以之為道德教化之具，亦有不妥。
特別在當時世界文化的對照下，章太炎對於道德教化之說，有了不同的體認。
他認為道德從感情來，不專從智識來。感情則多從習慣發生，各國習慣不同，
所以各國的感情不同，各國的感情不同，所以各國的道德不同。他並不強以
中國道德評價他國道德，反而從各國道德標準的不同，發現墨子的天志說，
董仲舒所說「道之大原出於天」，陸子靜所說「東海有聖人焉，此心同，此理
同也；西海有聖人焉，此心同，此理同也。」都是憑空妄想的話。他認為中
國的道德說，從三代兩漢到現在，是漸變而來，並不純和古代一樣，而且認
為社會更迭地變換，物質方面繼續地進步，人情風俗也隨著變遷。主張道德
包括二部分，普通倫理和社會道德，前者是不變，後者則是隨環境變更的；
政治制度變遷時，風俗就因此改易，社會道德當順應制度風俗的變遷。因此，
章太炎不同意把古人的道德，比做日月經天，江河行地，墨守而不違背，〔註
128〕反對將六經視為道德教化的規範。

　　章太炎認為不當把六經視為顛撲不破的經世準則與道德規範，以致用與
修身、教化是附加在經學上的價值，而從其他層面開展經學價值，特別從歷
史文化的角度立論。

　　他以深厚的漢學根柢，將清學實事求是的方法，結合歷史意識，開創經
學的古史價值。所提出知類原、明沿革的治經方法，使得後世經學研究，有
了時間上縱向的繫聯；又將經學往上溯源，為民族文化根源探路，往下展延，
則為掌握社會性格的重要資源。此番關注社會文化傾向，不能不受自當時嚴
復譯《社會通詮》的影響，章太炎思考民族文化的形成與其獨特性，更是當
代中國置身國際、世界，對照異族文化，不得不深思的議題。因此，章太炎

〔註126〕同註123，頁18。
〔註127〕同前註，頁21。
〔註128〕章太炎：《國學概論》（1935），頁12。

關注中國文明開化的歷程，主張從民族文化看六經的價值。

民族文化包含兩個層面，一是民族歷史，其次則是民族意識，由此推崇孔子《春秋》爲六經核心價值的展現。

首先，就民族歷史來看。在 1900 年〈清儒〉中，章太炎反省傳統經學之得失，雖然批評清儒步履漢儒，卻又從徵實文明的立場，肯定清儒的貢獻，他說：

> 大抵清世經儒，自今文而外，大體與漢儒絕異。不以經術明治亂，故短於風議；不以陰陽斷人事，故長於求是。短長雖異，要之皆徵於文明。……鸞鬼、象緯、五行、占卦之術，以宗教蔽六藝，怪妄、孰與斷之人道，夷六藝於古史，徒料簡事類，不曰吐言爲律，則上世社會污隆之迹，猶大略可知。以此綜貫，則可以明進化；以此裂分，則可以審因革。〔註129〕

藉由清儒實事求是的研究方法，沙汰古史資料中宗教迷妄的成分，透過將六藝視爲古史，準以「人道」，以度制事狀徵驗其實，作爲明進化、審因革之資。首度從文明進化的角度，評價中國學術文化的價值，將文明進化的意義，斷在所謂的「人道」。

所謂人道乃相對於宗教而言，章太炎認爲啓蒙中國文明，以人道阻絕宗教迷信者爲孔子。他從早期力陳孔子之賢於堯、舜者在其性分〔註130〕，後來則以民族歷史的角度來看孔子功業。其謂：

> 孔氏，古良史也。輔以丘明而次《春秋》，料比百家，若旋機玉斗矣。
> 〔註131〕

而在 1906 年〈與人論樸學報書〉中，章太炎更深化孔子整頓史法，開創文明之功：

> 僕以素王修史，實與遷、固不殊，惟體例爲善耳。百工制器，因者易而創者難，世無孔公，史法不著。《尚書》五家，年月闊絕，周魯舊記，棼雜失倫。宣尼一出，而百國寶書，和會于《左氏》。邦國殊政，世系異宗，民于何居？工自誰作？復著之《國語》、《世本》。紛者就理，暗者得照。遷、固雖材，舍是則無所法，此作者所以稱聖

〔註129〕章太炎：〈清儒〉（1904），《革故鼎新的哲理——章太炎文選》，131。
〔註130〕章太炎：〈今古文辨義〉（1899），《革故鼎新的哲理——章太炎文選》，頁29。
〔註131〕章太炎：〈訂孔〉（1904），同前註，頁116。

也。〔註132〕

推崇孔子《春秋》、《左傳》之功：一在顯著史法，開創後世史學。二在董理上古文明，結合《國言》與《世本》的講述，使邦國世系、百工制器，昭現於後世。自此，章太炎堅持從這個立場來看孔子與《春秋》，以及六經的價值與貢獻。

尤其面對今文家混亂經學，貶抑史學，章太炎更推崇孔子在史學上的開創之舉。他在 1907 年〈答鐵錚〉書中強調：

> 若局于《公羊》取義之說，徒以三世、三統大言相扇，而視一切歷史爲芻狗，則違於孔氏遠矣！……且中國歷史，自帝紀、年表而外，猶有書志、列傳，所記事迹、論議、文學之屬，粲然可觀。而歐洲諸史，專述一國興亡之迹者，乃往往與檔案相似。今人不以彼爲譜牒，而以此爲譜牒，何其妄也！足下不言孔學則已，若言孔學，願極以提倡歷史爲職矣。〔註133〕

《春秋》與六經，上源六藝，下開史學流脈，以孔子之聖偉，當從史學價值觀之。再者，與歐洲各國歷史相較，則見中國歷史體例、史料之豐富可觀。因此他主張當以孔子歷史學爲本源，結合後世史書，脈絡民族歷史，從民族歷史的角度，看待六經的價值。

由上述引文也可以看到，章太炎多以《春秋》爲中心標舉六經的價值，將之推爲民族歷史之樞紐。在 1909 年〈原經〉中，他說明之所以推崇《春秋》的原因：

> 然《春秋》所以獨貴者，自仲尼以上，《尚書》則闊略無年次，百國《春秋》之志，復散亂不循凡例。……是故本之吉甫、史籀，紀歲時月日，以更《尚書》，傳之其人，令與《詩》、《書》、《禮》、《樂》等治，以異百國《春秋》，然後東周之事，粲然著明。令仲尼不次《春秋》，今雖欲觀定、哀之世，求五伯之迹，尚荒忽如草昧。夫發金匱之藏，被之萌庶，令人人不忘前王，自仲尼、左丘明始。……況於年歷晻昧，行事不彰，獨有一人抽而示之，以詒後嗣，令遷、固得持續其迹，訖於今茲。則耳孫小子，耿耿不能忘先代，然後民無攜志，國有與立，實仲尼、左丘明之賜。故《春秋》者，可以封岱宗

〔註132〕《章太炎書信集》，頁 158、159。
〔註133〕《章太炎書信集》，頁 179、180。

配無極。〔註134〕

連接《春秋》延續周史之法的內涵，章太炎認爲孔子作《春秋》特殊意義有五
點：一、承周代史法，變《尚書》記史之亂，二、令《春秋》得與六經同列，
異於百國史記。三、使藏之金匱的史事，公開於世，令後人不忘前事。四、具
文明開化之功，爲後世史書所之宗仰的典範。五、開民族歷史之源，以爲立國
之基。是以推崇孔子、左丘明作《春秋》經傳，足以「封岱宗配無極」。由此觀
之，《春秋》經傳之作，具有上承前代史法、開創後代史學典型的重大轉折意義。

然而《春秋》具開化之功，與它可否解決所有後世問題，是兩回事。章
太炎強調《春秋》言治亂雖繁，可是「識治之原，上不如老聃、韓非，下猶
不逮仲長統。」〔註135〕以《春秋》爲章學誠所說之「記注」體例，可爲藏往，
而不可爲後世儀法，廓除傳統以《春秋》經世的意義內涵。

此外，章太炎又從史學的另一面向，推崇《春秋》價值；將《左傳》、《國
語》、《世本》視爲《春秋》記注，主張透過《左傳》、《國語》之史記傳注，
明其實事凶由，益以《世本》記載上古世系與文明發展，彰顯《春秋》超越
一代之史，成爲典範的價值與意義。這樣觀點，豐富《春秋》俱爲經史的價
值與意義，實超越傳統經學對於經典內涵與詮釋方式的理解。

更深入來看，清末西方侵華甚急，中國處境危殆，激發章太炎反滿意識，
同時也促成他從國際視野看中國的學術文化。透過對照西方文明，特別標舉
中國文化的獨特性，視六經而下的經史學，爲凝聚民族意識之本。他指出：

> 若夫孔氏舊章，其當考者，惟在歷史，戎狄豺狼之說，管子業已明
> 言。上自虞、夏，下訖南朝，守此者未踰越，特《春秋》明文，益
> 當保重矣。雖然，徒知斯義，而歷史傳記一切不觀，思古幽情，何
> 由發越？故僕以爲民族主義，如稼穡然，要以史籍所載人物制度、
> 地理風俗之類，爲之灌溉，則蔚然以興矣。不然，徒知主義之可貴，
> 而不知民族之可愛，吾恐其漸就萎黃也。〔註136〕

認爲古來夷夏之別雖然深入人心，然而徒知民族之義，而不能從感情上眞正
熱愛民族，猶不足以激發民族意識。因此章太炎主張，欲令人熱愛民族，必
須透過知悉民族之人物事跡、典章制度、地理風俗，透過史籍閱覽，明其可

〔註134〕《革故鼎新的哲理——章太炎文選》，頁330、331。
〔註135〕同前註。
〔註136〕章太炎：〈答鐵錚〉（1907），《章太炎書信集》，頁179。

敬可愛之處，方能發人思古之憂，凝練民族精神。

他不僅從民族意識談中國歷史的重要，更深一層的將《春秋》內諸夏外夷狄的思想，推為保存民族精神與文化的價值所在，也將《春秋》作為民族歷史的表率，推為令民族國性不滅之綱維、典範，而謂：

> 世欲奇偉尊嚴孔子，顧不知所以奇偉尊嚴之者。章炳麟曰：國之有史久遠，則亡滅之難。自秦氏以訖今茲，四夷交侵，王道中絕者數矣，然掮者不敢毀棄舊章，反正又易。借不獲濟，而憤心時時見于行事，足以待後。故令國性不墮，民自知貴于戎、狄，非《春秋》孰維綱是？〔註137〕

章太炎認為，中國經歷多次異族入侵，民族文化中絕的危機，之所以能夠反正復文，當推《春秋》舉發別內外之義，令人自知本族文化之可貴，而為維繫民族精神的價值中心。

尤其當時中國政治昏瞶，外侵益急，章太炎不時存有亡國滅種之虞，因此特別感懷孔子《春秋》之功。認為孔子不布《春秋》，則前人事迹，不能語後人，後人亦無以識前，一旦亡國，「則相安於輿臺之分」〔註138〕，不復奮起復其文化，而有「宛其死矣，他人是偷」之歎。因而極推《春秋》，以其功績什佰於禹，謂：「《春秋》之況烝民，比之天地，亡不幬持，豈虛譽哉？」當時的章太炎懷著強烈的文化救國理想，認為國無史則離本，史亡則國性滅，而將存種性、遠殊類的重責，繫於《春秋》，以及其所衍發的史學傳統。

1920 年後，面對反傳統風潮，學者準以西方文明的標準，支離六經、古史，章太炎則從致用於現實的角度，重申經史學對國家民族的獨特價值。他指出：

> 一國歷史正似一家之家譜，其中所載盡已往之事實，此事實即歷史也。……蓋事實為綜錯的，繁複的，無一定之規律的；而歷史乃歸納此種種事實，分類記載，使閱者得知國家強與弱的原因，戰爭勝敗的遠因近因，民族盛衰的變遷……。歷史又如棋譜然，若據棋譜以下棋，善運用之，必操勝算，若熟悉歷史，據之以致用，亦無往而不利也。〔註139〕

〔註137〕章太炎：〈原經〉（1909），《革故鼎新的哲理──章太炎文選》，頁331。
〔註138〕同前註。頁332。
〔註139〕章太炎：〈論今日切要之學〉（1932），《章太炎講演集》，頁96。下引同。

這一段話談到歷史二個層面的價值，一、如家譜，載盡已往事實。二、如棋譜，透過比類事實，明其原因，作爲治世致用的根據。而且認爲「歷史就是我的掌故，我的家譜，他人得之雖然無用，而我不得不備此物。」認爲若不備歷史，若不看家譜，不明世族，則親疏不分，視其同族若路人；從民族主義的立場解釋本國歷史的重要性。

繼之指出：

> 歷史之學不僅今日切要，即在往古亦十分切要。漢時即以六經爲史，
> 各有專家傳其學，至今因時間之延長，史志遂覺繁多，然此正一完
> 備之棋譜也。若善用之，何往而不利，故其切要尤甚於昔。〔註140〕

主張六經必須與史書接軌，形成完備棋譜，完備中國歷史，又足爲現實治事的參考。〔註141〕

　　總上，章太炎由眼界被侷限在尋求微言大義的傳統經生，在經學轉折的歷程中，率先跳脫傳統經學的價值與意義，以全新的視域，站在世界的高度，就民族文化的立場，詮釋六經經史學的價值。首推六經爲中國文明開化之里程碑，爲中國文明的代表，將六經的文明內涵與意義，歸本於《春秋》，深刻論述孔子《春秋》所開創的史學與民族文化的價值，以爲承先啓後的經史學主體。繼之，結合後世史書，六經經史學組成完整的中國歷史。並深論六經經史學的根本價值，不僅在於脈絡中國文明發展之途轍，更重要的是作爲別種族親疏，保存民族性之植被。在這樣的意義下，章太炎所建構的六經經史學，成爲中國獨異於他國的文化資本，而爲豐富、可資深索致用的歷史文化資源。

二、六經：中國文明之綱

　　1920 年古史論辯成爲風潮之際，整理國故、國學的呼聲亦隨之而起。吳文祺便指出：「一二年來（指民國十二年），整理國故的呼聲，可算是甚囂塵上了。連從前曾主張把中國的經史子集一概燒去的陳獨秀先生，後來也變了調子地說：『講哲學可以取材於經書及諸子；諸文學可以取材於《詩經》以下古代詩人，講歷史學及社會學更是離不開古書的考證。』」〔註142〕陳獨秀轉變

〔註140〕同前註，頁 97。
〔註141〕申述章太炎史學價值及其致用之道，可參考李希泌〈章太炎先生史學的核心
　　　　——通史致用〉（《先驅的蹤迹》，頁 150～160）。
〔註142〕吳文祺：〈重新估定國學之價值〉，收入許嘯天編：《國故學討論集上·第一集》
　　　　（上海：上海書店，1991），頁 30。

後的論調，其實可以在章太炎 1906 年〈諸子學略說〉、1909 年的〈原經〉以及其他相關論述中得見。因此，章太炎將六經作爲研究古史的材料，將諸子視爲哲學的治學走向，可以說在此時得到相當的迴響。1920 年後，章太炎既秉持固有的經史學主張，卻又轉向強調經學對於修己治人的作用，從致用的角度推崇經典的經義價值。

從更大的角度看，經歷晚清民國政經社會的巨大變動後，中國學術文化、價值標準一面倒向西方科學文明，卻也有學者端視著中國學術的特質。如梁啓超主張國學當分爲兩路，一是文獻的學問，一是德性的學問，而且認爲後者是中國特出於各國、面對世界而無愧色的學問。〔註143〕章太炎亦然，在 1907 年的〈答鐵錚〉書中，他說：

> 蓋以支那德教，雖各殊途，而根原所在，悉歸于一，曰「依自不依他」耳。上自孔子，至于孟、荀，性善、性惡，互相閔訟。訖宋世，則有程、朱；與程、朱立異者，復有陸、王；與陸、王立異者，復有顏、李。雖虛實不同，拘通異狀，而自貴其心，不以鬼神爲奧主，一也。……至於中國所以維持道德者，孔氏而前，或有尊天敬鬼之說。(墨子雖生孔子後，其所守乃古道德)，孔氏而後，儒、道、名、法，變易萬端，原其根極，惟依自不依他一語。……至于破壞鬼神之說，則景仰孔子，當如岱宗北斗。……而中國依自不依他之說，遠勝歐洲神教，……今乃棄此特長，以趨庫下，是僕所以無取也。
> 〔註144〕

在章太炎的思路裏，將道德分爲基本倫理和社會道德，認爲社會道德是隨時俗而變。在這裏，他從社會道德的層面，進一步將中國教化道德與歐洲、印度的宗教道德相較，指出中國歷代的道德論辯不管趨向何方，其根本精神都在於自貴其心，不與鬼神相涉。其次，他認爲，儒、道、名、法各家學說，皆秉有這樣的精神，而此根本精神確立於孔子，爲中國優於東西方宗教文明的獨特之處。

換言之，章太炎雖然將學力傾注證成經史源流，從辨彰學術、考鏡源流的層面，說明中國學術文化的獨特存在之外，其實也沒有忽略中國學術文化本具德治教化的義理特質。他注意經學這個層面特質，在掌握六藝──六經、

〔註143〕梁啓超：〈治國學的兩條大路〉，同前註。
〔註144〕章太炎：〈答鐵錚〉(1907)，《章太炎書信集》，頁 177～183。

諸子之學的沿革流變後，有更進一步發揮。

在 1914 年《檢論》中，章太炎對原本〈訂孔〉論作許多修改，指出：

> 懷是者十餘年，中間頗論九流舊聞。……方事改革，負牒東海，獨抱持《春秋》，窺識前聖作史本意，卒未知其道術崇庳也。以炎、黃、嚳、堯之靈，幸而時濟，光復舊物。間氣相揖，逼于輿台，去食七日，不起於床，喟然嘆曰：余其未知羑里、匡人之事！夫不學《春秋》，則不能解辮髮，削左衽。不學《易》，則終身不能無大過，而悔吝隨之。始玩爻象，重籀《論語》諸書，驛然若有寤者。聖人之道，罩籠群有，不亞以辯智為賢。上觀《周易》，物類相召，勢數相生，足以彰往察來。審度聖人之所憂患，與其卦序所次時物變遷，上考皇世而不繆，百世以俟後王群盜而不惑。……諸所陳說，列于《論語》者，時地異制，人物異訓，不以一型銅鑄，所謂大道固似不肖也。〔註145〕

在這一段長文裏，章太炎表明對經學的新體會。他自述早年廣論諸子、獨持《春秋》，從作史意知孔子之聖，認為當時的見解不足以見知孔子道術之崇庳。直到身經國仇家難、身入囹圄後的人生歷程，令他體會到不止是《春秋》具有別夷夏之義理，《易經》亦揭示著深刻的人生哲理。並由此感悟，所謂聖人之道，含攝甚廣，不全表現在智識層面。他重新釋讀《易經》、《論語》，以《易》之卦序所次時物變遷，足為百世不惑之理，也將《論語》推為孔子之大道。從這個時候，章太炎重新省思歷代儒者推崇經典為天下公理的意義，重視經學義理層面的價值。

另一方面，時值五四新文化運動，倡導新方法、新思維的思潮襲捲而來。針對新文化運動，1920 年章太炎在對湖南第一師範的演講〈研究中國文學的途徑〉，從教育的立場，說明其調合新文化和舊文化的立場，有兩個重點。其一，求學問統系，其二，返求儒學。

當時，國家社會進入新時代，教育的方向與方針有很大的轉變，章太炎體認到：「近來學問不能求深，要想像前的專精一種，實在是不可能的事。」〔註146〕而且學校教育中，科目繁多，既要求各科調和，便無法專精一門。在這種情形下，章太炎將學術分為治學與教育兩層，認為普及性教育不能忽略

〔註145〕章太炎：〈訂孔〉（1914），《中國現代學術經典——章太炎卷》，頁 210～211。
〔註146〕章太炎：〈研究中國文學的途徑〉（1920），《章太炎講演集》。

掌握學問的大體，即學術的發展脈絡，主張當掌握古學大者爲經、史、小學、
諸子學，明各學之源流派別。這部分是章太炎經史學的一貫主張。

　　繼之，章太炎闡明經義學。首先談到中西哲學的差異：

> 中國哲學有特別的根本，外國哲學是從物質發生的，……中國哲學
> 是從人事發生的。中國最古的哲學就是《易經》。《易經》中所講的
> 都是人事，八卦無非是他的表象罷了。……中國哲學由人事發生，
> 人事是心造的，所以可從心實驗。心是人人皆有的，但是心不能用
> 理想去求，非自己實驗不可。中國哲學就使到了高度，仍可用理學
> 家驗心的方法來實驗，不像西洋哲學始可實驗，終不可實驗，這是
> 中勝於西的地方。〔註147〕

認爲中國與外國對於人與宇宙世界的思考有根本的不同，中國的思想哲理根
於人事發生，如《易經》哲理便是。而且，中國思想哲理自始至終皆可由自
身驗證而來，故認爲中勝於西。他又比較佛、孔、老、莊，認爲諸聖所講雖
都是心，但是孔子、老、莊所講的，究竟不如佛的不切人事。比較孔、老、
莊，又以爲如此，而謂：「老、莊雖高妙，究竟不如孔子的有法度可尋，有一
定的做法。」〔註148〕在比較省思之後，復推崇孔子之學。

　　章太炎這裏談《易經》、談孔子、老、莊，乃是從諸子學的脈絡，將《易
經》與孔子說，視爲諸子之一的儒家學問來談。因此，他也推崇孔子《論語》，
周備人事，修己、治人兩個層面皆有論及，有謂：

> 僕以爲孔子之書，昭如日月，《論語》二十篇，高者如無我無知克己
> 復禮諸義，本已正趣佛家大乘，若其普通教告之語，德行政事，何
> 所不備？此乃較佛家爲近人。……平居不出閭里，守之亦可爲善人。
> 一行作吏，或涉機詐之世，無不身敗名墮者，若素守孔子之道，豈
> 有是耶？〔註149〕

以《論語》高者如佛家大乘，亦有平易近人之德行政事，皆爲孔子之道。

　　然而孔子既爲六經定名，開化文明，是乃經學之宗主，他又是諸子中儒
學之開宗，那麼孔子之道的內涵該如何看待？儒學與經學的關係又是如何？

〔註147〕同前註。頁 77、78。

〔註148〕同前註。

〔註149〕章太炎：〈與孫至誠〉（據 1937 年《制言》第 46 期），《章太炎書信集》，頁
　　　　894、895。

早在 1906 年，章太炎作〈諸子學略說〉，曾提及孔子有兩重貢獻：有商訂歷史之孔子，即刪定六經者；有從事教育之孔子，《論語》、《孝經》者。由前之道，其流爲經師；由後之道，其流爲儒家。〔註 150〕直到晚年，章太炎始深耕後者，從人事治化的角度重新評價孔學儒術及其與經學的關係。

　　1922 年，章太炎作〈時學箴言〉，反省時下治學走向，曾說：

> 偏於內典哲理者，能知其內，無由知其外；偏於人事興廢者，或識
> 其外，未能識其人；偏於物理算術者，於物苗或多所諭，非其類而
> 強附之，則說又愈遠。〔註 151〕

以爲時人好論諸子哲理者，知人之內而略其外，不明成敗利鈍之故；好論人事興廢之史者，識其外而未能明其內。此時章太炎將學術置於人事層面上關注著，取代知識層面的研究興趣，因而推遠研究物質之物理算術。

　　治學理念上的這層轉變，令章太炎除了以《論語》爲孔子修身致用之道，他在 1932 年致書弟子中，首度明確的談到六經中的修身致用之學，將《大學》、〈儒行〉、《孝經》、〈喪服〉視爲基本教育的一環。他說：

> 僕嘗謂近世教授學童，必于經傳妙選數種，使之服習。自《論語》
> 而外，括囊民義，不涉天道，莫正於《大學》；奮屬志行，兼綜儒俠，
> 莫隆於〈儒行〉；導揚天性，遏絕悖德，莫尚於《孝經》；輔存禮教，
> 維繫民俗，莫要於〈喪服〉。〔註 152〕

蓋因當時人才不起，國無紀綱，論政者務治人而忘修己，言學者主游藝而不依於人，因而經典中修己之道，成爲章太炎關注的議題。

　　他提出論學必有會歸，將六經歸約爲四部經典，指出：「周、孔之道，不外修己治人，其要歸於六經。六經散漫，必以約持之道，爲之統宗。」標舉六經修身致用之道。章太炎重定四書，取《大學》而去《中庸》，蓋因《中庸》自「天命之謂性」，至「上天之載，無聲無臭」止，無一語不言天學，不近人事，故不講。1932 年間，他陸續演講〈儒行要旨〉，〈大學大義〉以及〈孝經、大學、儒行、喪服餘論〉推崇四書修己致用的價值。

〔註 150〕見《革故鼎新的哲理——章太炎文選》，頁 161～162。
〔註 151〕章太炎：〈時學箴言〉（1922），轉引自《章太炎年譜長編》下，頁 661。
〔註 152〕章太炎：〈與吳承仕〉（1932）7 月 14 日（《章太炎書信集》，頁 361、362）。
　　　　在這之前，章太炎論致用之道，多著重在通史致用上，如其 1931 年作〈經義與治事〉，論治事僅論及史學之用。此後，除了通史致用之外，章太炎同時關注經學在德治教化這一層面的致用價值。下引同。

　　1933 年講〈歷史的重要〉時，章太炎提到國學不尚空言，要在坐而言者，起而可行，一方面以十三經文繁義賾，其總持在《孝經》、《大學》、〈儒行〉、〈喪服〉，將之視爲作人之基本，以此四書總持經學；一方面論治人運用之法，以歷史爲要，〔註 153〕強調經史學的致用之道。至此，章太炎講論經學、儒學、史學的脈絡逐漸明晰。

　　章太炎將儒學、史學納入經學的範圍；把經學分爲修己、治人兩個層面，以儒學爲修己之道，以史學爲治人之道，皆爲經學致用之術。有謂：

> 所謂經學之利者，何也？曰儒家之學，不外修己治人，而經籍所載，無一非修己治人事。……夫修己之道，古今無二，經籍載之，儒家闡之，時有不同，理無二致。孔子以後，儒分爲八，論其歸趣，不相乖違。孟、荀二家，論性有別，而祁向攸同。厥後漢儒重行，宋人尚理，或實事求是，或旁參佛、老，要之，不能不以經爲本。〔註 154〕

指出儒學在周末分爲八，及孟、荀二家，漢代尊儒，宋人本理學論儒，皆從其流，而皆以經爲本。主張六經所蘊含的德治教化，在儒學中被具體的闡述，而將儒學視爲經學修己之道之展現。

　　其次論治人，則云：

> 治人則稍異，古今異宜，習俗不同，不得不斟酌損益，至於盡善。……《尚書》、《周禮》、《春秋》，性質與歷史爲近，讀之亦當如是。……經籍之應入史類而尤重要者，厥維《春秋》。《春秋》三傳雖異，而內諸夏外夷狄則一，自有《春秋》，吾國民族之精神乃固，雖亡國者屢，而終能光復舊物，還我河山，此一點愛國心，蟠天際地，旁礴郁積，隱然爲一國之主宰。〔註 155〕

從史的致用之道，論《尚書》、《周禮》、《春秋》的治世價值。

　　此時他仍強調《春秋》保存國性，發揮民族精神的價值，蓋因日人侵華益急，國勢又陷危難。因而保存本國文化又成爲章太炎關注的重點，他說：

〔註 153〕同年〈關於經學的演講〉（1933）（《章太炎講演集》，頁 143）亦以四書爲主題，講《孝經》旨在以孝悌爲仁之本，主內外之行；《大學》爲《禮記》之一篇，以平實之語論經邦之術；〈儒行〉推崇其以平易之語鼓動志氣之節；〈喪服〉則爲中國禮法之本，主張講國學當以是四書爲統宗。

〔註 154〕章太炎：〈論讀經有利而無弊〉（1935），同前註，頁 210。

〔註 155〕同前註，頁 210、211。

　　且今日讀經之要，又過往昔，在昔異族文化，低於吾華，故其入主
　　中原，漸爲吾化，今則封豕長蛇之逞其毒者，乃百千倍於往日，如
　　我學人，廢經不習，忘民族之大閑，則必淪胥以盡，終爲奴虜而已
　　矣。……要之，讀經之利有二：一、修己；二、治人。治人之道，
　　雖有取舍，而保持國性實爲最要。〔註156〕

見異族武力逼侵，貪暴更甚於昔，而深有亡國之虞，是以更注重中國獨特於
他國的民族文化。因而將經學視爲民族理則，持之以保國性。

　　1935年，章太炎講演〈論經史儒之分合〉，曾明確指出：「經之所該至廣，
舉凡修己治人，無所不具。其後修己之道，衍而爲儒家之學。治人之學，則
史家意有獨至，於是經史遂似判然二途。」〔註157〕談到經分流爲史、儒所側
重的內涵時，又特別論述儒家修己之道的特殊意義。

　　章太炎認爲，從孔子言興於《詩》，立於《禮》，成於《樂》，可知《詩》、
《禮》、《樂》本以教人修己。至於《論語》，言修己之道更多，爲孔氏一家之
書，爲儒家言。從經學角度來看，經兼修己治人，史則詳治人而略修己，《論
語》出，則修己之道燦然大備，儒學意義可由此而得，隨之亦周備了經學內
涵。若從歷史發展來看，章太炎認爲，孔子以前，史之記載多帝王卿相之事，
罕有言及齊民，周公制禮作樂，禮猶不下庶人，與齊民修己鮮涉，爲帝王立
言者實多，爲平民而立言者寡。惟孔子出身編戶，而令《論語》所錄異於前
史，始知細民爲身之道。他指出：

　　孔子亦自言吾少也賤，故多能鄙事。其後爲委吏爲乘田，能會計當而
　　牛羊壯，又〈檀弓〉南宮縚之妻之姑之喪，夫子誨之髽，則夫子于細
　　民鄙事，能者實多，故能疏食飲水曲肱而枕不改其樂。以歷經困厄之
　　人，甘苦自知，言之自能親切，而修己之道亦因之圓滿。〔註158〕

孔子的平民經歷，令其成就修己之道。此修身之道展爲儒學，由孟、荀發揮
盡致。因此，從孔子用六經談修身，從平民歷史看《論語》之道，章太炎認
爲經史二部，固可合於儒家。由此相對而言，經之所含不止史學，儒家之說
亦在其內。

　　因此，章太炎修正其六經皆史說，而謂：「陽明有六經皆史說。語雖太過，

〔註156〕同前註，頁211。
〔註157〕章太炎：〈論經史儒之分合〉（1935）。同前註，頁241。
〔註158〕同前註，頁245。

而史與儒家，皆經之流裔，所謂六藝附庸，蔚爲大國。」〔註159〕將經推爲史學、儒學之源。由此，他重新評價經的意涵，而謂：

> 夫所謂經者何指乎？大綱二字，允爲達詁。《韓非》〈內〉、〈外儲〉三篇，篇各有經，造大綱於篇端，一若後世藝文之有目錄。《管子》有經言、外言、短語、區言、雜篇，而經居首，蓋綱之在綱，義至重要。《墨子》有〈經上〉、〈經下〉，次有〈經說〉上下，一如後世之分經傳。大抵提出宗旨曰經，解說之者爲說。〔註160〕

先前章太炎談經的意義，指出在周末諸子皆用經名，以經非六經專稱。這裏，章太炎進一步發揮諸子稱經時的意義，或以經爲大綱，或以經爲宗旨，主張六經爲經之意義即爲文明之大綱、宗旨。〔註161〕

　　章太炎晚年，推崇經的價值，將之視爲中國文明之宗旨，上古文明之大綱，甚而據其生命體驗，有謂：「經記至言，所謂道之出口，淡乎無味，涉務稍久，乃知爲不刊之典，其深造有過於讀書者矣。」〔註162〕不單將經作爲知識對象，而且如同傳統儒者視其爲天下公理一般，將經置於實際的生命歷程當中，體會其修身治人的致用價值。換言之，章太炎在六經談修身治人、致用之道的經義層面，重新回到傳統經學的軌道上來。

小　結

　　當 1922 年，章太炎接受柳詒徵對其訂孔批評，並異於從前的反孔抑儒，反而推崇孔子之功，嘉善儒學之道，而招致魯迅「粹然成爲儒宗」的批評。雖然章太炎晚年迴向儒學，與漢儒、宋儒、清儒有所同歸，但其路徑與整體的經學意識都有很大的差別。

　　從研究方法來看，章太炎主張系統的研究中國學術，其實是民初學者的共同趨向。胡適指出「中國傳下數千年來的文化，無系統無條理之可言；故吾人當從無系統的無條理的不明瞭中，亂七八糟中，找出系統，找出條理。」

〔註159〕同前註，頁 242。

〔註160〕同前註，頁 241。

〔註161〕章太炎這裏論經，當非全指《詩》、《書》、《禮》、《樂》、《易》、《春秋》六部經典，而是如其在〈清儒〉與〈論經史儒之分合〉時，討論十三經、二十一經時，從後人治經的角度來談經。由此理解章太炎論經史儒之分合，方能釋得其意。

〔註162〕章太炎：〈菿漢閑話〉（1936）。《章太炎學術文化隨筆》，頁 363、364。

〔註163〕所謂系統的研究學問,在當時多主張以科學的方法研究進行學術分科,將經史諸子視爲原料,整理成政治學、政治史、社會學、社會史、文學、文學史、哲學、哲學史等,一一的歸併在全世界的學術界裏。其實是將中國學術準以西方學科分類作分門,將六經視爲史料之部分,歸入各學門中。

章太炎所謂系統的研究學問,則是整理中國學術流變,自上古經史學、諸子學,乃至於文學、近代發展的小學,從學術發展史的觀照角度,以中國學術主體之六藝經史發展爲主軸,統系中國學術。

在研究取徑上,章太炎亦有不同於時人之處。他透過六經皆史說,脈絡上古六藝、六經之學,建構中國經史學系統,提出經史理論、治經方法與學術價值,又以出乎傳統,又入於傳統的眼光,正視六經義理價值,重新組織對晚清民國以來,逐漸淪落、散失的傳統知識體系。

經過爬梳六藝經史、諸子儒學的歷程,形成章太炎自覺的二項治經宗旨:「求修己之道、嚴夷夏之辨。」〔註164〕不僅包含重視六經義理的傳統經義學,同時也包括了作爲民族文化、史學源流的經史學。更重要的是,他對經學的闡發還蘊含了對時代議題的關注,其深研經學的價值,具體的貢獻有如錢穆所評價的:「其於民族文化,師教身修,則其論常峻常激。然亦不偏尊一家,輕立門戶。蓋平實而能博大,不爲放言高論,而能眞爲民族文化愛好者,誠近世一人而已矣。」〔註165〕出於對民族文化之熱愛,闡揚經學作爲民族文化之主體,持守中國學術與文化的獨特價值,而得以自尊自重地聳立於世界文化當中。*

〔註163〕可參看胡適〈再談談整理國故〉與許嘯天撰〈新序〉。《國故學討論集上·第一集》。

〔註164〕章太炎:〈論經史儒之分合〉(1935),頁249。

〔註165〕章太炎:〈餘杭章氏學別記〉,《中國學術思想史論叢》八,(臺北:素書樓基金會,1990),頁437。

＊本章章太炎六經皆史之論述,經聆聽張壽安教授演講〈「六經皆史」?且聽經學家怎麼說—龔自珍論「六藝」的知識分化〉(2008年1月10日,中央研究院近代史研究所)有得,對筆者解讀章氏六藝六經沿流發展說,很有啓發,之後得以周全其經學理論。

結　論

　　科舉廢除距今不過一百餘年，現代的經學研究在許多層面仍依循著傳統經學的路向，然而對於二十世紀初傳統經學的大變動，如何深切影響到現代中國學術發展的轉變歷程，仍是陌生而有待深究的。晚清民初這一段介乎傳統與現代之間的經學發展，最值得注意的是，在當時的現代化風潮中，被視爲傳統與守舊的經學，在章太炎的反思與轉化下，通過對秦‧漢經學歷史的考察與回復，扭轉傳統長期以來以漢代《公羊》學思想爲核心的經學思想。

　　深具漢學根柢、尊經意識的章太炎，經由與《公羊》學相抗的「春秋左傳學」研究，省察傳統經學思想，認爲自漢代董仲舒標舉《春秋》作爲孔子儒學的核心經典後，發展出以孔子爲聖道之所存、義之所從出、尊經抑史的經學思想。學者詮釋六經，無不在《公羊》學詮釋孔子微言大義，求取治世恆法，通經以致用的主張下展開，遂形成二千年來以孔子爲中心、繁繞而漫汗的經學思想體系。對此，他聲張「春秋左傳學」之沿承周禮、史官傳統的學術路向，以六經皆史爲治經理念，通過對「春秋左傳學」的上溯與追復，重構長期爲漢儒經學觀所遮隱的周、秦春秋經史學的發展與流變歷程，破除漢代以來經學以孔子義法爲中心、《春秋》被推尊爲萬世治法、尊經抑史的傳統觀念。其思想與研究，轉化了晚清民初《公羊》學論述所催發的孔教思想，重新定位與檢討孔子形象，將之轉向重視孔子在學術及歷史文化上的貢獻。繼之，章太炎以經史實證化解《公羊》家僞經說所帶來的疑古疑史效應，所推展六經皆史的論述，尤其促成了晚清民初經學在思想觀念上的大解放，使得當代及其後的民國學人得以形成不同於傳統的嶄新眼光，重新討論經學的性質與內涵、研究方法與價值。

本論文論述章太炎就其「春秋左傳學」的研究與反省、對《公羊》學的批判，反思二千年來《春秋》學的研究傳統，又在當代傳統與現代接榫的時代議題下，切入對傳統經學的省察、廓清與辨析，進而形成經學研究理論、方法與價值重建的歷程。結論分三部分說明，第一部分說明章太炎經學思想轉變的內在因素與歷程，包括（一）章太炎「春秋左傳學」形成的歷程。（二）經上溯先秦「春秋左傳學」所形成的《春秋》經史學體系。（三）章太炎通過批判《公羊》學，反省傳統春秋觀，挑戰以孔子爲中心的漢代經學觀，並重審傳統判分經史的學術觀。第二部分說明章太炎對傳統經學思想的轉化，（一）發展以《春秋》、《左傳》爲中心，以六經皆史爲中心思想的經學理論。（二）經學研究方法與價值的構建。最後說明其以「春秋左傳學」爲中心的經學研究之貢獻、影響與啓發。

一、章太炎經學思想轉變內在因素與歷程

（一）章太炎「春秋左傳學」形成的歷程

章太炎學術思想的主幹在經學，由於身處政經社會詭譎多變的晚清民國時期，學術風向不停在轉變，使其不得不應時而變，異時而有異見。雖然如此，「春秋左傳學」仍是章太炎循序而有定見的經學研究，其梳理《春秋》學，索求今、古文之爭的眞實歷程與內容，上復周、秦，追溯經學發展的脈絡，從中得以站在歷史的高度，看待經學的流變與演化，不復拘於傳統經學觀，得以更新經學思想。章太炎經學思想的轉變，尤其與「春秋左傳學」的研究與運思歷程密切相關。

章太炎「春秋左傳學」呈現三階段變化。在第一時期，18 歲至 32 歲，治學延續乾嘉傳統，在規模與理念上，亦步趨漢學。雖然有意識的分別今、古文經學，卻因爲在政治上對康、梁學派之改良政治猶有期待，在經學上如同乾嘉漢學之未分今、古文界域，章太炎猶未能清楚的釐析、掌握今、古文經學的差別，使得這一時期他的左傳學專著──《春秋左傳讀》（1896），多援引《公羊》家說，多作調合之語。這樣的研究觀點與研究成果令章太炎有慊於心，故此《左》學專著並未在生前付梓刊行，可知此時章太炎《左傳》學實尚未成形。第二時期，吸納西學、佛學，開展視域，在突破漢學窠臼的同時，挑戰傳統學術文化對孔子的推崇，爲章太炎 33 歲至 47 歲時期。他以歷

史的眼光重新看待傳統儒學與經學。首先針對今文學家利用史書文獻論證《左傳》爲僞書，作《敘錄》（1902）、《砭後證》（1902），反駁劉逢祿，以明《左傳》僞作說之謬妄。繼之，作《劉子政左氏說》（1907），實事求是的尋繹秦漢間的《左傳》古義，積極建立《左傳》之眞確性。並作《春秋故言》（1914），從民族歷史的角度，說明《春秋》、《左傳》的價值。至此，章太炎的「春秋左傳學」有了大致的輪廓。第三，崇孔返經時期，章太炎 48 歲至 69 歲歿。面對新文化運動顛覆傳統學術文化，有心人士推舉孔教，章太炎迴響傳統經世致用的觀念，從教化修身的立場，重新衡量孔子學、儒學與經學的文化意義，積極建構以經史爲本體的國學理論。在此時期，結合中年發展之經史觀，他總結三十多年來的《左傳》學研究，著作《春秋左氏傳疑義答問》（1929），明確提出其《左傳》學主張與相關的經學見解。從章太炎學術思想轉折的歷程、各時期「春秋左傳學」的論著之旨可知，章太炎乃是有意識且逐步地推進對「春秋左傳學」的研究，由此離析爲漢代《公羊》學今文經思想所盤據的傳統經學觀，而有了轉化傳統經學的可能。

（二）章太炎經學思想轉變的內在因素：上溯先秦「春秋左傳學」，形成春秋經史學體系

深入章太炎「春秋左傳學」的轉變與建構來看他經學思想轉變的內在因素。早期，章太炎延續清儒復東漢之舊的立場，批評杜預《左傳》學，而致力於闡發漢儒之說，包括素王改制說與書法義例說。此時章太炎較清儒尤有轉進者，在於清儒上溯東漢《左傳》學，章太炎則廣搜秦、漢《左傳》古義。整理東漢《左》學，搜羅秦、漢《左傳》古說，後來成爲章太炎突破清代宗漢之風的文獻基礎，得以進入第二時期轉尊杜預的階段。

當他考察秦、漢至東漢的《左傳》學發展，發現《左》學大盛的東漢，學者治《左》在釋經方式上的不一致，進而悟得東漢左傳學之援引《公羊》學說，實出於推廣新學之效，而令東漢《左傳》學者的釋經方法與《春秋》觀點，無不在《公羊》學義例系統與素王改制說的籠罩之下。章太炎因此轉向採納杜預批評漢儒說經凌雜的批評，尤推崇杜預釋經專據《左傳》傳文，並引之爲釋經的根本原則。根據這樣的原則，章太炎重新校理未染漢儒習說之先秦《春秋》學，進入第三階段的研究，終在晚年完成其「春秋左傳學」之理論系統。

他對「春秋左傳學」的建構，主要有二點。首先，上復先秦《春秋》之形成脈絡，章太炎引證說明《春秋》體例乃淵於「周春秋」與「百國春秋」，經文內容僅三處爲孔子特筆〔註1〕，其餘皆承「魯春秋」國史而來，說明孔子《春秋》的原始型態與內容實皆魯國國史，義法與凡例則沿承自周禮之況。其次，透過「春秋左傳學」形式、內容與性質上的論述，實證《春秋》與《左傳》共構的史學內涵，主張《春秋》必須透過《左傳》的說明，對照魯史之書法，方能完整的顯示孔子成《春秋》顯國性、呈因革損益之理的著述宗旨。就此，章太炎建立了孔子《春秋》學爲經史學的論述，進而得以挑戰今文《公羊》學視孔子作《春秋》，以《春秋》爲萬世之法的思想觀念。

（三）通過批判《公羊》學，章太炎反省傳統春秋觀、以孔子爲中心的漢代經學觀及判分經史的學術觀

面對晚清《公羊》學者對《左傳》的撻伐，章太炎一方面處理《左傳》學內部脈絡，另一方面則對《公羊》學家的凌厲攻擊提出批評與反駁，而可視爲章太炎對傳統春秋學的反省與總整理。他對《公羊》學家論述的反證，在悟得漢儒《左》學之弊後大舉展開，不僅針對從劉逢祿以來的疑經說，包括對《左傳》不傳經、作者、傳授譜系等外緣問題，一一的反駁，更深入三傳的內容，從字詞、文意的沿襲與改動，分析三傳成書時代，信而有徵的證明《左傳》成書最早，《穀梁》襲《左》，《公羊》又襲《穀梁》以成的經過。

其次，章太炎透過引證秦、漢文獻，打破《公羊》家學師說承自先秦子夏的說法，從根本證明《公羊》學之《春秋》學主張多出自董仲舒構作，非出自《公羊傳》，使得今文家所抒發的公羊學主張，成爲不具家法師說傳統的一家之言。

繼之，章太炎更進一步針對康有爲、皮錫瑞、廖平引伸《公羊》學說而成的經學主張，進行考究批判。他對《公羊》學的批評，梳理《公羊》學脈絡的方式，句句徵實，成爲破除晚清《公羊》學浩大聲勢的最佳利器。顧頡剛就指出，經由章太炎演說，得知《公羊》學「如何起原于董仲舒，如何想通經致用，又如何妄造了孔子的奇蹟，硬捧他做教主」。〔註2〕足見章太炎破

〔註1〕 章太炎說明孔子施特筆者有三處，在〈與黃侃〉和《國學略說》中說法略有出入，詳見頁93，註107。

〔註2〕 氏撰：〈古史辨第一冊自序〉，《顧頡剛古史論文集》（北京：中華書局，1988）頁23。

除《公羊》學經學思想的功效。

　　在破除今文經學宗主孔子、尊經抑史的思想框限後，章太炎提出古文經學以史論經的立場與優點，主張以《春秋》、《左傳》爲古文經學的核心典籍，由此上溯，脈絡與實證秦、漢孔子經學、諸子學、儒學的演變軌跡。經此，章太炎的治學發展出整理先秦學術系統的走向，除有效的反駁今文家的經學主張之外，更在抵制由劉逢祿以來的疑經、疑古學風，以經史實證反擊疑古之惑。

二、章太炎對傳統經學思想的轉化

（一）發展以《春秋》、《左傳》爲核心，以六經皆史爲中心思想的經學理論

　　經過層層回省上復，章太炎由駁《公羊》而復《左》學，由反今文學而張古文學，由抗疑古而主經史，終發展爲章太炎以《春秋》、《左傳》爲中心，以六經皆史爲理念的經學思想。

　　對章太炎而言，六經皆史說乃是開啓經學新資源的主要關鍵。章學誠提出六經皆史說的理論，章太炎不只是提出理論，並以「春秋左傳」爲端點，實證六經皆史說。透過整理先秦兩漢傳記文獻，章太炎提出各式證據，說明三代六藝之學爲官書，皆爲史料，而以孔子刪訂爲數眾多的六藝內容爲六經，因此六經性質亦爲官書，爲史料。

　　其次，章太炎認爲六經史料學在漢代得以轉爲史學，關鍵在於周、秦時《春秋》、《左傳》的出現；主張孔子修《春秋》、《左傳》具有二個層面的意義，一在於正式歷史體例的形成，一在於民族歷史與民族意識的彰顯。他將《春秋》、《左傳》，共推爲具有民族歷史價值與經世義理價值之經史學，又以春秋學爲核心，推舉六經爲後代正式史學與民族歷史之根源，建立六經經史學的論述，從而完備其走出傳統經學觀，開創民國新經學的理論基礎。

（二）經學研究方法與價值的構建

　　在將「春秋左傳學」上復秦、漢之舊的歷程中，章太炎發現清儒未能得知的漢代經學發展的新面向，因而提出研究經學的二個方法，一則比類知原、考大體以知經學發展脈絡；二則明文字發展變化之條例，以古文字證明古文經之實存，並藉以考究其內容。結合二者以治史的方法治經，不僅在研究經

學，亦透過建立經學的眞實性，堅實經學的價值基礎。

　　章太炎聲張六經爲上古文明開化之跡，爲後世史書之根源，民族歷史之典範，爲中國文明之源的價值內涵。另一方面，當章太炎開出以六經經史學爲主幹的中國知識文明之後，在中西文明的交流對照下，他也重新思考中國經學獨特於他國文化之處，在於不只是觀照知識，更重要的是主人事，因而重新看待經學教化修身層面的內涵，重拾傳統經學以爲天下公理、通經致用的意義與價值，而以六經經義學爲中國學術的主要特質，爲中國文明之綱。結合經史學與經義學，經學在章太炎的實證與推闡下，得以在當代中西並陳的文化論述中，成爲中國獨特於他國的知識與價值的文化主體。

三、章太炎以「春秋左傳學」爲中心的經學研究之貢獻

　　從章太炎「春秋左傳學」研究所帶來的經學思想轉變，擴大而爲傳統經學思想的變革，進而形成民國經學富有開拓性與影響力的論述，其貢獻與影響可分爲傳統經學的延續與晚清民國經學的創造性轉化兩方面來看。

　　（一）其於傳統經學的延續可從三點來看。在走向上，章太炎由東漢左傳學、西漢《左傳》學，上推先秦「春秋左傳學」，透過這樣梳理「春秋左傳學」發展的源流與脈絡，建構的「春秋左傳學」理論系統，與戴震所謂「以六經、孔、孟之恉，還之六經、孔、孟」，〔註3〕清代學術「節節復古」的趨向一致。在方法上，章太炎之經學論述，信而有徵、實事求是、說必有本，這樣的治學理念，不僅是其建構「春秋左傳學」的立場，且是批判晚清《公羊》學的根本原則，而與清儒的治學精神與要求一脈相承。在思想觀念上，章太炎反省傳統通經致用的理念，將六經經史學歸爲民族家譜、國家棋譜的致用價值，而且將六經經義學精實的收束在修身教化上，重新推崇以經爲天下公理、不刊之典的觀念，從不同層面上認同傳統通經致用的思維。凡此，爲其於傳統經學的省察與延續。

　　（二）其於晚清民國經學的創造性轉化。首先，章太炎突破清儒以傳注爲主的釋經之學，挑戰傳統經學文化中尊孔與通經致用之核心觀念，辨析經學與儒學的發展脈絡，將經學研究從漢代以孔子義理爲核心的思想框限中解放，令經學研究得以走向現代獨立與專業知識的路徑上。其次，章太炎反省

〔註 3〕見段玉裁編《戴東先生年譜》乾隆四十二年下，戴震撰，趙玉新點校：《戴震文集・附錄》（北京：中華，1980）頁 240。

與修正傳統六經皆史說，建立經學轉向經史學的論述。所建構經史學的研究理論，以治史的方法治經，闡述六經經史與經義的歷史與文化價值，鎔鑄為具系統與方法的經學研究體系，形成民國經學研究的基礎與新路向。復次，章太炎以歷史與文字實證為基礎，進行經學學術史的系統研究，擴大了經學研究的層面與價值。如經典文字之於社會文化研究，經史學之於民族歷史研究，經義學之於社會規範性研究。此就經學而言，為研究經學體系不可或缺之方法與價值，就民族文化而言，則形成一種經學文化觀，致使經學成為省察與研究中國社會與學術、歷史與文化不可或缺之主體。據此，章太炎建構了晚清民初的經學論述，具足研究理論與方法，深刻的證明，當以中國學術為關係密切、不可分割的知識系統，作為文化基礎及價值主幹的整體意義時，必須推重經學。

　　章太炎的經學思想，出於對今文經學的反駁、傳統經學的反省，以其深厚清學根柢發展出對傳統思想極富批判性、亦具延續性的經學體系，在時代政治與西學東漸的刺激下，其經學思想又深具民族文化意識。前者呈顯出立論述說多有衝突的表相，後者似侷限其與世界漢學接軌的眼光。

　　然由上述可知，在晚清民初傳統經學走向民國經學的重大轉折中，章太炎經由春秋左傳學，所形成的經史學與經義學的文化省思與奠基歷程，不僅鞏固了傳統經學的價值內涵，更重要的意義，且在於為近代經學開啟新視野、新路向與新的知識資源，對晚清民國經學轉型具有重大貢獻。

　　從章太炎層層轉進的經學思想，由左傳學內部之紛，《春秋》二傳之爭，今古文之分，經、史學之別，經學研究理論與方法的建立，經史學、經義學價值的奠定與肯定，由此而開展的經學文化觀，實根基於其承於清儒，實事求是、信而有徵的方法的堅持，因而得以將糾纏紛繞於傳統經學觀念當中，左傳學內部漢儒、杜預之別，清儒專致漢學之弊，以及晚清今文學家、疑古學家、新文化運動者方法與經學主張上的無根之談，一一廓清。

　　這樣治學的方法與態度，給我們的啟發是：中國學術的發展，悠遠而漫長，充滿著豐富而多面向的文獻、傳記資料，真偽糅雜，立說不免疊床架屋，如何持正面、肯定的立場，掌握並開創傳統學術在方法上、知識上與思想上的內涵與價值，究實學問根柢，統系中國學術的發展與流變，當是有待於未來的重要方向。

　　再者，章太炎學殖深廣，獎掖後學無數，儼然形成學派，如黃侃（1868

～1933）、朱希祖（1871～1944）、沈尹默（1887～1947）、馬裕藻、馬衡（1881
～1955）、錢玄同（1887～1939）、魯迅（1881～1936）、周作人（1885～1968）、
汪東（1890～1963）……，尤其是晚年開放式的講演與教授，所形成觀念思
想的影響，難以更數。章太炎早年弟子不僅是民國以來大學教育的主幹，且
爲民國學風的倡導者，他們如何接續他在經史學上的研究成果，所形成的學
派與經學觀念、研究方法，如何影響著現代學界的走向，思索著現代經學的
進路，則是接續在晚清民初的經學研究之後，有待推究的重要課題。*

* 本論文初稿於 2008 年完成，見中央研究院中國文哲研究所舉辦「變動時代的
經學和經學家（1912～1949）」民國經學第四次學術研討會之會議論文有：張
高評教授〈章太炎之《春秋左傳》學——以《春秋左傳讀敍錄》爲核心〉、張
素卿教授〈詮釋與辨疑——章太炎《春秋左傳疑義答問》研究〉，研究方向與
成果，與本論文趨向一致，令筆者頗受鼓勵。

參考文獻

壹、與春秋經傳相關之著作：

1. （宋）宋　晢：《春秋皇綱論》（臺北：臺灣商務印書館，1983 年）。
2. （晉）杜　預：《春秋釋例》（臺北：臺灣中華書局，1980 年）。
3. （清）顧棟高：《春秋大事年表》（北京：中華書局，1993 年）。
4. （清）馬　驌：《左傳事緯》（香港：龍門書局，1966 年）。
5. （清）毛奇齡：《春秋毛氏傳》（臺北：藝文印書館，1959 年）。
6. （清）汪　中：《述學》（臺北：廣文書局，1970 年）。
7. （清）劉文淇：《春秋左氏舊注疏證》（北京：科學出版社，1959 年）。
8. （清）劉逢祿：《左氏春秋考證》（臺北：藝文印書館，1959 年）。
9. （清）蘇　輿：《春秋繁露義證》（北京：中華書局，1992 年）。
10. 劉正浩：《周秦諸子述左傳考》（臺北：臺灣商務印書館，1966 年）。
11. ──────：《兩漢諸子述左傳考》（臺北：臺灣商務印書館，1968 年）。
12. 陳新雄、于大成編：《左傳論文集》（臺北：木鐸出版社，1976 年）。
13. 鄭良樹：《春秋史考辨》（臺北：宏業書局，1977 年）。
14. 戴君仁：《春秋辨例》（臺北：國立編譯館，1978 年）。
15. 張以仁：《國語左傳論集》（臺北：東昇文化事業公司，1980 年）。
16. ──────：《春秋史論集》（臺北：聯經出版社，1993 年）。
17. 徐仁甫：《左傳疏證》（成都：四川人民出版社，1981 年）。
18. 葉政欣：《漢儒賈逵之春秋左氏學》（臺南：興業書局，1983 年）。
19. ──────：《杜預及其春秋左氏學》（臺北：文津出版社，1989 年）。

20. 童書業：《春秋左傳研究》（上海：上海人民出版社，1983 年）。

21. 傅隸樸：《春秋三傳比義》（北京：中國友誼出版社，1984 年）。

22. 孫春在：《清末的公羊思想》（臺北：臺灣商務印書館，1985 年）。

23. 張高評：《左傳導讀》（臺北：文史哲出版社，1987 年）。

24. 顧頡剛：《春秋三傳及國語之綜合研究》（成都：巴蜀書社，1988 年）。

25. 康有爲：《春秋董氏學》（北京：中華書局，1990 年）。

26. 程元敏：《春秋左氏經傳集解序疏證》（臺北：臺灣學生書局，1991 年）。

27. 程發軔：《春秋要領》（臺北：三民書局，1991 年）。

28. 沈玉成、劉寧：《春秋左傳學史稿》（南京：江蘇古籍出版社，1992 年）。

29. 陳槃：《左氏春秋義例辨》（臺北：中央研究院歷史語言研究所，1993 年）。

30. 楊伯峻：《春秋左傳注》（臺北：洪葉書局，1993 年）。

31. 張素卿：《敘事與解釋「左傳」經解研究》（臺北：書林出版社，1998 年）。

32. ───：《清代漢學與左傳學：從「古義」到「新疏」的脈絡》（臺北：里仁出版社，2007 年）。

33. 趙生群：《春秋經傳研究》（上海：上海古籍出版社，2000 年）。

34. 趙伯雄：《春秋學史》（濟南：山東教育出版社，2004 年）。

貳、章太炎著作及相關研究

章太炎著作

1. 《太炎先生自訂年譜》（香港：龍門書局，1965 年）。

2. 《章太炎全集》（上海：上海人民出版社，1982 年）。

3. 《民國章太炎先生炳麟自訂年譜》（臺北：臺灣商務印書館，1987 年）。

4. 《章太炎國學講義》（北京：海潮出版社，2007 年）。

5. 湯國黎編《章太炎（炳麟）先生家書》（臺北：文海，1977 年）。

6. 姜玢編：《革故鼎新的哲理──章太炎文選》（上海：上海遠東出版社，1996 年）。

7. 劉夢溪主編：《中國現代學術經典──章太炎卷》（石家莊：河北教育出版社，1996 年）。

8. 傅杰編校：《章太炎學術史論集》（北京：中國社會科學出版社，1997 年）。

9. 張勇編：《章太炎學術文化隨筆》（北京：中國青年出版社，1999 年）。

10. 徐復注：《訄書詳注》（上海：上海古籍出版社，2000 年）

11. 馬勇編：《章太炎書信集》（石家莊：河北人民出版社，2003 年）。

12. ———：《章太炎講演集》（石家莊：河北人民出版社，2004 年）。

章太炎相關研究

1. 湯志鈞：《章太炎政論選集》（北京：中華書局，1977 年）。
2. ———：《章太炎年譜長編》（北京：中華書局，1979 年）。
3. ———：《改良與革命的中國情懷：康有爲與章太炎》（香港：商務印書館，1990 年）。
4. 唐振常：《章太炎吳虞論集》（成都：四川人民出版社，1981 年）。
5. 王汎森：《章太炎的思想及其對儒學傳統的衝擊》（臺北：時報出版社，1985 年）。
6. 姜義華：《章太炎思想研究》（上海：上海人民出版社，1985 年）。
7. 唐文權、羅福惠：《章太炎思想研究》（武漢：華中師範大學出版社，1986 年）。
8. 章太炎紀念館編：《先驅的踪跡》（杭州：浙江古籍出版社，1988 年）。
9. ———：《先哲精神》（杭州：杭州出版社。1996 年）。
10. 謝櫻寧：《章太炎年譜摭遺》（北京：中國社會科學出版社，1987 年）。
11. 汪榮祖：《章太炎研究》（臺灣：李敖出版社，1991 年年）。
12. 徐立亭：《章太炎》（哈爾濱：哈爾濱出版社，1996 年）。
13. 姚奠中、董國炎著：《章太炎學術年譜》（太原：山西古籍出版社，1996 年）。
14. 張昭軍：《儒學近代之境——章太炎儒學思想研究》（北京：社會科學文獻出版社，2002 年）。
15. 許壽裳：《章太炎傳》（天津：百花文藝出版社，2004 年）。
16. 王玉華：《多元視野與傳統的合理化：章太炎思想的闡釋》（北京：中國社會科學出版社，2004 年）。

參、其他相關著作

1. （漢）司馬遷：《新校本史記》（臺北：鼎文書局，1979 年）。
2. （漢）劉向集錄：《戰國策》（臺北：里仁出版社，1990 年）。
3. （漢）班固：《新校本漢書并附編二種》（臺北：鼎文書局，1986 年）。
4. （漢）許慎：《說文解字》（臺北：書銘出版社，1990 年）。
5. （吳）韋昭注：《國語》（臺北：臺灣中華書局，1981 年）。
6. （梁）蕭統編：《文選》（上海：世界書局，1935 年）。
7. （唐）劉知幾：《史通》（臺北：臺灣商務印書館，1973 年）。

8. （唐）魏徵：《新校本隋書》，（臺北：鼎文書局，1980 年）。

9. （宋）朱熹：《朱子文集》（臺北：新文豐出版社，1985 年）。

10. （宋）黎靖德編：《朱子語類》（臺北：文津出版社，1986 年）。

11. （清）顧炎武：《顧亭林文集》（臺北：新興書局，1956 年）。

12. ───著，黃汝成集釋：《日知錄集釋》（上海：上海古籍出版社，2006年）。

13. （清）臧琳：《經義雜記》（上海，上海古籍出版社，1995 年）。

14. （清）惠棟：《九經古義》（臺北：臺灣商務印書館，1983 年）。

15. ───：《松崖文鈔》（臺北：新文豐出版社，1989 年）。

16. （清）戴震著，趙玉新點校：《戴震文集》（北京：中華書局，1980 年）。

17. （清）錢大昕：《嘉定錢大昕全集》（南京：江蘇古籍出版社，1997 年）。

18. （清）阮元：《揅經室集》（北京：中華書局，1985 年）。

19. ───校勘：《十三經注疏》（臺北：藝文印書館，1989 年）。

20. （清）永瑢、紀昀主編：《四庫全書總目提要》（海口：海南出版社，1999年）。

21. 章學誠著，葉玉英校注：《文史通義校注》（臺北：里仁出版社，1984 年）。

22. ───：《章學誠遺書》（北京：文物出版社，1985 年）。

23. （清）段玉裁：《經韻樓集》（臺北：復興書局，1972 年）。

24. （清）江藩：《漢學師承記》（臺北：臺灣商務印書館，1977 年）。

25. （清）方東樹：《漢學商兌》（臺北：新文豐出版社，1989 年）。

26. （清）譚獻：《復堂日記續錄》，（臺北：新文豐出版社，1989 年）。

27. （清）龔自珍：《龔自珍全集》，（上海：上海人民出版社，1975 年）。

28. （清）郭慶藩：《莊子集釋》（臺北：藝文印書館，1974 年）。

29. 梁啓超：《飲冰室合集》（上海：中華書局，1936 年）。

30. ───：《中國歷史研究法》（臺北：臺灣中華書局，1956 年）。

31. ───：《清代學術概論》（臺北：華正書局，1989 年）。

32. ───：《近三百年學術史》（臺北：華正書局，1989 年）。

33. 徐世昌：《清儒學案》（臺北：世界書局，1962 年）。

34. 張舜徽：《清代揚州學記》（上海：上海人民出版社，1962 年）。

35. ───：《清人文集別錄》（臺北，明文書局，1982 年）。

36. ───：《鄭學叢著》（濟南：齊魯書社，1984 年）。

37. 傅樂詩等：《近代中國思想人物論──保守主義》（臺北：時報文化出版社，1970 年）。

38. 周予同：《群經概論》（臺北：臺灣商務印書館，1971 年）。

39. 《景印國粹學報舊刊全集》（臺北：臺灣商務印書館，1974 年）。

40. 陳奇猷：《韓非子集釋》（臺北：河洛圖書出版社，1974 年）。

41. 劉師培：《劉申叔先生遺書》（臺北：華世出版社，1975 年）。

42. 徐復觀：《兩漢思想史》（臺北：臺灣學生書局，1976 年）。

43. ———：《中國經學史的基礎》（臺北：臺灣學生書局，1982 年）。

44. 康有爲：《新學僞經考》（臺北：世界書局，1979 年）。

45. 錢穆：《先秦諸子繫年》（臺北：東大圖書公司，1980 年）。

46. ———：《兩漢經學今古文平議》（臺北：東大圖書公司，1983 年）。

47. ———：《中國學術思想史論叢》（臺北：素書樓基金會，1990 年）。

48. ———：《中國歷史研究法》（臺北：東大圖書公司，2005 年）。

49. 魯迅：《魯迅全集》（北京：人民文學出版社，1981 年）。

50. 熊十力：《讀經示要》（臺北：洪氏出版社，1983 年）。

51. 朱有瓛主編：《中國近代學制史料》（上海：華東師範大學出版社，1983 年）。

52. 施耐德著、梅寅生譯：《顧頡剛與中國新史學》（臺北：華世出版社，1984 年）。

53. 皮錫瑞：《經學歷史》（臺北：漢京文化出版社，1983 年）。

54. ———：《經學通論》（臺北：臺灣商務印書館，1989 年）。

55. 劉文典：《淮南鴻烈集解》（臺北：文史哲出版社，1985 年）。

56. 王利器：《新語校注》（北京：中華書局，1986 年）。

57. 王汎森：《古史辨運動的興起》（臺灣：允晨出版社，1987 年）。

58. 朱維錚：《走出中世紀》（上海：上海人民出版社，1987 年）。

59. ———編：《周予同經學史論著選集》（增訂版）（上海：上海人民出版社，1996 年）。

60. ———：《求索眞文明——晚清學術史論》（上海：上海古籍出版社，1996 年）。

61. ———：《中國經學史十講》（上海：復旦大學出版社，2002 年）。

62. 康有爲：《康南海先生遺著彙刊：新學僞經考》（臺北：宏業書局，1987 年）。

63. 復旦大學歷史系編：《中國傳統文化再檢討》（香港：商務印書館，1987 年）。

64. 劉向：《說苑校證》（臺北：臺灣商務印書館，1987 年）。

65. 趙光賢：《古史考辨》（北京：北京師範大學出版社，1987 年）。

66. ——：《中國歷史研究法》（北京：中國青年社出版社，1988 年）。

67. 顧頡剛：《顧頡剛古史論文集》（北京：中華書局，1988 年）。

68. ——等：《古史辨》（上海：上海古籍出版社，1991 年）。

69. 陳青之：《中國教育史》（上海：上海書店，1989 年）。

70. 楊向奎：《繹經室學術文集》（濟南：齊魯書社，1989 年）。

71. ——：《清儒學案新編》（濟南：齊魯書社，1994 年）。

72. 李耀仙：《廖平學術論著選集》（成都：巴蜀書社，1989 年）。

73. 金毓黻：《中國史學史》（上海：上海書店，1989 年）。

74. 余英時：《中國思想傳統的現代詮釋》（南京：江蘇人民出版社，1989 年）。

75. ——：《論戴震與章學誠：清代中期學術思想史研究》（臺北：東大圖書公司，1996 年）。

76. ——：《現代儒學論》（上海：上海人民出版社，1998 年）。

77. ——：《五四新論：既非文藝復興，亦非啓蒙運動》（臺北：聯經出版社，1999 年）。

78. ——：《文史傳統與文化重建》（北京：生活、讀書、新知三聯書店，2004 年）。

79. 本田成之：《中國經學史》（臺北：廣文書局，1990 年）。

80. 舒新城編：《近代中國教育史料》（上海：上海書店，1990 年）。

81. 黃暉：《論衡校釋》（北京：中華，1990 年）。

82. 章權才：《兩漢經學史》（廣州：廣東人民出版社，1990 年）。

83. 王國維：《觀堂集林》（北京：中華書局，1991 年）。

84. 許嘯天編：《國故學討論集》（上海：上海書店，1991 年）。

85. 彭明輝：《疑古思想與現代中國史學的發展》（臺北：臺灣商務印書館，1991 年）。

86. 黃彰健：《經今古文問題新論》（臺北：中央研究院歷史語言研究所，1992 年）。

87. 鄭師渠：《國粹、國學、國魂——晚清國粹派文化思想研究》（臺北：文津出版社，1992 年）。

88. 馬宗霍：《中國經學史》（臺北：臺灣商務印書館，1992 年）。

89. 金春峰：《周官之成書及其反映的文化與時代新考》（臺北：三民書局，1993 年）。

90. 吳雁南編：《清代經學史通論》（昆明：雲南大學出版社，1993 年）。

91. 侯外廬：《中國近代啓蒙思想史》（北京：人民出版社，1993 年）。

92. 黃開國：《廖平評傳》（南昌：百花洲文藝出版社，1993 年）。

93. 鄭師渠：《晚清國粹派：文化思想研究》（北京，北京師範大學出版社，1993 年）。

94. 林慶彰：《明代經學研究論集》（臺北：文史哲出版社，1994 年）。

95. ───：《清代經學研究論集》（臺北：中央研究院文哲所，2002 年）。

96. ───主編：《國際漢學論叢》（臺北：樂學書局，1999 年）。

97. ───、蔣秋華主編：《明代經學國際研討會論文集》（臺北：中央研究院中國文哲研究所籌備處，1996 年）。

98. ───：〈晚清經研究文獻目錄 1091～2000〉（臺北：中央研究院中國文哲研究所，2006 年）。

99. 郭廷以：《近代中國史綱》（臺北：曉園出版社，1994 年）。

100. 胡楚生：《清代學術史研究‧續編》（臺北：臺灣學生書局，1994 年）。

101. 張敬註譯：《列女傳今註今譯》（臺北：臺灣商務印書館，1994 年）。

102. 湯志鈞等：《西漢經學與政治》（上海：上海古籍出版社，1994 年）。

103. ───：《經學史論集》（臺北：大安出版社，1995 年）。

104. 陳文豪：《廖平經學思想研究》（臺北：文津出版社，1995 年）。

105. 艾爾曼：《從理學到樸學──中華帝國晚期思想與社會變化面面觀》（南京：江蘇人民出版社，1995 年）。

106. ───：《經學、政治和宗族──中華帝國晚期常州今文學派研究》（南京：江蘇人民出版社，1998 年）。

107. 安井小太郎等：《經學史》（臺北：萬卷樓出版社，1996 年）。

108. 田漢雲：《中國近代經學史》（西安：三秦出版社，1996 年）。

109. 許冠三：《新史學九十年～1900》（臺北：唐山出版社，1996 年）。

110. 劉師培：《國粹與西化──劉師培文選》（上海：上海遠東出版社，1996 年）。

111. ───：《劉師培辛亥前文選》（北京：生活‧讀書‧新書三聯書店，1998 年）。

112. 沈永寶編：《錢玄同印象》（上海：學林出版社，1997 年）。

113. 支偉成：《清代樸學大師列傳》（長沙：岳麓書社，1998 年）。

114. 陳少明、單世聯、張永義：《近代中國思想史略論》（廣州：廣東人民出版社，1999 年）。

115. 北京大學校史研究室編：《京師大學堂檔案選編》（北京：北京大學出版社，2000 年）。

116. 關曉虹：《晚清學部研究》（廣州：廣東教育出版社，2000 年）。

117. 葛兆光：《中國思想史第二卷──七世紀至十九世紀中國的知識、思想與信仰》（上海：復旦大學出版社，2000 年）。

118. 張灝：《探索的時代》（臺北：聯經出版社，2000 年）。

119. 張濤：《經學與漢代社會》（石家莊：河北人民出版社，2001 年）。

120. 國立中山大學清代學術研究中心編：《清代學術論叢》（臺北：文津出版社，2001 年）。

121. 蔣國保、余秉頤、陶清：《晚清哲學》（合肥：安徽人民出版社，2002 年）。

122. 王冬珍校注：《新編管子》（臺北：國立編譯館，2002 年）。

123. 劉龍心：《學術與制度：學科體制與現代中國史學的建立》（臺灣：遠流出版社，2002 年）。

124. 萬仕國：《劉師培年譜》（揚州：廣陵書社，2003 年）。

125. 陳國慶：《晚清新學史論》（西安：三秦出版社，2003 年）。

126. 胡適著、季羨林主編：《胡適論爭集》（合肥：安徽教育出版社，2003 年）。

127. 王葆玹：《今古文經學新論》（增訂版）（北京：中國社會科學出版社，2004 年）。

128. 陳祖武主編：《明清浙東學術文化研究》（北京：中國社會科學出版社，2004 年）。

129. 李零：《簡帛古書與學術源流》（北京：生活、讀書、新知三聯書店，2004 年）。

130. 陳其泰、李廷勇著：《中國學術通史（清代卷）》（北京：人民出版社，2004 年）。

131. 劉仲華：《清代諸子學研究》（北京：中國人民大學出版社，2004 年）。

132. 中國歷史文獻研究會編：《章學誠國際學術研討會論文集》（北京：北京圖書館，2004 年）。

133. 內藤湖南著、夏應元等譯：《中國史通論：內藤湖南博士中國史學著作選譯》上，（北京：社會科學文獻出版社，2004 年）。

134. 徐興元：《劉向評傳》（南京：南京大學出版社出版社，2005 年）。

135. 江慶柏：《清代人物生卒年表》（北京：人民文學出版社，2005 年）。

136. 吳雁南、秦學頎、李禹階主編：《中國經學史》（臺北：五南出版社，2005 年）。

137. 張亞群：《科舉革廢與近代中國高等教育的轉型》（武漢：華中師範大學出版社，2005 年）。

138. 張衛波：《民國初期尊孔思潮研究》（北京：人民出版社，2006 年）。

139. 蔣秋華、馮曉庭主編：《宋代經學國際研討會論文集》（臺北：中央研究院中國文哲研究所，2006 年）。

140. 羅檢秋：《嘉慶以來漢學傳統的衍變與傳承》（北京：中國人民大學出版社，2006 年）。

肆、參考論文

學位論文

1. 袁乃瑛：《餘杭章氏之經學》（臺北：師範大學國文研究所碩士論文，1961 年）。

2. 程南洲：《東漢時代之春秋左氏學》（臺北：政治大學中國文學研究所博士論文，1978 年）。

3. 林麗容：《民初讀經問題初探》（臺北：臺灣師範大學歷史研究所碩士論文，1986 年）。

4. 張廣慶：《何休春秋公羊解詁研究》（臺北：師範大學國文研究所碩士論文，1989 年）。

5. 張惠貞：《劉文淇春秋左氏傳舊注疏證體例研究》（臺中：逢甲大學中國文學研究所碩士論文，1991 年）。

6. 宋惠如：《劉師培「春秋左傳學」之研究》（中壢：中央大學中國文學研究所碩士論文，1996 年）。

7. 張至淵：《論章太炎對儒學的批判》（高雄：中山大學中國文學研究所碩士論文，1997 年）。

8. 蕭淑惠：《清儒規正杜預春秋經傳集解研究》（臺南：成功大學中國文學研究所碩士論文，1998 年）。

9. 蔡孝惲：《惠棟春秋左傳補註》（高雄：高雄師範大學國文學系碩士論文，1998 年）。

10. 謝明憲：《「經傳集解」的形成——杜預春秋左氏學析論》（嘉義：南華大學文學系碩士論文，2002 年）。

11. 曾聖益：《儀徵劉氏春秋左傳學研究》（臺北：臺灣大學中國文學研究所博士論文，2005 年）。

12. 黃翠芬：《章太炎春秋左傳學研究》（臺中：東海大學中國文學系博士論文，2005 年）。

期刊論文

1. 王初慶，〈春秋左傳杜氏義述要〉，《輔仁大學人文學報》，第 4 期，1975 年 5 月。

2. ———：〈《說文》引《詩》重出、互見探賾〉，《輔仁學誌》人文藝術之部，2007 年 6 月。

3. 謝惠芬：〈論章太炎的經學及成就〉，《三館論壇》1995 年第 3 期。

4. 王汎森：〈清末的歷史記憶與國家建構——以章太炎爲例〉，《思與言》第 34 卷第 3 期，1996 年 6 月。

5. 陳其泰：〈章太炎與近代史學〉，《中國社會科學院研究生院學報》1999 年第 1 期，1999 年 1 月。

6. 莊雅州：〈左傳天文史料析論〉，《中正大學中文學術年刊》第 3 期，2000 年 9 月。

7. 李帆：〈清末民初學術史勃興潮流述論〉，《吉林大學社會科學學報》2000 年第 5 期（總第 161 期），2000 年 9 月。

8. 張壽安：〈二十一世紀中國經學研究之展望〉，《中國文史哲研究通訊》第 10 卷第 1 期，2001 年 3 月。

9. ───：〈導言〉、〈打破道統，重建學統——清代學術思想史的一個新觀察〉，《中央研究院近代史研究所集刊專號：近代中國的知識建構，1600～1949》第 52 期，2006 年。

10. 葛兆光：〈1895 年：思想史上的象徵意義〉，《開放時代》2001 年第 1 期。

11. ───：〈重繪近代思想、社會與學術地圖——評羅志田著「權勢轉移：近代中國思想、社會與學術」〉，《歷史研究》2001 年第 1 期。

12. 劉家和：〈從清儒的臧否中看《左傳》杜注〉，《北京師範大學學報》（人文社會科學版）2001 年第 5 期。

13. 李威熊：〈胡適的經學觀〉，《逢甲人文社會學報》第 4 期，2002 年 5 月。

14. 瞿林東：〈繼承傳統與走向近代：章太炎史學思想的時代意義〉，《學術研究》2003 年第 4 期。

15. 謝明憲：〈「杜注補正」與劉文淇「左傳舊疏考正」〉，《東方人文學誌》第 2 卷第 1 期，2003 年 3 月。

16. 劉巍：〈從援今文義說古文經到鑄古文經學爲史學〉，《近代史研究》2004 年第 3 期。

17. 張榮華：〈章太炎與章學誠〉，《復旦學報》（社會科學版）2005 年第 3 期。

18. 張瑞龍：〈「六經皆史」論與晚清民國經史關係變遷研究〉，《中國文化月刊》2005 年冬之卷。

19. 李宗剛：〈新式教育下的課程設置與五四文學的發生〉，《山東師範大學學報》（人文社會科學版），2006 年第 3 期。

20. 路新生：〈「經」「史」互動：章太炎的經史研究及其現代史學意義〉，《天津社會科學》2006 年第 5 期。

21. 盧毅：〈章門弟子與中國近代中學的轉型〉，《史學月刊》，2006 年第 10 期。

22. 李先明：〈社會變遷中的文化抉擇——章太炎儒學思想演進述略〉,《歷史教學》（高校版）2007 年第 10 期。

論文集論文

1. 羅福惠：〈國粹派及其經學〉,《近代中國與近代文化》（長沙：湖南人民出版社,1988 年）。

2. 張廣慶：〈清代今文學群經大義之《公羊》化——以劉、宋、戴、王、康之「論語」著作爲例〉,《經學研究論叢》第 1 輯（桃園：聖環圖書公司,1994 年）。

3. 蔡長林：〈清代今文學派發展的兩條路向〉,《經學研究論叢》第 1 輯（桃園：聖環圖書公司,1994 年）。

4. 岑溢成：〈章太炎與清代今文經學〉,《近代中國文學與思想》（桃園：中央大學中文系所,1995 年）。

5. 胡自逢：〈太炎先生左氏學〉,《第三屆近代中國學術研討會論文集》,（桃園：中央大學中文系所,1997 年）。

6. 李文森撰,鄭大華、任菁譯：〈反動與革命——近代古文經學〉,《儒教中國及其現代命運》（北京：中國社會科學出版社,2005 年）。